U0564675

启真馆 出品

席德·梅尔的回忆录！
我的计算机游戏人生

Sid Meier
Jennifer Lee Noonan

〔美〕席德·梅尔 珍妮弗·李·努南 著

钱雨葭 译

Sid Meier's
MEMOIR!
A Life in
Computer Games

ZHEJIANG UNIVERSITY PRESS
浙江大学出版社
·杭州·

图书在版编目（CIP）数据

席德·梅尔的回忆录！：我的计算机游戏人生 /
（美）席德·梅尔，（美）珍妮弗·李·努南著；钱雨葭
译．—杭州：浙江大学出版社，2024.4（2025.6 重印）
书名原文：Sid Meier's MEMOIR! A Life in
Computer Games
ISBN 978-7-308-24691-0

Ⅰ．①席… Ⅱ．①席… ②珍… ③钱… Ⅲ．①席德·
梅尔—回忆录 Ⅳ．① K837.126.16

中国国家版本馆 CIP 数据核字（2024）第 062557 号

席德·梅尔的回忆录！：我的计算机游戏人生
[美] 席德·梅尔　[美] 珍妮弗·李·努南　著　钱雨葭　译

责任编辑	周红聪	
文字编辑	黄国弋　谢　涛	
责任校对	董齐琪	
装帧设计	周伟伟	
出版发行	浙江大学出版社	
	（杭州市天目山路 148 号　邮政编码 310007）	
	（网址：http://www.zjupress.com）	
排　　版	北京楠竹文化发展有限公司	
印　　刷	北京中科印刷有限公司	
开　　本	880mm×1230mm　1/32	
印　　张	11.25	
字　　数	238 千	
版 印 次	2024 年 4 月第 1 版　2025 年 6 月第 2 次印刷	
书　　号	ISBN　978-7-308-24691-0	
定　　价	79.00 元	

版权所有　侵权必究　印装差错　负责调换
浙江大学出版社市场运营中心联系方式：(0571) 88925591；http://zjdxcbs.tmall.com

献给全世界的计算机游戏、主机游戏和移动端游戏玩家

（还有他们饱受其苦的配偶、父母，以及其他重要之人）

本书正文为席德·梅尔的自述，因此，在提及那些名字前带有"席德·梅尔的"字样的冠名游戏时，席德·梅尔通常不会使用全称。书中游戏名的处理方式均遵照原文，原文是全名，这里也全名；原文是简称，这里也保留简称。

为减少中英文混排对阅读造成的干扰，通常来说，只有游戏名、公司名会在首次出现时附上原文；人名、地名、书名、机构名等其他译名，敬请参见《索引！》。

目 录

★

引 言

10亿小时

ONE BILLION HOURS
An Introduction

假设历法系统能支持足够大的时间跨度，那么 10 亿个小时之前，尼安德特人还在石器时代制造矛头；10 亿个小时之后，就将是公元 116 174 年。你能用来打发的时间若有 10 亿小时之多，就能以光速往返半人马座阿尔法星系大约 13 000 次，或者来一场背靠背马拉松式观影活动，让纽约市的每个人都把《星际迷航》[1] 系列电影一部接一部地看上……整整两遍。

或者，你可以把这一大把时光都花在玩"席德·梅尔的文明"（*Sid Meier's Civilization*）系列游戏上。有人这么告诉我。★

★ 解锁成就

千里之行始于足下—— 读完一页。

1.《星际迷航》（*Star Trek*），也译作《星际旅行》等，于 1966 年首播的美国电视剧集，随后衍生出 726 集电视剧及 13 部电影（截至 2016 年），深度影响了美国人的文化生活。——编注

10亿小时是一个令人难以置信的数字，但这还是一个非常保守的估计。游戏发行服务商蒸汽（Steam）在过去十年间才开始认真收集玩家数据。准确地说，10亿小时是《文明5》（*Civilization V*）自2010年发行到2016年的玩家游戏时长。这只是一个游戏系列中一款游戏6年间的玩家游戏时长，该游戏系列横跨29年，拥有12个版本（截至本书英文版印刷时间，2021年），更不用说扩充版了。

　　嗯……自1991年以来，玩家们在所有版本的《文明》游戏上究竟花了多少时间？这简直难以想象。我可不愿费神去想。更重要的是，想要公正评价"文明"系列游戏所取得的成功，绕不开我这一路走来制作出的所有其他游戏，不仅包括《海盗！》（*Pirates!*）和《铁路大亨》（*Railroad Tycoon*）这类本身就很受欢迎的系列游戏作品，还有一些蒙尘的珠宝，比如《C.P.U. 巴赫》（*C.P.U. Bach*）[1]和《模拟高尔夫球场》（*SimGolf*）。我甚至想要感谢那些开局良好但夭折的项目，因为有时候，走错路能让你拨云见日，走上正途。每一款游戏都让我有所体悟，每一款游戏都自有其令人痛苦和快乐之处，每一款游戏都滋养了于它之后诞生的作品。

　　接下来，我将大致按照时间顺序，检阅我这一生中制作的所有游戏，上至功业彪炳下至寂寂无闻。这份清单纤悉无遗，还包括了几款在传统职业生涯之外开发的游戏，做这些游戏既不为"赚钱"，也不必担心"剽窃他人创意会被告上法庭"。就像每一个庞大的帝国最初都从一名

---

1. *席德·梅尔为3DO游戏主机制作的一款交互式音乐创作游戏。*——译注

定居者发展起来，我得以建立起与人为善的行业领袖之声名也非一日之功。事实上，我曾经是一名不懂规矩的年轻人，会用不算是原创的想法制作游戏。我这么做，倒不是为了多少（通常不存在的）利润，只是为了获取最大的乐趣。幸运的是，我被告知诉讼时效已过，因此我准备招供了。但是，无论打造这些游戏是用了10亿行代码（若是把"文明"系列所有产品都算在内，这也不是什么不可能的数字），还是只用了不到100行代码，这本书中的每一款游戏都有一个共同点，和所有游戏一样，它们从根本上，是由一系列有趣的决策构成的。

像大多数过于笼统的定义一样，这个定义也需要稍作解释，我将在第16章中详述。但最重要的是，这是一种向外看的思维模式，而不是向内看。既然我们无论做什么事情，都要做出各式各样的决策，那么也可以说，我们周遭充斥着游戏。"有趣"在某种程度上可能受制于个人品位，但自主性的赋予，也就是说，玩家对周围环境施加自由意志的能力，而不是顺从地遵循一种叙事，这才是游戏与其他媒体不同的地方。不论这种力量是通过计算机键盘、塑料代币、身体动作还是完全通过大脑来表达，如果没有玩家的输入，就不可能有游戏；反之，只需要一次互动，就可以把一个观察者变成一个参与者，让他成为玩家。

当然，我们作为设计师，仍然有责任让决策的过程变得有趣，但这并不总是一桩容易的事。我并不是说，诸如"午餐吃什么"的决策肯定能构建出一款优秀的游戏，只是说这样的决策有可能变成一款优秀的游戏，或者至少成为优秀游戏的一部分。没有一样事物是全然无趣的，万事万物皆有其迷人之处，游戏设计师的主要工作不是制作有趣的东西，而是找到乐趣。我有一个习惯（有些人可能称之为强迫症），就是分析事物是如何运行的，研究它们对人们的影响，甄别出其中哪些是从根本上拨动人心弦的元素，哪些只是表面文章。一旦你剥离出决策当中最有趣的部分，你便能够为玩家创造一种全新的互动体验，又能令玩家在其中感受到一种亲切的熟悉感。总之，这就是我的法门。看起来似乎还挺管用的。

　　我经常在采访中被问及是何时开始对游戏产生兴趣的。提问中通常暗含着这般希望——我能确切给出童年时期某一个早得惊人的时刻，而我正是于那一刻骤然惊觉自己身负一名游戏设计师的超凡禀赋。采访者似乎特别热衷于发掘一些能够激发灵感的厌胜之物——也许是父亲在小学时给我的那本 630 页的美国南北战争插图书，或者是我在瑞士的住所旁边的火车站，或者是埃罗尔·弗林 [1] 在我们的黑白小电视上神气活现地演绎的一部经典电影。他们希望我说，在那一瞬间，我感受到了闪耀的命运。如果没有那些突如其来的转折和切要关头，又该如何解释我走上的这条颇不寻常的人生道路？

　　但在我看来，从来没有什么改弦易辙的转折节点。我从未有意识地决定投身游戏，因为据我所知，游戏本就是一条顺理成章的通天坦途。游戏不仅跨越了 10 亿小时的历史（早在公元前 5000 年，古苏美尔人就开始掷骰子，而更加粗略的游戏几乎可以确切无疑地追溯到尼安德特人身上），还是人类根深蒂固的一种本能。一个刚出生的婴儿就会和

1. 埃罗尔·弗林（Errol Flynn），澳大利亚男演员，其主演的知名电影之一，是 1938 年的《侠盗罗宾汉》（*The Adventures of Robin Hood*）。——编注

席德·梅尔的回忆录！

自己的脚玩拔河比赛了，而那时他甚至还搞不清楚这是谁的脚。人之初生，皆为游戏玩家，我也不例外。起初，我玩躲猫猫放声大笑，后来我会拿玩具士兵排兵布阵，然后我玩桌面游戏，接下去我做一些好玩的计算机程序。对我来说，这似乎是世界上最理所当然的发展过程。与其问我"你何时开始？"不如问我"你为何不停止？"——不过即便如此，我也依旧给不出一个很好的答案。让我感到匪夷所思的是，专注于游戏的人生实属例外，而非人间常态。

如果我的墓碑上只刻有"席德·梅尔，《文明》缔造者"几个字，其他什么也没有，我也是能够接受的。《文明》是一款值得称道的好游戏，它对许多玩家的生活都产生了正面的影响，我为此感到自豪。但这并不是故事的全部。

这，才是全部的故事。

1 在拉斯维加斯发生的事

WHAT HAPPENS IN VEGAS

我如何开始我的第一家电子游戏公司，这故事几乎在游戏社群中成为传奇，但就像大多数传奇一样，你听到的版本可能有点夸大其词。是的，它发生在拉斯维加斯。是的，它得以存在可以说是受人激将。至少对其中一个参与者来说，还可能涉及酒精作用。但真正的公司是几个月后才成立的，无论如何，我不喜欢把过去发生的事情看作命运的必然。在当时，我完全没有这种感觉。

我的职业生涯始于成为通用仪器公司的系统分析师，在我的家乡密歇根州，为零售商店安装网络收银机系统。能用计算机工作我就心满意足了，我也很庆幸能够拥有一份对于刚毕业的大学生来说相当不错的工作。我并不急于向世界释放自己的创造力，甚至也没有认真思考过这个行业的未来。你顶多可以说,这是一种无知的幸福状态:当时还没有零售的计算机游戏这种东西,只有业余爱好者之间传递的免费代码,所以我很难怀有成为一名专业计算机游戏设计师的秘密梦想。这并不是说我不知道什么是"酷"——我大学入学几个月后就编写了自己的第一款游戏——但"酷"是"酷",工作是工作,两者从未交叠过。

事实上,倒也不完全如此。通用仪器公司有一个稍微酷一点的部门,叫"美国赌金计算系统"[1],该分部生产电子记分牌。有传言说《价格猜猜看》[2]最初所有的游戏节目设备都是他们设计的。不过,他们的主要产品是一款纵向赌博赔率追踪器,名为"威猛赌金累积总额计算器"(Mighty Totalizator)。尽管听起来像是一种糟糕的科幻武器,但这种赌金计算器是由澳大利亚的乔治·朱利叶斯爵士(据推测也是他本人命名了这款产品)在 1913 年发明的。在那个年代,赌场骚乱频发,由头往往是赌注本来是高赔率,却只赢了很少的钱。例如,如果冠军在最后一分钟受伤的最新消息在人群中流传开来,就会有更多的赌注下到本来并不被看好的其他选手身上,可能让冷门选手的赔率一举翻转。庄家的赔率只是反映了其他人的钱在哪里,面向观众展示的这些数字,其更新和显示的速度越快,在出纳柜台的人就越安全。

---

1. "美国赌金计算系统"(AmTote),生产赌金数额累加显示器,该系统用于在博彩业(赛马、赛车等)中计算并显示投注金额及相应赔率和收益,今天 AmTote 已是"北美彩池投注市场领先的技术和服务提供商",其软件套件可以支持"几乎无限"的现金和账户投注,能够"全球、全天候"运营。——编注

2.《价格猜猜看》(*The Price Is Right*),美国 1956 年至 1965 年间流行的综艺节目。——译注

朱利叶斯的发明就是早期的机械化计算机之一。这台机器首次安装在赛马场的一个马厩里。它包含的自行车齿轮和钢琴线多得足以填满整个马厩。幸运的是，到 20 世纪 70 年代，赌金计算器已经变得不那么占用空间了，但是这玩意儿的名字大声念出来依旧那么好笑。

无论如何，在一家制造赌博机器的公司工作，有一个附带的好处：企业职能部门一般会设在拉斯维加斯。我花了几年时间，经过几次晋升，才最终能被派去那里，参加了第一场大型会议。我不喜欢随机碰运气的游戏，我当然也不喜欢坐着开三天的会议，但与许多内向的人不同，我确实喜欢体验拉斯维加斯的感官冲击。而且我喜欢 21 点，也许这很符合我"技术宅"的形象。在那个年代，大多数赌场都提供小赌注游戏，只要 2 美元就能玩一局牌。为了能测试一番我自己这台生物赌金计算器计算赔率的功力，这样的风险似乎是可以接受的。

拉斯维加斯的电子游戏厅比世界上任何地方都多，这不是什么坏事。

然而，在享受这一切之前，我必须每天在会议大厅里熬过与老板的几次会面。第一天下午，我就已经觉得前途一片黑暗，我都不确定自己能否挺过闭幕研讨会——尽是些商业战略、市场增长等相关的无聊内容。因此，我为了保持清醒做出的垂死挣扎之举，就是转过身，和坐在我旁边的同事悄然交谈起来。这位仁兄名叫比尔·斯蒂利。

他在另一个部门工作，所以我们从来没有正式见过面，但作为同一家大公司的雇员，我们对彼此都有印象。我们甚至可能乘坐了从马里兰州起飞的同一航班，尽管我真的无法想象比尔老实地坐在经济舱里的样子——敲开驾驶舱的门指点一番机组人员，才更像是他的作风。尽管比尔戴眼镜（视力不佳），他还是通过努力成了一名空军预备役飞行员。他极为自豪于曾在空军受训的经历，因此在自己的所有名片上都印了"超级战斗机飞行员"字样。

意料之中，比尔轻声和我聊起他当飞行员时的往事。我看得出来，我俩的生活经历少有交集，但这个话题对我来说并不全然陌生，我设法接了话茬，谈及我在业余时间一直在编写一款飞机游戏。

比尔点了点头，这个动作既是向我做的，也是对他自己做的。他最近也买了一台雅达利 800[1] 家用计算机，他透露这台计算机只是名义上用于工作，大部分时间，他都用这台计算机玩一款名为《星际奇兵》（*Star Raiders*）的新游戏。"我真的很想搞游戏销售，"他说道，"这就是未来！"

我告诉他，其实我刚刚卖掉了自己的第一款游戏，买家是一家名为橡子软件（Acorn Software）的小型发行商。

"哦？"比尔突然表现出浓厚的兴趣，"我们应该大干一场！"

"这想法很有趣。"我礼貌地转移了话题。这未必是个坏主意，但我面前的这位是出了名的长袖善舞、热衷交际。我想，即便他说这话是出自真心，也可能只是从不付诸行动的夸夸其谈。

当天会议结束后，我和比尔决定一起在拉斯维加斯逛一逛，找一找游戏厅，最后我们来到了米高梅大酒店。当我们在一个又一个闪烁不

---

1. 雅达利 800（Atari 800），是美国家用计算机及视频游戏开发商雅达利公司在 1979 年推出的 8 位家用计算机，可以玩视频游戏是其主打卖点，第一人称太空战斗模拟器游戏《星际奇兵》（*Star Raiders*，也译作《星际掠夺者》）是这款计算机的杀手级应用。——编注

已、哔哔声不断的柜机上相互比试时，我没有记分，但根据比尔的说法，我几乎每一局都赢了他。最终，他找到了他的救星：一款以第一次世界大战为背景的空战模拟游戏——《红男爵》（*Red Baron*）。

"好了，年轻人，现在我就让你瞧瞧真本事。"他说着就在模制塑料座椅上坐定了。

我站在他身后，视线越过他的肩头，看着他将长达十年的实机飞行驾驶经验，全部运用在一项稍稍不那么危险的任务上，即在锯齿形的曲折山峦间击落那些简笔画双翼飞机。他的得分挺高，尽管具体成绩有多好还有待考证——我记得他的分数大约是 3 000 分，而在他的记忆里他拿到了 75 000 分。有这样的反差很正常，因为比尔对一桩事情的记忆通常比我要夸张 25 倍。在这种情况下，证据是站在我这边的，因为现代主机游戏模拟器显示，就算以最完美的玩法去玩《红男爵》，10 分钟内的得分至多只能堪堪超过 10 000 分。以每分钟大约得 1 000 分的速度计算，那我当时得站在那里眼睁睁看比尔玩上一个多小时的空战游戏。不过，无论当时的实际分数是多少，比尔的表现都堪称不错。

接下来就轮到我上场了。

"你是怎么做到的？"比尔瞠目结舌地看着我几乎是他得分两倍之多的最终成绩（我们对这一点的记忆达成了一致），几近语无伦次，"我是一名真正的飞行员！你怎么可能打败我？"

我耸了耸肩："我在你玩的时候，记住了算法。"

"你做了什么？"

我提醒他："我是个程序员。敌机的人工智能很容易预测，唯一的诀窍就是永远不要让它们绕到你的后面去。我可以在两个星期内设计出一款更好的游戏。"

他来劲了，执意怂恿道："那就做一款吧！"他已经将自己受挫的自尊心抛到九霄云外："如果你能做出来，我也有本事把游戏卖出去！"

于是我们开始了。当时，这好像就是个有趣的项目，而不是什么能改变人生轨迹的决定。我想，也许当重要时刻来临时，人们是鲜有意识的。追溯神话源头的危险在于，这会让人们巴望一些峰回路转的戏剧性时刻，而不是努力抓住每一个机会。事实上，我不务正业地搞游戏开发已经好多年了。正如我曾告诉比尔的那样，早在我们的首次交谈之前，我就已经卖出了一款游戏——严格来说是四款，我会在后面的章节讲到这里头的故事。万事开头的第一步，几乎总是坐下来开始工作，而不是飞到拉斯维加斯等着别人送你一家创业公司。

我家里的那台计算机上就有几款渐具雏形的游戏，其中有一款几近成型的直升机游戏，但是我答应比尔要做一款飞机游戏。因此，那个夏天剩下的时间我都花在了《王牌地狱猫》上，这个名字来自第二次世界大战时期美国海军投入使用的格鲁曼 F6F 地狱猫战斗机。不是我自夸，我可以在两周内编制出一个更好的人工智能，但是更好和最好之间横亘着一道巨大的鸿沟，我总是希望自己能够跨越这道鸿沟，做到最好。

当我终于觉得这款游戏已经完善得无以复加之时，我便将其交托给比尔。然而，一天后，比尔就列出了一串漏洞，指出了不少从军事角度来看不太准确也不专业的地方，把游戏退回给我。就是从那时候起，我知道我和比尔能够携手共进，在这条路上走下去。比尔可不是只想拿他不懂的东西赚一笔快钱，他和我一样重视游戏质量。即使是在我面不改色地接受他的建议并优化了游戏之后，我也不确定他当时是否对我有信心。但是，一旦我受激应承下他提出的约战，他就不会退缩，他不是那种人。我既已证明了自己可以设计出一款更好的游戏，他也别无选择，只能设法证明自己的确有能力卖掉这款游戏。

因此，我们从积蓄里拿出了 1 500 美元，购入一摞软盘，一包标签贴纸，还有一盒用来装这些东西的塑料袋。这是那时候的标准包装，专业发行的游戏也采用这种包装——居然没有人觉得一整个纸板箱里只装一张磁盘和半页说明书有点浪费。当时，打印机也是很新潮的技术，所以也没有所谓的平价消费机型。打印机就是打印机，比尔地下室里那台点阵式打印机，也一样能印制出效果媲美任何一家中等规模公司的精美标签。如今我们只缺一个商标。

比尔想把我们的新公司命名为"自命不凡的书呆子"（Smuggers），这是他受邀加入我的用户组后开的玩笑。尽管"用户组"（users' group）这个短语常常与互联网早期的聊天室联系在一起，但最初它是指一群在现实世界中聚会的计算机用户真人。举办这种集会的地点，通常是当地某家商店，偶尔也会是某人的客厅。我们都会费力拖着巨大的计算机和显示器来，这样就可以以一种真正的点对点方式（peer-to-peer，P2P）交易软件。我不是我们这个特定小组的创始人，甚至不是组长，但比尔总是称其为"席德·梅尔的用户小组"（Sid Meier's Users' Group），如此一来他就可以涎皮赖脸地简称其为 SMUG（自命不凡）。幸运的是，其他人居然挺待见这名字，但说真的，"自命不凡的书呆子"并不是我个人命名公司的第一选择。

　　我提议用"微散文"（MicroProse）这个名字，因为在我看来，计算机代码和任何文学上的散文一样优雅，而且它与"好处"（pros）这个词形成了很好的双关语。比尔认为这个词有点难念，但他也认为这个词很有特色，容易让人记住。事实证明，这个名字并不如我们以为的那般独特。多年后，我们会因为这个名字，被一家名为"微处理专家"（MicroPro）的公司起诉。该公司是"字星"（WordStar）文字处理程序的制造商。尽管按理说，我们才是更出名的那个，但他们的公司成立时间稍早于我们，看起来我们别无选择，只能改名。但比尔的坚韧难缠程度堪比其热心快肠，他觍着脸，想方设法，好声好气地将谈判拖延了好多年。直到原告突然将名字改成了"字星国际"（WordStar International），这场风波才算过去。我不觉得除了比尔之外还有谁能做到这一点，但这只是他的诸多才能之一。他总能通过某种方式七担八挪，其缓兵之计还总能让对方感到高兴，让他们觉得有机可乘。★

　　一开始，比尔拨打推销电话是基于便利。如果他要出城出差，他会从火车上下来，走到最近的计算机商店，试着卖几盒游戏拷贝。在周末，他会在汽车的后备箱里装上一箱子游戏磁盘，沿着 I-95 号州际公路一路前行，能开多远就到多远，回程正好能赶上通用仪器公司周一早上的会议。

★ 解锁成就 ··

　　书籍不附带演示模式 —— 是时候下单买下这款产品了！

一天晚上，我的电话响了。

"席德，我觉得我们在这里可能大有搞头……"

"比尔？你在哪儿？"

"新泽西，我们刚卖出了 50 盒《王牌地狱猫》。"

"嘿，太棒了！"

"是的，"他说，"那就开始拷贝吧。"这是不言而喻的暗示。

那时候的每一笔交易，都意味着我要在成堆的软盘驱动器前经受大约 60 秒的枯燥时光，一份接一份地拷贝游戏。我可以试着读一本书，但这样的话活就没法干了——因为直到十年之后，家用计算机才有了我那时候需要的多任务处理功能。那时候恰逢外包业务刚刚兴起，没过多久，我就以每张磁盘 25 美分的价格，雇用了我们用户小组中的一名年轻成员替我制作游戏拷贝。因为他年纪太小还不能开车，我还会顺道开车接送他，所以我和他关系挺好。也就是说，他的第一份工作也许就是在一家电子游戏公司赚到了相当于今天 39 美元的时薪。算是份还不赖的工作。

与此同时，我完成了我的直升机游戏《直升机营救》，以及另一款游戏《丛林里的弗洛伊德》。遵照比尔的建议，我为这三款游戏添加了一个开场画面，用以宣传"微散文"旗下的其他游戏，再将新版本复制进我们现有的全部磁盘。随着时间推移，比尔收到了商店经理的反馈意见，又进行了几次微调。因此，倘若我们原装的那几版游戏仍有留存，也许里面的内容不尽相同。

《丛林里的弗洛伊德》包装盒艺术画　1982 年

微散文公司版权所有 WWW.MICROPROSE.COM.

　　尽管《丛林里的弗洛伊德》并非一款飞机游戏，但它是比尔常用来勾住商店员工注意力的诱饵。这款游戏能够实现同事间多人竞赛的游戏模式，很少有人能抗拒这一点，而且它还带有日后会

1　在拉斯维加斯发生的事　　　　　　　　　　　　　　　　15

被称作"平台游戏"[1]的那种元素，类似《太空恐慌》（*Space Panic*，1980）和《大金刚》（*Donkey Kong*，1981）等畅销的街机游戏。这种游戏类型仿佛能在更深刻、更直观的层面与玩家共鸣：不知何故，所有人都知道，在屏幕的顶部要比在底部好；如果有少女遇险，那就得去营救她。玩家得好生练一会儿才能驾驶格鲁曼 F6F 地狱猫战斗机，但玩弗洛伊德立马能心领神会，也不需要玩家有多优秀——玩家只需和弗洛伊德相互配合就能获得乐趣。只要有两三个员工挤在屏幕边，很快就能勾起购物者的好奇心；而一旦比尔把操纵杆交到一名顾客手中，就几乎可以确保这名顾客会买下游戏。

当然，其他游戏也有多人模式，包括《王牌地狱猫》和《直升机营救》，但这些游戏都只支持双人。《丛林里的弗洛伊德》的特别之处在于能让玩家同时使用四个操纵杆。在 1982 年，市场份额占比较小的游戏产品里，还少有能以此种功能自夸的。雅达利公司为了展现旗下机器的性能，开发并发行的《爆破彗星》（*Asteroids*）就是一款支持四人模式的大型游戏。科技厂商往往不得不采取"先造出来，会有人上钩的"路线，在投入几百万美元开发出来之前，他们无从知晓某项功能是否会受到开发人员欢迎。遗憾的是，在未来很长一段时间里，四人游戏功能仍然非常小众，只有少数几款街机游戏有此功能，如《圣铠传说》（*Gauntlet*，1985）和《忍者神龟》（*Teenage Mutant Ninja Turtles*，

---

1. 平台游戏，玩家操控角色在屏幕上的点（如不同地形、不同高度的悬浮平台）之间移动（如攀爬、跳跃、跑动）的动作视频游戏，《大金刚》是首款平台游戏。——编注

1989)，直到 1993 年的《毁灭战士》(*Doom*) 横空出世，才总算有主流计算机游戏支持这个游戏功能。

不过，《直升机营救》的多人模式也有其特色，因为我们的操纵杆控制的不是两个相同的角色，而是连接到了同一架直升机的不同地方。就像现实生活中许多军用车辆，通常由一个玩家负责导航，另一个玩家负责武器发射，这需要进行大量的沟通和合作。虽然游戏技术发展初期的许多事物已湮佚，许多事件亦不可考，但至少，在有人提出异议之前，我愿称之为首款可供不同玩家同时执行不同任务的电子游戏。

我在《直升机营救》中也学会了如何设置各个方向的滚屏。我早期大多数游戏的灵感都来自新的编程技巧，这些技巧要么是我学来的，要么是我自己捣鼓出来的，然后我会想方设法在构建游戏时用上这些技巧。例如，《王牌地狱猫》的巨大优势便是能够比其他游戏更有效且准确地倾斜地平线。用今天的标准来看，改变一条线的角度似乎不算什么了不起的事，但你若要在一台全部内存只够以纯文本格式容纳本书约三章内容的计算机上实现这一点，实属不易。

与此同时，《丛林里的弗洛伊德》也集诸多优势于一身。这款游戏除了能在屏幕上处理四名活跃玩家，还囊括了一种新的动画技术，涉及同一个角色差异不大的不同版本之间的来回切换。当年市场上最热门的游戏《太空侵略者》(*Space Invaders*) 就采用这种方式呈现了六种外星人类型，每个外星人只需在两个点上循环摆动双腿。这套代码还留下了相当多的发展空间，我想通过尽可能多的生物角色，以尽可能多的方式移动，来测试这套代码的极限。由于外星人主题的游戏已珠玉在前，我便选择以热带雨林为游戏背景。直到那个时候我才回想起自己曾在无数个周六早晨观看动画片《森林泰山》（*George of the Jungle*）。与后来的从业环境情况不同，在当时，游戏的情景主题不如游戏的技术重要——我是在为计算机制作游戏，而不是制作必要时能在计算机上运行的游戏，我想充分利用所有用得上的功能。

这种尝试一方面见证了我能在不拖慢游戏运行速度的前提下把多少东西塞进屏幕，另一方面也磨炼了我的插画技巧，因为当时大多数的游戏设计师不得不成为全知全能的全方位人才。我最大限度地利用了这套代码，为鸟儿、大象、鳄鱼、蛇、狮子、猴子和俾格米人——每种角色都设置了四种阶段的图像（事实上，俾格米人由几个部落组成，且爱好和平，但在那时候人们的刻板印象里，他们就是阻碍探险者的"刀山剑树"，当时的我没有想到要去质疑这种普遍的认知）。接下来就是那位可爱的落难少女贾尼丝，当然还有弗洛伊德本人，他除了能做出一整套奔跑、跳跃、攀爬和死亡的动作之外，还单独有一个静止状态的动画。我笔下的猴子有点粗笨矮胖，就像那些你永远无法辨认的动物饼干，但是鳄鱼和大象具备十足的艺术性。这对微散文公司来说是个好消息。因为还要再过三年，我们才雇得起一名真正的艺术家。

我们从 1982 年 10 月开始投放广告，6 个月后终于收获了第一份评论。以雅达利公司出产计算机为主题的《怪奇》[1] 杂志在这篇评论中称赞

....

1.《怪奇》（*Antic*），专门介绍雅达利家用计算机的杂志，1982 年创刊，1990 年休刊。它以雅达利计算机中负责图形的芯片 ANTIC 命名。《怪奇》杂志每期会刊出一款游戏程序（通常由 BASIC 语言写就）。——编注

《丛林里的弗洛伊德》既"有趣"又"精良"。那时的评论一般都不太喜欢用形容词。在接下来的一个月里,他们又谈及《王牌地狱猫》,评价该款游戏"效果不错",但"尚需改进"。

不过,比尔并不介意这种不冷不热的评价。原因只有一个,文章作者转述了比尔自己最喜欢的一句宣传语:"该款游戏由空军国民警卫队成员进行评测","空军国民警卫队"只是比尔对自己及几个朋友的一种谑称。事实上,他从未打算仰仗评论的内容来推广游戏,他只需要这些评论存在。

这些文章一经发表,比尔就开始打电话给那些超过车程范围的爱好商店[1]。

"你好,我想买一盒《王牌地狱猫》。"

"嗯,我想我们没有这款游戏。"

"什么?"他会大发雷霆,"你们这算什么计算机商店?你没看到《怪奇》上的评价吗?"他嘟囔着要去别家商店买游戏,然后气冲冲地挂断电话。

一个星期之后,他假装成另外一个人,再打电话过去。此后再过一星期,拨打第三次电话。那时候来电显示功能尚且是迪克·特雷西[2]的苹

....

1. 爱好商店(hobby store),专门销售各类模型、玩具、邮票、硬币、游戏、小众领域杂志和图书等的商店,满足各种业余爱好者的收藏癖好,如卡牌专门店、模型专门店及后文提及的计算机商店。——译注

2. 迪克·特雷西(Dick Tracy),《至尊神探》(*Dick Tracy*)中的主角,该电影改编自同名漫画,迪克·特雷西曾戴有一款通信手表,该手表功能类似现在苹果公司出产的智能手表。——译注

果手表一般虚无缥缈的幻想，他甚至不必用不同的号码拨打这些电话。

最终，他会在第四个星期，拿出他专业、正经的语气说："下午好，我是微散文软件公司的代表，我想向你们展示我们的最新游戏《王牌地狱猫》。"此前虚构出来的那些购买需求，会刺激店主邀请比尔进门。

在今天这个精通营销的世界里，这种做法几乎可以被一眼看穿，但是在计算机商店还是夫妻店为主的时代，这种做法奏效了。那时比尔很可能给全国各地每一家专营店都打过电话，凭借他充沛的精力和洋溢的热情尽情释放魅力。我对销售兴味索然，而他对创意意兴阑珊，所以我和他是天造地设的最佳组合。我可以一整晚都坐在家里编程，他可以每个周末都出去跑销售，我们从不会碍着彼此。

2 改编

▼

"改编"这个词实在是太往我脸上贴金了。比"侵犯版权"好听多了。所谓改编游戏中有 63% 的的确确是改编之作，其中一些甚至是应版权所有者的要求进行改编的。至于剩下的 37%，好吧，我也许稍许侵犯了一个存续有效的商标品牌，但我只收获了几美元销售额和一些奉送的怀疑目光。犯罪得不偿失啊，孩子们。（除非这种"犯罪行为"是为了启发我们在这星球上收益最高的行业里做出一份终生事业，在这种情况下，无论是在金钱上还是在精神上，都能收获良多。）虽说我的剽窃行为并非出于恶意，但我在通用仪器公司的工作头衔里根本没带"游戏设计师"这样的字眼，因此我在公司略受了些责难。不过，我因制作游戏招惹麻烦可不止一次，远在我上班之前，可一直上溯到我的大学时代。

1971年，我刚到密歇根大学上学。那时我甚至还没有亲眼见过计算机，但是计算机极致的逻辑性对我很有吸引力。因此，我在主修物理和数学双学位的同时，一时兴起报了一门编程课程，到年底，我主修的专业已变成计算机科学。我现在明白，这个决定极大拓宽了我的就业前景，但在当时我并没有想太多。我选择计算机科学，主要是因为觉得计算机赋予了我力量。我没法计算出圆周率 π 小数点后 1 万位的数字，或者说，起码得花很长、很长的时间才算得出来，但我可以编写一个程序替我算。简而言之，口出狂言"做一些很酷的事情吧"，之后就出口成真，很酷之事从另一端弹出。这种能力太让人心神激荡了！我甚至不能称之为神奇。这是技术，它比魔法强多了。

我们在一台 IBM 360 大型机上学习课程，用 FORTRAN 语言[1]在 80 列穿孔卡片上编程。我们会准备好一沓穿孔卡片，带进放置计算机的房间里，看着一名工作人员将卡片一张一张塞进读卡器。大概十分钟后，我们就走到另一张桌子边去收取结果。美好岁月尚未到来，这些时日仍是一段糟糕的旧时光。

....

1. Fortran 源自"公式翻译"，即 formula translation 的缩写，Fortran 语言是世界上最早出现的计算机高级程序设计语言，1957 年由 IBM 公司开发。——译注我在大学获得的奖学金里，有一部分是通过一个勤工俭学计划来抵消学费。上完一门编程课之后，我大胆地从一名教授那里接了份活儿，他想要找人完成一些计算机相关的工作。自称能胜任工作不免有些冒险，但那时也没多少学生真有实力接这种活儿，幸运的是，我最后发现这份工作其实非常简单，绝大部分是对教育软件的初步探索，比如多项选择题测试，它可以根据你的答案分别导向不同的问题。诺亚·舍曼教授实验室里的设备，远比学校提供给我这样的二年级学生使用的设备先进得多。我现在能接触到一台真正的电传打字终端机了，有了它，就可以将程序直接输入系统，无需任何穿孔卡片充当中间人。如此一来，我检查错误输出结果，修正代码，再验证改进后的输出结果，这一整个周期就比以前短多了。舍曼教授察觉到我的激情，鼓励我在完成每天的工作之后，用机器进行自己的实验。有一年夏天，他去了意大利，甚至把实验室的钥匙留给了我。

其时，每一个能找到的计算机相关话题都让我沉沦，尤其是人们称为"人工智能"的新事物。为计算机制定一系列精确指令非常复杂，但教会计算机自己做出决定，甚至使其从错误中吸取教训、积累经验，可就完全是另一个层面上的挑战了。艾伦·图灵曾提出过一个非常有名的主张——将模仿社会行为视作一台智能型计算机的终极目标，但我想到了一种更加有趣的可能性，计算机可以比人类更聪明。计算机不仅仅是台擅长数学运算的耐用机器，还能预测我的行为，也能巧妙地处理这些信息。我想要一台计算机，能够模拟出未来复杂的各种可能性，并排除那些我不太乐见的结果，直到确定理想的行动方案。简而言之，我想要一台能玩游戏的计算机。

　　我想从井字棋开始应该是个不错的选择——历史最终证明了我的想法是对的，尽管当时的我并不知道这一点。1950年，就在图灵发明存储程序式计算机的两年后，约瑟夫·凯茨造出了一个12英尺（约3.7米）高的庞然大物，他唤其为"大脑伯蒂"。这玩意儿在加拿大国家博览会上展出时，在井字棋游戏中大显神威，技压群雄（历史学家经常将这款游戏与第一款电子游戏《双人网球》[1]区别对待，因为后者使用了电子屏幕进行显示，而非简单的灯泡）。在20世纪50年代，其他工程师陆续创造了一些独立版本的井字棋游戏，之后终于又将跳棋、21点甚至国际象棋也制作成了可操作的视觉再现版本。大约是在1975年（也就是我试图自学人工智能游戏原理的那一年），麻省理工学院的一群学生用"万能工匠"[2]玩具配件拼凑出一台机械化的井字棋机器，它与最初的赌金累积总额计算器构造极为相似，也满是齿轮和钢琴线。如果我当时能了解到这一切，将会助益良多，但那时候尚无互联网，我的求学之路在很大程度上是与世隔绝的。我无缘得益于他人智慧，只有踽踽独行，上下求索。

　　只要舍曼教授还在探索意大利的崇山峻岭，实验室就是我的。因此，我充分利用时间，每天都在自己想捣鼓的项目上下功夫。首先，我

....

1.《双人网球》（*Tennis for Two*）由参与研制第一颗核弹的美国物理学家威廉·希金博特姆（William Higinbotham）初创于1958年，晚于1950年"大脑伯蒂"的井字棋游戏，但人们普遍认为显示在示波器上的《双人网球》才是世界上第一款电子游戏。——译注

2."万能工匠"（Tinkertoys），于1914年获得专利的美国益智类建筑拼搭积木玩具，主要由小棍子和线轴组成，至今仍在售卖。——译注

创建了一个简单的文本输入方案，每次可以输入一个动作。由于我尚且不知道如何让计算机在屏幕上显示下一步动作，因此指示计算机将坐标方格发送到最近的打印机。这台打印机存储在一个单独的房间里，供大楼里的每个人使用。我会走过去，收取打印结果，回到我的办公桌前，再输入下一个动作。虽然速度很慢，但至少我得到了一些锻炼（那时我要是知道强迫玩家四处走动的游戏会在 40 年后大行其道就好了）。

管理输出台的那位女士在看到第三份或第四份除了 × 和○之外什么都没有的文件之后，盯上了我。

"等一下！"她说着一把夺回了刚刚递过来的纸张，"你以为你在做什么? 计算机可不是用来玩游戏的!"

我无法给出令她满意的回答，因为我很清楚，计算机就是用来玩游戏的。

"我要举报你，"她一边开口训斥，一边已经开始在她自己的终端机上查找我详细的账户信息。她找到了指导教授的名字和联系方式，有那么一会儿，我担心我的计算机游戏梦就此夭折，而我还没来得及下完一轮井字棋。舍曼教授不曾明确许可我做我正在做的事，也许他也会觉得这种行为愚蠢轻率。我甚至可能会被驱逐回穿孔卡片的世界。

当他们通过电话联系到身处大西洋彼岸的舍曼教授时，舍曼教授为我做了担保，并且和蔼大方地告知工作人员，他完全许可我在这个夏天剩下的时间里继续做任何我认为合适的工作，实在是侥幸之至。我怀疑他根本不知道自己推动了何等事件的运转，但我心怀感激。

毕业后，我开始为通用仪器公司工作，再次获得机会，接触我自己永远也买不起的技术设备。

因为 16 位 Nova 微型计算机（在本文中"微型"这个词是相对而言的）的处理器就装在一块单一的印刷电路板上，机器的背面也没有犹如意大利面条一般扭曲缠绕的线路，所以它是当时公认的顶级计算机。这款微型计算机安置在一只大柜子里，柜子有一名八年级学生那么高，价格比一辆新车还贵。不仅我有一台供自己使用，我的大多数同事也有。此外，我们办公室里所有的微型计算机之间都可以直接相互通信，而不是全部都对接同一台大型中央主机缓慢迟滞地处理信息。我们有一个互联网络。

就像大学时我接触的电传打字终端机一样，通用仪器公司的商用计算机只支持纯文本，不支持图形。但我不是第一个面临这种困境的人。早在 1865 年，甚至在打字机发明之前，刘易斯·卡罗尔就指导《爱丽丝梦游仙境》的出版商，通过移动字体排列的方式用故事本身勾勒绘图。在打字机普及之后，所谓的"艺术打字绘"一时之间蔚然成风，全国各地的报纸花钱重印那种只用同一个字符绘出的复杂肖像画和风景画。1963 年，官方二进制文本编码，也就是广为人知的"美国信息交换用标准代码"即 ASCII 发布后，这种绘图方式走向了数字化。后来打字机又苟延残喘了 20 年，但是新的首字母缩略词 ASCII 已经深入人心，从那时起，用文本字符制作的图片通常被称为 ASCII 艺术画。

对我来说，这项技术的潜力不在于绘图的复杂性，而在于计算机会将其识别成纯文本，计算机显示纯文本格式的速度很快。也许那一列数字是杂货店的销售数据，每当有人在东海岸的某个地方购买一根香蕉，数据就会刷新一次；也许由一串数字 3 勾勒的鹅卵石堡垒，意在将连字符对准位于屏幕另一头的敌人的销售数据。计算机不知道其间的区别。我意识到，如果文本的排列布局恰到好处，就可以把 ASCII 艺术画转变成 ASCII 动画。

　　也许计算机的黑色屏幕上散布着的白色字符激发了我潜意识里的一些灵感，也许只是昏了头的粉丝心态作祟，我决定以《星际迷航》为基础制作一款游戏。实际上，同一时代还有一款比较著名的《星际迷航》游戏，该款游戏是迈克·梅菲尔德在 1971 年用 ASCII 代码编写的。那是一款回合制游戏。克林贡人和小行星的位置标绘在顶端的一块网格上。由于这款游戏广受欢迎，多本书转载了其代码。游戏粉丝抱着怀念流连之情不断修改这段代码，使其得以在此后所有的计算机系统上运行，甚至还有一个能够在安卓智能手机上玩的现代版本。这款游戏广为流传、记录翔实，但它不是我的游戏，我也绝对不会冒领这份功劳。据我所知，我的那款《星际迷航》ASCII 游戏从未流出过通用仪器公司的网络范围。

　　比起梅菲尔德的那款回合制《星际迷航》游戏，我的游戏设计更类似街机游戏，是实时运行的。首先，我用下划线、斜杠线和管线命令符（键盘右上角的垂直线符号键"|"）勾画出了"进取号"飞船的视野屏幕，在整个游戏过程中，这些字符都保持静止，而视野范围内的一切每秒都会移动几次，模拟呈现了敌对飞船和太空碎片向你飞来的 3D 动画效果。你必须把握好导弹发射和图像相位调节器的时机，每干掉一架敌机，就能得到一个文本字符构建出的小型爆炸效果作为奖励。我甚至添加了很

轻的哔哔声音效，但这一点成为这款游戏由盛转衰的开始。

起初，我只把这款游戏传给了几名感兴趣的同事，但是在几天之内，似乎所有人都听说了这款游戏。公司的网络开始变得拖沓迟缓，大厅里轻轻的哔哔声此起彼伏，就好似报鸣着这些人可耻地放弃了工作的大喇叭。不过，似乎没有人特别为此感到羞耻，因为他们很容易就听见身边同事接连不断的哔哔声。

最终，由于这款游戏严重拖累了生产效率，管理层对此番影响再也不能视而不见，所以他们指示我删除了这款游戏。不过，鉴于工作时间玩游戏的行为太过普遍，哪怕是管理层也不敢贸然带头指摘，因此传达这一指示的人当时只是对着我意有所指地耸了耸肩。

可想而知，我的同事们很失望，我则对这禁令颇感几分自豪。它客观真实地衡量出了这款游戏有多优秀。

然而，此事确实留有后患。我制作游戏的欲望越来越强烈。如果我不能再在办公室里进行游戏编程，我要到哪里去制作游戏呢？20 世纪 70 年代末的家用计算机市场，就像许多新兴行业一样，山头林立，且尚未建立一套统一标准。当时有不少主流产品，如苹果二号机（Apple II）和 TRS-80，但也有许多不太受欢迎的机器，如柯摩多尔个人电子交易器（Commodore PET）、得克萨斯州仪器 99/4（Texas Instruments 99/4）和幸福牌计算机（Heathkit）。这些产品都是以散件的状态送达的，你必须自己将它们焊接组装在一起。但是，所有这些产品似乎都是面向工程师而非面向程序员的，并且都完全没有考虑到使用者玩游戏的需求。TRS-80 没有彩色屏幕，其他几款计算机也没有安装操纵杆的插头。当时市

席德·梅尔的回忆录！

面上有专门的游戏系统机，包括米罗华奥德赛（Magnavox Odyssey）和经典的雅达利 2600，但这些机器只能被动运行游戏。你无法在这些系统中制作游戏，就像你不可能在一台电视机上制作电视节目一样。街机可以直接编程，但其硬件价格远远超出我能够承受的范围。我能做的唯有等待而已。

1979 年底，雅达利公司终于发布了一对人称 400 和 800 的新系统。这两个系统在开发过程中被昵称为坎迪（Candy）和科琳（Colleen），据说是为了纪念雅达利办公室的两个秘书，时至今日你在互联网上可以找到的仿真程序里依旧留存着这两个名字。坎迪，也就是 400 系统，其市场定位是一款专门用来玩游戏的设备，不附带传统键盘或非电视显示器的插头，只不过是雅达利 2600 的升级版。而科琳是一台真正的计算机：更大、更重，具备顶级的图形和声音功能，有一块真正的键盘及可供内存容量扩充用的扩展插槽，还有不少于四个的独立操纵杆端口。

更妙的是，输出的数据不必保存在布满孔洞的长纸带上，而可以采用磁性介质存储。科琳使用的磁带只有几毫米宽，整齐地卷起来的模样，很像如今多数人熟知的盒式录音磁带。除了更加方便以外，这还意味着任何人看到你收藏的雅达利磁带，不会想到那是一堆呆头呆脑的计算机设备，而可能误以为你把比利·乔尔[1]的最新单曲带在了身上。

理论上，市面上的其他计算机也可以制作游戏，但这是一台专门为此设计的机器。它的设计公司比任何人都更了解游戏。我剪下邮购表，

---

1. 比利·乔尔（Billy Joel），20 世纪 70 年代及 80 年代美国最受欢迎的音乐人之一，总共发行过 13 张专辑。——编注

附上了一张支票，这张支票上的数额几近我全部的积蓄。几周后，那只独特的银色雅达利盒子被送到了我的家门口，几个小时后我就开始了游戏编程。

一开始，我做出的游戏并不多。雅达利计算机只单独附带了一卷包含 BASIC[1] 计算机语言的磁带盒，也没有其他额外的说明和指导，但是我仰仗着我的用户组、订阅的几本杂志和细致的实验，很快就做出了一款游戏。纵然那不是我最杰出的作品，但它却是我真正的第一款原创作品。我将其取名为《人质营救》。在屏幕的左侧，一架绿色的小型直升机悬停在半空中，与我后来在《直升机营救》中采用的直升机没有多大区别。右侧则是一排看起来像脸的物体，蓝色代表坏人，白色代表的就是游戏名字里提到的等待救援的"人质"。在他们后面单独有一张极大的脸，我别有深意地称其为"阿亚图拉"，这是一款恰逢其时的游戏。

阿亚图拉向你发射导弹，你也向他发射导弹。你一有机会，就要用直升机捞起容易受到攻击的人质，把他们送回屏幕左侧的安全地带。你触碰到一个坏人，就会丢了当时直升机上所有人质的性命。而人质的总人数在剩下的游戏时间里，会一直显示在屏幕底部，折磨着你的良心。我认为简单的图形并不一定意味着手下留情。

当我再次回到底特律家中稍作逗留时，我带上了我的新创意消遣工具。我的父母都是欧洲移民——父亲来自瑞士，母亲来自荷兰。他们

---

1. BASIC，1964 年设计给初学者使用的早期计算机语言，20 世纪 80 年代前期被广泛使用于个人计算机。——编注

会来到美国，一部分原因就是美国提供了文化多元且现代化的生活。尤其是父亲，他在机械和小件装置器具方面是个行家，我原以为他会像我一样对编程感兴趣。然而，他简短生硬地提点我，我带进客厅的这台新奇玩意儿正在淘汰他这种专业排字工人。他对此没什么好感。不过，当我把雅达利计算机连接到电视上，把不太常见的操纵杆递给母亲时，他好歹还是留在了房间里，在一旁看着，目光带有一种底气不足的警惕。

就像所有会为孩子的成就而激动的母亲一样，我的母亲也很兴奋。她欣赏着屏幕上标题画面的图形，就好像她可以想出法子把这些图形挂到冰箱上。不过，很快，我用四种颜色演绎出来的伊朗人质危机让她皱起了眉头，每一个新出现的威胁都让她的嘴巴发出"哦，不！"的小声惊呼。随着游戏进行，她愈发全神贯注，咬紧牙关，调动整个身体的动作来躲避飞弹。突然，她扔下控制器，转开脸去。

她告诉我，她不能再玩了。她的心脏在狂跳，一切都太激烈了。

我们继续享受了下午剩下的时光，但我永远不会忘记那一刻。母亲在这款小游戏里投注的感情如此之深，令她实在难以承受，不得不彻底放弃它。屏幕上几个凹凸不平的斑点让她心悸，每一个死去的"人质"都让她真心感到内疚。如果她能坚持挺到游戏终局，由获胜带来的欣悦必然也是真情实感。

我意识到，游戏不仅仅是一种消遣。游戏可以让你感同身受。如果说，伟大的文学作品只需通过书页上的黑色字迹就能挥洒力量，那么用动作、声音和颜色能做到什么地步呢？通过这种媒介进行情感互动的可能性是那么奇妙诱人，我怦然心动。

不久之后，我与游戏之间的关系迎来了第二次峰回路转，这一次的契机是我那个"尚未准确命名的用户组"（Not Yet Inaccurately Nicknamed Users' Group，NYINUG）。一天晚上，我们聚集在商店后面，等量地交易着技术、故事和盗版软件等。这时候，有一个没见过的人朝我们走过来。他声称虽然自己不大懂计算机，但正在寻找精通计算机的人。当地一家银行聘请他帮助开展针对青少年的外展服务。显然，这意味着要让青少年相信，没什么能比财政责任更时髦的了。因此，他们的一项重要计划，就是制作一些以金钱为主题的电子游戏，好让他们安置在银行的大厅里。更令人费解的是，他们还愿意为此付钱。

　　我接下了这份工作。"工作"，我忍不住在脑海中反复咀嚼这个词。有没有人能通过制作游戏获取报酬？我能成为那些人中的一员吗？现在我知道自己会去做游戏，可能还将就此做上一辈子，但是我从未想过，这可能是一个收入来源。如果制作游戏真的能赚钱，那么游戏设计师似乎是一份理想的工作。

　　如我处理所有事情那般，我开始拆解这个难题，寻找可重复的结果。我越分析其中机会产生的过程，就越感谢广告顾问在其间发挥的作用。有人像大多数人那样并不会计算机编程，但他足够了解计算机，看得出其中蕴含的潜力。我既不懂热情推销，也不太会自我宣传，尽管知道这不利于我达成自己的目标，我还是本能地不想和那些无法感知计算机神奇炫酷之处的人打交道。我掌握了别人不具备的实用知识，但我必须仰赖那些对我专精的知识有所了解的人。这些人可以成为我与非编程世界之间的纽带。换言之，就是我未来的搭档比尔·斯蒂利那样的人。

　　　　　　　　　　　　　　　　　　　　　　席德·梅尔的回忆录！

这些金钱主题的电子游戏，作为"极致的银行业"大使，其作用必然微乎其微，但是制作它们的过程很有趣。我设计的其中一款游戏是来回移动小猪存钱罐来接掉落下来的硬币，还有一款游戏借鉴了全新的街机游戏《青蛙过河》（Frogger），你必须小心避免被车辆碾压，把钱送到街对面的银行。也许这些车辆是冲动消费的象征？我不知道费了多少心思解释自己选择的设计元素。这是份奇怪的工作。

　　与此同时，我开始认真地制作一款新游戏。我既然已经下定决心以专业游戏设计师为目标，那我就可以试着自己销售这款新游戏，探一探这条职业之路。我的注意力暂时都放在了游戏的市场性上，决定以一个既有的成功范式为基础，做出这款新游戏，这个成功范例就是太东[1]（Taito）公司风靡一时的杰作《太空侵略者》。我甚至不记得我的山寨游戏叫什么名字，可能是像《外星人入侵》（Alien Invasion）或《星球保卫者》（Planet Defenders）之类的名字，蹭原作热度的意图昭然若揭。那时候的黑客还不是那种躲在秘密藏身处，蜷缩在笔记本计算机前，低声念叨着"我进来了！"的阴暗形象；那时的黑客更像是一个在两块电路板之间做出选择的家伙，他通常会套着一件马球衫，并把马球衫下摆塞进裤子里。我当时还沉浸在黑客文化中，根本没想过自己可能会因为销售这样一款实实在在的仿冒产品陷入麻烦。说句公道话，当时还没有任何面向雅达利800机型的《太空侵略者》版本发行，所以我仍然是从零开始，将《太空侵略者》游戏一点一点转码录入到一个新系统上——我

----

1. 太东（Taito），日本著名的游戏开发及街机游戏机生产商。——译注

也不知道这本应是他们会花钱雇人去做的事情。如果我是太东公司的员工，他们会把这种行为称作"移植"游戏，而不是"窃取"游戏。

我一把自己手工装配的"侵略者"游戏调整到满意的状态，就装了一些录制好游戏的磁带在塑料袋里，带到当地的电子商店。商店经理好脾气地听完了我的介绍，买下了大约半打磁带用于转售。我觉得他更多地是想留住我这个顾客。我不确定这些磁带是否卖出去了，但之后他再也没向我购买过。考虑到版权问题，也许卖不出去才是好事，而且我确实意识到，最终我还是需要原创的想法。但我接着又做了一版《吃豆人》（*Pac-Man*）游戏，当然，我这次只是为了练练手。我想，待我掌握了基本功之后，就可以大展拳脚了。

我的用户组很喜欢我给他们的免费《吃豆人》游戏。作为回报，有人向我透露了一种新技术，这种技术叫"玩家导弹图像"（Player-Missile Graphics）。这项技术涉及一个游戏元素在屏幕上自由移动时你能重新绘制该元素的速度。虽然这项技术名副其实，大多数实例都是宇宙飞船和导弹，但我在灵光乍现之下，觉得这套代码也可以很好地运用在自上而下布局的赛车游戏上。以此为基础，我创作了《一级方程式赛车比赛》，也就是我在去拉斯维加斯之前成功卖给橡子软件的那款游戏。

"一级方程式"是我未经付费取得授权就使用的另外一个商标，但好在这款游戏本身就不太像市面上售卖的任何一款赛车游戏。不过话说回来，很难有人能主张"快速绕圈子"这项标的的所有权。《一级方程式赛车比赛》就像我在职业生涯后期制作的许多游戏，本质上是基于现实创作的；而至少就目前看来，现实元素仍然不受版权保护。一款赛

席德·梅尔的回忆录！

《一级方程式赛车比赛》包装盒艺术画　1982 年
迈克·蒂曼　无限绘图公司　转载已获授权

车游戏不需要虚构一名预设好背景故事的车手，只需要以独特的方式结合情感和心灵的诱饵，让你相信，无论时间多么稍纵即逝，你自己就是那个车手。

　　反过来，游戏也把信念深深嵌入了我的心。我现在相信——这甚至不是稍纵即逝的想法——自己可以成为一名游戏设计师。就如我在《一级方程式赛车比赛》说明书结尾的简短自传中所写，这名雄心勃勃的28岁年轻人，已经成功拿下了一个职业头衔——游戏设计师，他有两个人生梦想：其一是"开发一个音乐创作系统"，我最终完成了这个梦想；其二是"编写终极策略游戏"。

3 巡航高度

CRUISING ALTITUDE

　　到我们合作之后的第一个圣诞节那会儿，比尔和我每个月差不多能卖出 500 盒游戏。当时我刚刚历经苦难，制作出自己的第四款游戏《王牌喷火战机》，一款我们今天可能称之为扩充版的游戏。《王牌喷火战机》使用的代码库与《王牌地狱猫》相同，不过它的战斗场景从太平洋转移到了欧洲战场。在比尔看来，接下来要做的就是把我们所有的游戏移植到其他系统上，以扩大我们游戏的受众群体，而他希望首先能在涌现于美国各地家庭的热门新计算机柯摩多尔 64（Commodore 64）机型上实现游戏移植。

我不太热衷于这个计划。一方面，将我们的游戏转换成柯摩多尔版本纯粹是公司出钱就能搞定的事情，我觉得这属于比尔负责的问题，而不是我的。这项工作没有任何新奇有趣的地方，只是提高我们既成产品销售量的一种方式。另一方面，我已经在雅达利计算机上开发了很多节省时间的工具，还有很多关于新游戏的想法，我可不想压抑。在我看来，当时数字游戏的发展已然登峰造极——我是指，人的眼睛能分辨超过128种颜色[1]吗？如果我想在这个成熟的行业里站稳脚跟，就不能浪费时间炒冷饭。

比尔也认为，一家公司的最新产品决定了这家公司发展的上限，他确实希望我能继续开发新游戏。因此，我们转而雇用了我的两位朋友——格兰特·艾拉尼和安迪·霍利斯。他们都是通用仪器公司的程序员，也是我那个雅达利用户组的成员，不过，尽管如此，我与他们的主要社交方式却无关计算机。对我们这样的年轻人而言，很难抵御比利·乔尔的魅力，做一名摇滚乐手仍然比做一名游戏设计师酷得多。因此，我们晚上凑在一起，大部分时光都待在地下室组乐队搞即兴演奏——这种形式类似常见的车库乐队，只是密歇根州的车库一年里有九个月都冷得过分。安迪负责打鼓，格兰特是主唱兼吉他手，而我是键盘手。

虽然从严格意义上讲，我们的劳动力确实翻了一番，但是微散文公司的运营仍然是靠我们各自在家利用夜晚和周末维持的，所以并没有感觉到多少变化。格兰特开始忙于将《丛林里的弗洛伊德》移植到柯摩多

----

1. 当时数字游戏采用的色彩位元深度是 7 位，已经能够显示超过 128 种颜色了。——译注

尔 64 机型上，安迪则着手再次改动"王牌"系列游戏的冲突场景，做出了一个以朝鲜战争为背景的版本。与此同时，我和比尔对彼此的审美志趣都做出了一定妥协，推出了《僚机》。这是一款新式飞行游戏，它试图在多人游戏中展现独立的第三人视角。

通常情况下，多人游戏的运作方式要么是在屏幕上一次性显示整个关卡，如《丛林里的弗洛伊德》；要么迫使玩家一直处于同一个地方，如《直升机营救》。但是比尔想要一款游戏能让两名自由飞行的飞行员在广阔层面上组队或竞争，同一时间这两名飞行员不必看向世界的同一片风景。他可能在街机游戏中见识过这一概念的具象化画面，但在家用计算机上还从未出现过类似的东西。因而，我想出了一个法子，将屏幕从水平方向上分割成两半，使得每位玩家都保持在自己那一半屏幕的中心位

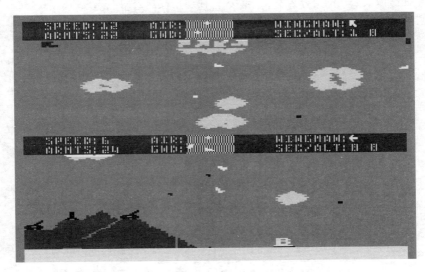

《僚机》游戏截图　1983 年　微散文公司　WWW.MICROPROSE.COM

置，而当他们行进的路线交叠时，也可以在另外一名玩家的那一半屏幕上看到自己的身影。更妙的是，这套代码完成后，也给安迪留下了足够的时间，为他的游戏《王牌米格走廊》(*MiG Alley Ace*) 加入一个第一人称视角的版本，使得《王牌》三部曲的第三部，成为不同于两部前作的独特作品。

公司的产品目录里又多了两款游戏，进军第二个系统平台的计划也迈出了第一步。比尔觉得，是时候离开通用仪器公司，全职运营微散文公司了。他实在没有动力再在通用仪器公司耗费精力了，但我对于是否要放弃稳定的薪资收入更加审慎，也不太相信如斯好梦能够长久。我们奉行的经营理念一直是避免贷款并拒绝风险投资，所以几个月销量不佳就会让我们公司日暮途穷。因此，稳妥起见，我决定行折中之法，每周在微散文公司的新办公室工作两天，在通用仪器公司上三天班。

万幸，我的游戏实验作为一种持续教育形式，能使我在通用仪器公司的上级经理们直接受益，他们很乐意让我继续留在身边凭我的意愿发光发热。就举一个例子，我近期提出的通用仪器公司新操作系统的建议，大部分都基于我已经非常熟悉的雅达利 800 机型的体系结构。雅达利公司的人想必从未预料到美国整个东北部的收银机上都将闪现他们的智慧。不过，他们的设计完美契合了我们的需求，并得到了通用仪器公司的批准。大多数同事都知道我最终肯定会跳槽，有许多人也希冀能在微散文公司谋得一职。因此，对我分时段上班他们没有任何愤懑之意。比尔和我是科技型家乡英雄，同事们和我们一样，全力支持我们取得成功。

现在，比尔全身心投入销售和推广的事业当中。他开始吹嘘自己的飞行员经历，卖力程度更甚从前，甚至在新闻稿中自称"狂野比尔"，这是他在空军服役时期的昵称，这个称呼可能还曾是他的呼号，也可能只是他自己编造出来的。他一度成功引起了当地一家电视台的注意。在记者约定要来的那天，他穿上全套飞行服来上班，在办公室里走来走去，仿佛他平时也这么打扮。在新闻工作人员全部离开后，他以一种"我是在开玩笑，但也不是完全在开玩笑"的口吻提议，从今以后，若是附近有媒体出没，我们得向他行致敬礼。

后来，我们发现他还为我们定做了飞行服，每一件都有一枚定制的臂章，上书我们公司的新标语："动作是模拟的，刺激是真实的！"一开始，我以为那只是一套用来表演的服装，可是比尔带我去马丁州立机场亲自体验了一次飞行，证明了这套服装货真价实的用场。将业余爱好连带着制服一起记作商业开支是个聪明的做法，但他这么做也并非完全是为了自己。如今，《僚机》上市了，比尔的下一个大计划就是与微软公司广受欢迎的《飞行模拟器》（*Flight Simulator*）正面交锋，他希望我通过体验飞行尽可能获得最精准的启迪。

即使比尔持有飞行员执照，他也必须通过初步技能测试，才能租用一架小型双座赛斯纳飞机。我在指挥控制塔台里等着，从市政角度来看，控制塔只是一栋面对着跑道的建筑物。同时，机组的一名飞行员带着比尔到空中做了一连串"触地起飞"的动作。他们会起飞，在空中柔缓地盘旋一圈，再度着陆，然后直接加速再次起飞。在演示了几遍这两个最重要的飞行动作之后，这名机组人员就会把座位让给我，我和比尔就可以去任何我们想去的地方了。

我不确定驾驶一架赛斯纳飞机和开战斗机之间的差别是否判若云泥，也许比尔只是在显摆，将飞机的性能发挥到了极致，但是他飞行的方式让我身边的机组人员欢快得直嘀咕："哦，那家伙根本不知道他在做什么！"

　　我在这之前并不紧张，但现在我绝对要三思了。我提醒自己，再过十分钟我就要登上那架飞机了。如果我逃跑的话，能跑得掉吗？大概是逃不脱的，比尔会想办法把我提溜回来的。

　　显而易见，我活了下来。尽管我拒绝在安全升空后接管控制权，但这样的经历甚至算不上特别可怕。比尔曾在宾夕法尼亚州的国民警卫队基地教授过许多年轻的飞行员，其中一项常规训练就是当比尔故意搞破坏让飞机出点毛病时，比如让飞机冲着地面方向或者让一个引擎熄火，年轻飞行员要让飞机恢复平稳的飞行状态。所以在理智层面上，我知道我不能做出任何对他来说太过灾难性的动作，以免他救不回我俩的小命。我想我大约是因为胆怯而临阵退缩了。不过，我确实希望自己当时至少摸过控制柄，那样的话，我就能说自己开过飞机了。

　　纵然赛斯纳飞机作为替代品还算可以接受，但是比尔真正想要的是一款主打 F-15 战斗机的游戏。我们一直选用老式飞机型号，主要原因是这些型号的技术也是老式的。如果选用的飞机型号仪表装置简单，且其最高时速为 117 英里（约 188 千米），那么就不必担心我们能以多快的速度绘制地形，也不用考虑我们可以存储多少飞行数据。甭提什么压缩算法，至少按照目前的分辨率，屏幕下半块那点儿地方根本没有足够的物理空间来绘制 F-15 战斗机的仪表盘。

《单人飞行》包装盒艺术画　1983 年
微散文公司　WWW.MICROPROSE.COM.

未来可能很快就会诞生更好的图像显示方式和更快的处理速度，但是现在，比尔的梦想尚不能实现。

我们在飞行模拟游戏这一品类的官方首发游戏名为《单人飞行》（该品类游戏与街机游戏不同，没有不切实际的机动性和无限的弹药）。我在《单人飞行》中引入了移动摄像机的概念，涵盖了飞机不同方向上的视角，玩家在飞行过程中可以在驾驶舱内和飞机后面的视图之间来回切换。我们还想到了呈现飞机投射到地面上的影子，以便玩家估算飞行高度，这个细节巧妙且有效。据我所知，《单人飞行》是第一款增加这种细节的飞行模拟游戏。最后，我把注意力转移到了三维图像上。这是一头怪兽，我将在未来几年里一点一点、持续不断地杀死它。

现在，三维图像被视作理所当然，但是我几乎难以表述在当时那些计算机对其中涉及的大量三角函数是多么无能为力。如果你有孩子，那么你家里可能有一堆玩具的运算处理速度都比我们使用的计算机要快。总之，我利用一种画线算法（linedraw algorithm），以前所未有的三维形式，将山脉和跑道向外进行投射呈现。你必须相信我说的——这真的很酷。当时你若是在现场，你会觉得脑子都炸开了。

不过，一个关键的设计选择掩盖了这些代码改进所闪现的一切光芒：我们没有消解"玩"的概念。尽管人们把《王牌》这类"游戏"与《单人飞行》这种"模拟器"之作视为两块泾渭分明的孤立市场，但在我们看来，没道理飞机爱好者不能像游戏迷一样获得乐趣。只要我和比尔小心翼翼，不僭越现实主义的神圣界限，我们的结合就是那场能为两个王国带来和平的皇室联姻。因此，我们在游戏中加入了一个简单的邮件递送挑战，游戏设置了一些截止日期和目的地，有意愿的飞行员可以尝试接受挑战，没有任何压力。

这项功能很受欢迎，还成功在我们的游戏与微软的《飞行模拟器》之间划出了一条楚河汉界——甚至在许多评论家看来，《单人飞行》已经赢了。然而，这些评论流传不广，声量很小，而且游戏零售业没有中间层级。在这一行，排在最底层的是夫妻店，他们上面就直接是像西尔斯百货这样的全国性商店，这类店铺甚至比沃尔玛还要赚钱。跻身上流的机会要么一下子就来了，要么根本就没有。

比尔告诉我，这里头的秘密是，全国性的连锁店并不会自行决定销售什么产品。相反，他们把货架空位租给了专业的分销商，这些分销商会自己与各个游戏公司签订合同，就像唱片经纪人物色下一个大明星一样。分销商在当地商店偶然发现我们的游戏，其困难程度好比大型唱片经纪人在潜水酒吧[1]的"卡拉 OK 之夜"挖掘到新人。比尔说，为了获取我们需要的关注，我们必须到芝加哥参加国际消费电子展（CES）。

1984 年的国际消费电子展规模大约只有如今的一半，也就是说，当年展会仅仅招待了 9 万名与会者，他们散布在芝加哥市中心首屈一指的一个大型会场的三层楼之间。我们计划一起去，这样我就可以演示游戏并回答技术相关的问题，比尔则可以放肆地拉住每一个路过的人，让他们相信我们可以为其公司提供非常大的经济利益。我们还带来了乔治·吉尔里。他是办公室的一名全能型人才，在我和比尔分身乏术之时，

---

1. 潜水酒吧（dive bar），一种小型廉价酒吧，通常位于地下室，设施破旧，灯光昏暗，提供最低限度的服务和廉价酒水，通常服务社区顾客。——编注

他可以顶上，替我们料理事务。

　　由于在麦科米克会议中心预订房间的费用超出了预算，我们选择安顿在几个街区外的地方。仅仅是定下 10 英尺 ×10 英尺（约 3 米 ×3 米）大小的一个基础展位就要花费 11 000 美元。按照现今参展供应商得花上将近 150 000 美元的行情，这个价钱还是划算的。当时我并不知道这事要花掉我们多少钱，但我总归会同意这么做的。我总是把有关钱的事务交由比尔决策，他确信，只要我们能把《单人飞行》推荐给合适的人，在展会落幕之前，我们就会被分销商接走。

　　参展供应商所在大厅还处于未搭建完成的状态，但这里依旧一派热火朝天。我从没想过游戏产业能占据这么大的场地，又如此多元化。每个展位都代表着我们这个行业的某个独特的组成部分，周围散乱的纸板箱和黑色织物丝毫掩盖不了它们的潜力。在这块儿有个人正在卖一种改进的新式操纵杆；在过道对面那块儿，另一个人设计出了一种比其他竞品运行得更快的硬盘驱动器。双方都不必瞎掺和对方的专业，甚至不必了解彼此专精的领域就能进行合作。他们只需要达成一个共识——游戏值得他们这么做。我只希望我们拿出与其他展位旗鼓相当的产品。

　　遗憾的是，我们展位相形见绌，落了下风。从这方面而言，参加国际消费电子展是一次有益的经历。直到看到其他公司拆箱，我们才豁然醒悟自己带的东西太少了。他们有电子闪光标牌，我们只有一道黑胶横幅。卢卡斯影业（Lucasfilm）和艺电（Electronic Arts）有好多排演示台，我们只有一台雅达利计算机，连接在某台从别人（也可能就是我自己）的桌上顺来的显示器上。

比尔突然间心急火燎，想尽快架设好运行我们的设备。我想，与其显得毫无准备又行动迟钝，不如装作我们本来的计划就是如此。我们到达展会时，展位上没有我们预订的桌子，桌子何时能送达也无法确认。比尔一边嘟囔着工会经营的弊端，一边大步流星地赶去处理这个问题。过了没多久，比尔带回了我们的（也可能是别人的）三张桌子。这些桌子的颜色和尺寸都不太相配，没能切实提升我们展位的专业性。不过，我最好还是别问比尔他是从哪里搞来的桌子，他肯定一句话把我噎回来："那咱们是有桌子，还是没桌子？"我们默默摆好了桌子。

过了一会儿，几名工人拿着我们相衬得宜的漂亮桌子过来了，看到我们已经有了几张桌子，又耸耸肩离开了。比尔得意地交叉起双臂，看着他们的背影。他已经进入状态，浑身是劲，一人更比五人强，他将以前所未见勇士般的推销员气势，统治展会的这个角落。

他确实做到了。展会落幕时，我们的游戏收到了很多份报价邀约。

大多数邀约都是标准的代理分销协议。如果我们决定接受这一类协议，比尔就准备花上几个月时间，针对那些条款积极谈判磋商。可是软件开发商贺斯威尔（HesWare）提出了一个不同寻常的邀约。这家公司是我们的竞争对手。该公司还接受了风险投资，也就是我们会坚决拒绝的那种钱。一家公司钱比游戏多，并不一定就是坏事，毕竟，我们期望在这一届展会上达成合作的发行商也适用类似的描述。只是，合作并不等同于拥有，比尔和我一直都很清楚，要始终站在我们的角度考虑问题。贺斯威尔公司并不想要我们公司的股份或持续的版税，他们打算支付 25 万美元打包买下整个游戏，当作自己的产品售卖。这是个非常重大的决定，比尔认为我至少应该参与其中，与他共同决策。

一方面，《单人飞行》的长期销售额可能会超过贺斯威尔的报价，尤其是现在已经有分销商愿意与我们签订合同了。另一方面，我们的预算仍然非常紧张，我甚至都不能到微散文公司全职工作。大笔资金注入对我们会有很大帮助，即使游戏失败，我们也能靠这笔钱维持下去。

我给了比尔我唯一能给的建议：如果你相信自己拥有的是特别的事物，那你就该拿出对待特别之物的态度来对待它。我告诉他："我听人说祖传的宝物不能卖。"

事实证明，这是一个正确的决定。我们当时不知道贺斯威尔正在经历严重的财务危机，仅仅几个月后公司就宣告破产。如果把游戏卖给他们，我们不但会丧失版权，还可能永远拿不到钱。

《单人飞行》自上架起一路畅销，销量稳步增长。鉴于已成为一家可以分销自家游戏的公司，我们可以面向全国发行一些旧有游戏的更新版本了。首先，经过一番锤炼，我的人工智能技能成就了《丛林里的弗洛伊德》的一个全新版本，在这个新版本中，任何非真人操控的角色都可以由计算机来控制。从逻辑上讲，就是我们现在有了一个演示模式，用以撩拨顾客的心思，就像游戏厅那样。差不多与此同时，我调整了《直升机营救》的敌机人工智能算法。我将这两款游戏的代码全部转换成了席德转码（SidTran）。席德转码是我自创的一种计算机编程语言，更加高效，它相对于其他编程语言的主要优势，可类比舍曼教授的电传打字机之于穿孔卡片系统的优越性，也就是"即时满足"。你可以更加快捷地查看代码修改后的输出结果，耗时减半完成双倍的代码修正工作。

我们的分销商确实要求对《直升机营救》进行一次重大修改，也就是更改这款游戏的名字。市面上还有另外一款名字有点类似的游戏，叫作《救援直升机》(*Choplifter*)。我们的公司发展到如今这个阶段，这种事情就变得有点要紧了。因此，这款游戏面向全国再版发行时，更名为《空中救援1》。(不过，直到禁令下达的那一天才有人提起这一茬，因此我猜测分销商并不担心在法律层面受我们公司名字的拖累。)

签署《单人飞行》的分销协议后，又过了几个月，比尔说出了从四年前那位银行广告顾问走向我们的用户组开始，我就一直想听到的那句话。

"席德，我们赚的钱够多了。你可以辞掉你那份正职工作了。"

这番话不止说给了我一个人听。我们的办公室几乎是在一夜之间有了办公室该有的样子。我们在饮水机旁和会议桌旁交谈的内容，是不会在任何人的厨房里听到的。不过，我们仍然更像一个家庭而不是一家公司。我们的大多数员工都是老朋友，比尔的妻子打从一开始就负责我们公司的行政工作，没过多久，我就向一位名叫吉吉的年轻女子求婚了。因为我所有的时间都是在办公室度过的，可以想见，我与吉吉也是在那里认识的。起初始于爱好的劳作，如今终于条件具足，成了我们碰巧共同热爱的正当营生。

从财务角度看，扩张是激进之举，有可能造成事与愿违的结果，但是比尔就是比尔，他从不会忘记优质的内容才是在背后驱动这一切的力量。如果我们手中没有多款正在开发的游戏，同时销售多款游戏的状态就不可持续。因此，他的下一步计划就是发布广告，诚招英才。

比尔告诉我，为了吸引业内最聪明、最有创造力的人才，他想向外传递这样的信息：我们懂得欣赏设计师的才能，我们也将给予设计师应得的尊重。他自己已经成为游戏玩家和媒体眼中的一个象征，穿着制服四处走动，这隐隐暗示美国空军已经为我们组织了一个游戏测试部门，但这种哗众取宠的做法无法吸引程序员这类人。比尔说，只有平民英雄——一个他们之中的自己人，才能走进他们心里。因此，他决定让我和一大堆钱一起，成为他新一轮宣传活动上的两颗闪耀明星。

我不确定这张照片是否在杂志上刊登过，不过，我觉得这张照片表达的意象实在太过滑稽，因而我给自己也留了一张。在照片中，我坐在办公桌前，屏幕上傲然运行着《单人飞行》。我的身旁有两只拉绳袋子。这两只袋子仿佛是直接从漫画书里拿出来的，袋子的一面印着美元标志，束口处还喷出一捧钞票，形状好似一束花。而我手里拿着一沓钞票，脸上摆出接受过指导演练的惊喜表情。不过，比尔认为即使这样拍，这张照片也显得太内敛了。就在拍摄这张照片之前，比尔还爬到我的桌子上，从天花板上垂挂下几枚金光闪闪的美元标志。他从未告知我他想给这张照片加上什么样的说明文字，但我能肯定，绝对不会有"最近才辞去正职工作"这句话。

至少可以这么说，即便我们富垭陶白，我也不喜欢太过招摇。比尔倒是喜欢讲起我的一桩逸事——我有一次忘记将工资存入账户，以至于会计部打电话来调查情况。我敢确定，这肯定不是因为我粗心大意，而是繁忙的日程安排导致的。但是，我支票上的钱确实从未一到手就花在20世纪80年代那些"闪亮风潮"的穿戴上。通常情况下，我会选择储蓄，而且我总是提前做好计划。但我很乐意配合比尔做任何他认为有利

席德·梅尔的回忆录！

《富翁》照片　1984 年　微散文公司
WWW.MICROPROSE.COM. 照片来源：乔治·吉尔里

于公司发展的事情，包括且并不限于稀奇古怪的拍照活动。对我来说，最重要的是我能够以制作游戏为生。

　　在那段时间，技术的稳步发展也带动了其他行业的蓬勃发展。1975年，法国六分仪航空（Sextant Avionique）公司率先为达索水星飞机研发出第一个"平视显示器"（heads-up display），简称 HUD。这款产品的理念是将信息直接投射到飞行员视野范围内的一块清晰的屏幕上，以尽量避免飞行员的眼睛往下看了仪表之后又要再向上看向地平线。这款产品取得了巨大的成功，飞机制造商很快就把这一概念应用到了军事和商业领域，科幻小说家则幻想着我们自己眼球里的显示器（给予《终结者》中的阿诺德·施瓦辛格提示的那种显示器）。

接着，到 1984 年 2 月，美国空军配备了 F-15E 战斗机的新航队亮相了，这些战斗机装载了比以往更巨大、更精细的平视显示器。飞行员的视野范围，从这一边到另一边都满是发光的文字、瞄准指南和为精确机动动作而对地形标注的亮点。跑道不再是跑道，而是两条数字化线路。瞄准器那些发光的十字准星笼罩着敌人。

有史以来第一次，驾驶飞机变得更像是在玩电子游戏，而不是电子游戏在模仿开飞机。我无法把更多的仪表数据塞进计算机屏幕的下半部分，军方就帮我把这些数据移到了屏幕的上半部分。正可谓"我不去就山，山便来就我"。

现在轮到我来向比尔宣布一则他已经等待多年的消息了：我已经准备好制作一款主打 F-15 战斗机的飞行模拟游戏。他咧开嘴，笑得如同圣诞节早晨的孩子。

4 作战日

D-DAY[1]

微散文公司业界闻名之处，就是我们的游戏说明书。随着时光流逝，我们的游戏说明书已变得如教科书般长篇累牍。不过，一开始，这

1. D-Day 为诺曼底登陆日（1944 年 6 月 6 日），如今常用来指重要行动开始的那一天。为何叫 D-Day 有多种解释，最常被采纳的解释是美军作战术语，D 即 Day 的首字母，早在第一次世界大战期间即与 H-Hour 一起，被用来指特定作战行动发起的时间，既意味着时间未确定，也意味着时间高度保密。另一种解释来自最终确定了诺曼底登陆日的艾森豪威尔将军，D-Day 为"离去之日"（departed day）。席德·梅尔以第二次世界大战为背景的战争游戏《远征欧陆》即以诺曼底登陆作为游戏开端。——编注

些说明书尤其名副其实。我们有时候不得不向计算机新手（也就是基本上每一个人）解释，计算机一切正常，比如《王牌喷火战机》会在界面上安抚机主，游戏将在"大约4分钟内"完成加载。其余时间，我们则在建立一套游戏规则，其中内容现如今看来已是理所当然的惯例了，例如，《王牌地狱猫》里"当你被击中时屏幕会闪烁红光"，《直升机营救》承诺玩家"关卡越难，积分奖励就越丰厚"。

不过，在大多数情况下，我们只是想提供帮助，因为没有人会喜欢一款不能（至少在某些时候）获胜的游戏。《一级方程式赛车比赛》建议玩家"在转弯时谨慎选用5挡，推荐使用4挡"，《王牌地狱猫》则鼓励玩家"不要等待，立即装填排好弹药，准备你的下一次射击"，《王牌喷火战机》的说明书甚至还要告知你"天空是浅蓝色的，地面是绿色"。也许我们确实把这一苦做得有点过火了。

尤其是飞行游戏的说明书，有很多有关特技飞行的信息。之所以会这样，部分原因是比尔有这方面的知识，还乐意分享这些知识，但也可能是因为他担心如果不一一指出那些我们在游戏里设置的巧思，玩家会注意不到。随着一款款游戏里增添的细节越来越多，每本说明书也越写越长。在我们发布《单人飞行》的时候，说明书里已经加入了很多飞行经验相关的叙述，远远超出了游戏可以模拟的范畴。

"飞机处于仪表飞行条件下，而航空地平仪失灵了，可能属于在真实航行途中发生的最可怕的情况之一。如果出现这种紧急情况的同时，发动机也发生了故障，再加上驾驶舱内有烟雾，那么飞行员会很乐意使用他的丝质升降机（降落伞），让自己的身体完好无损地回到地面上！"《单人飞行》的说明书上用 16 页篇幅写完的内容，到了《F-15 战鹰》的说明书上，增扩到了 36 页。我们告诉玩家，0.9 马赫[1] 的速度实际上是一个可变的阈值，相当于"海平面上 661 节[2]"，但这个数值在海拔更高的地方会显著降低。我们提供了复杂的图表，概述了 70 度、78 度和 82 度转弯时重力的差异。我们非常精确地罗列出每架敌机的失速速度、实用升限和武器装备，以及地对空导弹的倾斜距离。说明书的中页插图标注了驾驶舱屏幕上显示的所有 29 种指示器，接下来是可以用操纵杆完成的 10 个不同动作。尽管游戏的模拟器会"自行联动操纵面[3] 的动作使得上偏的升降舵获得正确的高度补偿"，但是这本说明书还是用了好几页冗词赘句，展开介绍了副翼和方向舵之间的区别。我们把一切都考虑到了。

嗯，应该说我们几乎把一切都考虑到了。在这本 36 页的说明书里，我们没有提及如何让飞机降落。

这是至关重要的信息。玩家自己是不可能让飞机着陆的。针对这部分内容，我们还没找到精准性和可玩性之间的平衡点。在现实中，飞机降落是最困难的一步，但是在游戏中，在任务成功的最后一刻杀死玩家，这种设置实在有点赶客。所以我们想出了一个折中的方案，让计算

....

1. 马赫数是速度和音速的比值，由于空气中音速会随温度、气压而变化，马赫数也会随之变化，在标准音速下，1 马赫约为 1124 公里 / 小时，0.9 马赫约 1103 公里 / 小时。当飞行器以接近音速的速度持续飞行时，前方空气受到挤压，会产生强烈的音障，对飞行器造成损害，因此直观显示飞行速度与音速关系的马赫数常用于表示飞机、导弹、火箭等飞行器的速度。——编注
2. 节，船和航空器的速度计量单位，即海里 / 小时。——译注
3. 操纵面，是铰链在飞机机翼、水平尾翼和垂直尾翼上的可动翼面。——译注

机接管这部分，当玩家返回基地时，一旦进入一个合理的距离及高度范围，飞机就会自动降落。不幸的是，我们想当然地认为那些不以制作飞行游戏为生的人会知道在那种情况下什么才算是合理的。哦，好吧。这款游戏仍然卖得很好。

撇开重要的游戏机制不谈，《F-15 战鹰》的说明书还有另外一个特别之处：这是我们第一款尝试基于操作说明书进行复制保护的游戏。正如现今众所周知的那样，数字版权管理，仍然是创造者和用户之间永恒的战争。我们想出一个保护游戏的方法，有人想出了破解之道。如此周而复始，循环往复。当然，比尔坚决反对任何让我们破财的行为，但考虑到我年轻时或许也做过大量盗版软件，我没有任何立场反对任意分享的行为。有一种观点认为，盗版游戏是向那些本来不会购买游戏的人做广告的一种形式。这种观点有些道理，但仍不足为信。早年我在接触到几款游戏的免费版本之后，曾多次购买那些游戏。如果没有那些未加密的真实数据，我不可能那么快地学到那么多编程知识。（那个时候，玩家的计算机在游戏加载时会进行动态编译，所以磁盘上的数据不仅可见，而且只要使用合适的工具，完全可以对代码进行编辑。）

话虽如此，可还是有很多盗版惯犯，他们的动机不仅仅是好奇心。我不能容忍那些借此生利的奸商，那些活跃的恶意用户会在其提供的诱人下载文件里夹藏恶意软件，没有人会喜欢他们。好在，我们在那会儿还不必担心后者，因为大约在《F-15 战鹰》发行一年之后，民间才出现了第一个计算机病毒。颇具讽刺意味的是，这种病毒本来是一种激进的复制保护手段：当程序检测到它认为是作者软件的盗版版本时，会开始清除

《F-15 战鹰》游戏截图　1985 年　微散文公司　WWW.MICROPROSE.COM.

用户硬盘的关键部分作为报复。此程序偶尔也会误伤无辜用户。该病毒绰号"大脑"，它用心良苦但执行不力，还附有病毒制作者的全名和联系方式，因为制作者认为，没必要躲避那些已被锚定为攻击目标的盗版者。

　　不过，即使是在 1984 年——我们因道德感强烈没想到游戏里还能塞入恶意软件的那会儿——未经授权的共享行为也很猖獗。科幻小说家奥森·斯科特·卡德曾经写道，微散文公司的某一款游戏特别棒，"哪怕是开车时速 55 英里[1]的人也可能想把它偷回去"。有时候，一

....

1. 约 89 公里／时，时速 55 英里是美国为应对石油危机，节省汽油消耗，于 1974 年规定的一个国家最高限速，该法规颁布后受到许多质疑和嘲笑，大多数人并不遵守，这里"开车时速 55 英里的人"，指遵纪守法的人。——编注

款受欢迎程度中不溜的游戏，最终的合法销售量会超过一款热门游戏，因为人们更难联系到拥有这款游戏的人来拷贝游戏。而广受欢迎的游戏，人们很容易在本地公告板上找到，根据一些人的估计，热门游戏可能有高达 80% 的盗版。

拜 1982 年斯特恩电子公司诉考夫曼[1]一案所赐，电子游戏在版权法下会被视为艺术作品，但是这一认定在司法实践中并没有强制效力。整个行业都在竭力破解软件保护，他们公开行事，而且不怕被报复。例如，软键盘出版（Softkey Publishing）公司在这方面就非常成功，甚至有能力发行两本单独的月刊，内容全是针对苹果 II 型计算机软件的密码破解说明。

有限的数据存储使得游戏程序占用体积非常小，执意要盗版的人完全可以手工梳理每一行代码。这一点对我们颇为不利。在软件公司搞清楚如何实现封闭产品原始代码之后，才产生了"开源"这个词，而真正的加密技术只属于军方。我们可以在数据存储布局格式上做一些文章，比如将信息以倾斜的螺旋形而不是以一排排直线的形式存储在磁盘上，但是这些手段都不难破解，而且有时候会造成无法正常读取正版游戏副本的情况。

不过，数据传输的速度同样也很有限，这一点却是对我们有利。当

---

1. 在 1985 年版权法更新将计算机软件纳入版权保护对象以前，游戏开发商通常将代码注册为文学作品来寻求版权保护，但这无法避免使用不同程序代码创建相似显示效果的视频游戏的侵权行为。斯特恩电子公司诉考夫曼案是首个将电子游戏的创意及呈现形式，例如画面、音效等也列入版权保护范围的判例。——编注

时市面上运行最快的调制解调器，传输数据的速度是极低的每秒 1200 比特，售价约 600 美元（相当于现在价格的两倍多）。这就意味着一款典型的 48K 游戏[1]（大约维基百科那张解释何为千字节的页面三分之一的大小）需要 5 到 6 分钟才能下载完毕。对于潜在的游戏盗版者来说，这还不算太糟糕。可是单单一张从真实绘画转化而成的数字图像（不是那种粗糙的像素艺术画），就很可能比游戏本身占用的体积还要大。因此，如果我们的说明书里塞满了图片，就可以有效规避盗版者通过电话线路传输这个文件的可能了。

如果说明书里只有游戏方法指南，那么没有它也无伤大雅。游戏本应是直观的，许多玩家只要在玩的过程中摸索就能知道游戏该怎么玩。但是，如果说明书里包含了不可或缺的关键信息，玩家不知道这些信息就没法推进游戏关卡，那就能在不改变任何游戏数据的情况下对游戏造成破坏。现在已经很难确定这到底是谁想出来的法子，1984 年的一些游戏就采用了这种"说明书查找"的方式进行游戏复制保护，目前我们尚未发现 1983 年的游戏采用这种保护方式，所以显然，它是在极短的时间里流行起来的。

这种保护手段在早期的应用实例都很冗余乏味，类似"说明书第 17 页的第 12 个单词是什么？"等等。好一些的例子将这类信息以某种形式与游戏结合，将其作为一句魔法咒语，或者狡猾的敌人抛出的谜题答案。由于《F-15 战鹰》设定了现实向的游戏背景，我们选择将这类保护

---

1. 能在内存 48K 的计算机上运行的游戏。——译注

信息设置成游戏里绝密武器的认证代码。虽然我们把这些信息散布在说明书里，不太容易被人一下子全部影印出来，但我们采用的保护手段仍然过于简单了。供玩家选择的代码只有 15 个，每个代码都只包含一个字母。玩家可以随意猜测的选项太多了，而需要手工复制的信息并不多，盗版数据随附上一个小小文本文件即可容纳。

发行下一款游戏时，我们学聪明了。《海军潜艇部队》的说明书并没有提供代码，而是要求玩家用视觉匹配虚构驱逐舰的剪影。这些方方正正的黑白形状足够简单，可以保存在游戏存储器里；但是又足够复杂，难以用语言描述，也无法转换成文本格式。

即使在 20 世纪 80 年代末，家用扫描仪面市，数据传输速度也提升到了可以轻松共享图像的程度，这样的麻烦也足以阻止大多数临时起意想要复制游戏的人。我认为，只要做出不诚实的选择没有容易得令人发指，人类一般而言就会很诚实。至于精英黑客，反正世界上再多的障碍也阻止不了他们，所以我们担心再多亦是无用。即使境遇不佳，情势不利，每一种复制保护方案最终都被攻破，游戏开发者们也都以某种方式挺了过来。

虽然驱逐舰的剪影只比武器认证代码多占了几英寸空间，但是《海军潜艇部队》的说明书依旧变得更加冗长了，这证明我们无法自拔的写作行为不仅仅是为了阻止版权小偷。说明书的主要内容是关于潜艇真正执行任务时运用的战术。这是我第一款侧重隐形而不是速度和火力的游戏，而且游戏中鱼雷的发射、瞄准涉及大量三角函数，使得这款游戏更加出色。不过，比尔抱持着与一个古老的军事笑话一致的观点，"反

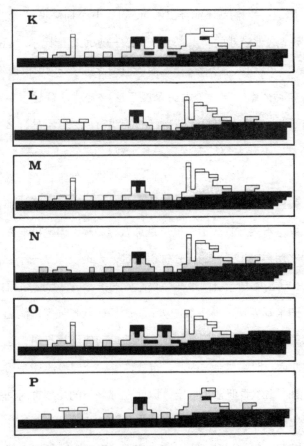

《海军潜艇部队》操作说明书　1985 年

微散文公司　WWW.MICROPROSE.COM.

潜作战"（anti-submarine warfare）的首字母缩写是"非常缓慢的战争"

（awfully slow warfare）。即使我们添加了加快游戏时速和自动瞄准的选

项，他还是不满意。比尔更喜欢在 0.9 马赫的速度下战斗，他非常厌烦

《海军潜艇部队》里需要精心策划谋略方可取胜的设计。

他抱怨道："你们就不能浮出水面，开枪开个痛快吗？"

"这不是这款游戏的卖点。"我一遍又一遍地提醒比尔，但他对此不依不饶，为了安抚他，我最终在主潜艇模型上加了一门甲板火炮。

不久之后，比尔向一个大买家展示这款游戏，看起来游戏里的人工智能占了上风，当你试图出售自己的游戏时，这可不是什么好事。分销商的高管们不在意你的编程有多么精妙复杂。他们多数根本不玩游戏，只靠读取他人情绪状态的能力来进行抉择。如果你在一次演示时输了游戏，失望之情会弥漫整个房间，而且你几乎不可能动摇那沮丧晦气的第一印象。当然，游戏不应该总是那么容易赢，但输也要在牢固确立奖励预期之后再输。最初的几分钟很关键，无论玩家是一个独自坐在计算机前的孩子，还是一群围坐在会议桌旁的推销员，都必须赢。

比尔向来好表现，仍然不喜欢节奏缓慢的紧张气氛，他选择同时对付多艘敌舰，所有敌舰都以潜艇该有的速度向他迂缓挺进，这简直是一场可怕的冲锋。他竭尽全力闪避、奋战，最后一艘潜艇还是用鱼雷把他炸出了水面。比尔看似败局已定，但就在那剩下的几秒钟时间里，他切换到甲板上的火炮，在灰色白色方块组成的海水浪花溅射下，一举歼灭了敌人。按照比尔的说法，当时整个房间的人都欢呼起来，甚至可能一时兴起把他扛在肩膀上游行庆祝了一番。更重要的是，他们买下了这款游戏。

从那一刻起，比尔就成了一名游戏设计师，每当他觉得我们的游戏缺乏刺激，或者感官刺激形式太过低俗肤浅时，便会大喊"甲板火炮！"以图增加其观点的说服力。此举付诸笑谈，流传了多年。

比尔对《海军潜艇部队》的很多改动都违背了我的直觉，不止甲板火炮这一处。他还认为微散文公司到了该聘请一位艺术家的时候了。

说实话，我感觉有点被冒犯到。当然，我不是凡·高，但是多年来我们游戏的美术设计一直是由我负责的，我自己觉得干得还不赖——无论如何，我的水平对于在拼合[1]网格上制作 16 色图像而言，绝对是绰绰有余了。哎呀，我简直优秀得天妒人怨，我甚至不需要像某些设计师那样先在方格纸上标绘出图像。我只要想象出我想要的画面，就能直接输入计算机! 我特别得意于我为《海军潜艇部队》设计的图形菜单。我没有在供玩家选择的道具清单里放置很多舰长可与之互动的道具——雷达、潜望镜、损坏报告等等，而是绘制了潜艇指挥塔的内部构造，全屏显示! 里面还有一个小小的人形舰长，可任由你在房间的不同区域之间来回移动。我很厉害的! 该死!

然后我看到了新来的艺术家迈克尔·海尔创作的指挥塔屏幕。他的三维数字视角更真实，颜色对比更生动，他的舰长看起来更像人类，而不是人形的物体。它基本上从任何方面看，都是一件极致的艺术之作。

我心想，哦，也许我们确实需要一位真正的艺术家。

认清我自己真实的技术水准是痛苦的，不过抛开这一点，我忍不住为游戏的改进感到高兴，我安慰自己，多了这位艺术家，我就有更多的时间投入游戏编程其他方面的工作上了。我在某一刻突然意识到，《海军潜艇部队》需要的是一张真实的地图，涵盖整个太平洋，囊括所有不

----

1. 原文 sprite，精灵图，又称为"雪碧图"或"拼合图"。在计算机图形学中，当一张二维图像集成进场景中，成为整个显示图像的一部分时，这张图就称为精灵图。——译注

知名的小岛，标注整片海域的准确水深。既然我已经被剥夺了从事艺术工作的可能，那我就更想要让这张地图与众不同了。很快我就以分形学为基础，捣鼓出一种编程技术，这种方法可以实现近乎无限的缩放功能，从全局视图到只有 8 英里（约 13 公里）宽的一小方海洋区域。以现在《我的世界》（*Minecraft*）或者"辐射"（*Fallout*）系列游戏的标准来看，由于玩家在游戏中四处游荡却仍只能做一件事，因此《海军潜艇部队》还不能完全算作一款"开放世界"[1] 游戏，但是我的无限缩放地图给了玩家在一款潜艇游戏中可能得到的最大自由，不必给潜艇安上轮子再将它滚到干燥的陆地上。

与此同时，《F-15 战鹰》不负众望，售出数十万份，并在《计算机游戏世界》的读者投票中赢得"年度最佳动作游戏"殊荣。这让比尔对飞机

《海军潜艇部队》截图　1985 年　微散文公司　WWW.MICROPROSE.COM.

....

1. 开放世界游戏，也被称为漫游式游戏（free roam），游戏关卡设计的一种，在其中玩家可自由地在一个虚拟世界中漫游，并可自由选择完成游戏任务的时间点和方式。——译注

游戏更加狂热，但我已经准备好继续前进了。这不是倦怠，而是我的灵感耗尽了。《F-15 战鹰》包罗了美国武器库中所有类型的导弹和炸弹，我们的机械装置在不进行安全审查的情况下也做到了尽可能的真实。雷达是一流的，你可以部署的雷达干扰箔条也是一流的。从景观到弹丸再到敌机，屏幕上的每一个元素都是三维数字化的，我认为没有什么可以改进的了。

好在本公司的其他人还是稳扎稳打、行远自迩，产出了《肯尼迪方案》（*Kennedy Approach*） 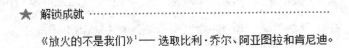 和《特技喷气飞机》（*Acrojet*）之类质量稳定的类型游戏作品。他们的存在让我得以拥有些许余地自由探索，不至于让比尔过于忧心我们的做法偏离成功的道路。

"席德会想明白的。"他总是这么说。我不确定他是在说我会有新的灵感，还是意指我会恢复理智，清醒过来。

比尔不愿意多样化扩展游戏类型也不是完全没有道理。在《单人飞行》之前，我曾制作过一款名为《北约司令》的游戏。这款游戏做了一些新奇的尝试，这些试探性的改变浮皮蹭痒，浅尝辄止。说得委婉客气点，这款游戏不是我最好的作品。或者说，如同多年后我对一位记者

★ 解锁成就 ···

《放火的不是我们》[1]—— 选取比利·乔尔、阿亚图拉和肯尼迪。

·····················

1.《放火的不是我们》（"We Didn't Start the Fire"），比利·乔尔的一首歌曲，里面提到许多历史事件与人名，包括随后列出的三个。——译注

的描述:"这款游戏一点也不好玩。太糟糕了。"

我本打算在计算机上创作一款战争游戏,摒弃传统桌面游戏的一切缺点。战争游戏发端于现实中将军们所做的战略规划,他们在巨大的战场前线地图上,挪移着微型的步兵小队模型,推演排兵布阵。那些训练场景本是为最终将背负真实人命的军官们设计的,后来,这些虚构的布置演变成大众也能玩的游戏。通常情况下,战争游戏会精确再现历史上某些特定的战役。例如,你可以选择以不同方式演绎卡斯特的最后一战[1],但游戏不可能偏离设定背景同时期的军事技术水平。战争游戏的其他关键特征包括:玩家操纵的不是单一的棋子,而是几十个极易消耗的微缩模型;一张占据整个桌面的地图,需要耗费数小时进行布局;以及一本复杂的规则手册,可确保你和朋友就手册内容争论不休的时间不少于你们玩游戏的时间。

正是这些缺陷让我相信计算机可以将桌面游戏做得更好。除了即时设置好的桌面棋盘及永不遗漏例外情况的规则手册之外,计算机还具备向玩家隐藏信息的重要功能。现代卫星或许几乎消除了战场上的迷雾,但在历史长河之中,军事指挥官在绝大多数时间里都是在盲猜敌方动向。许多战斗的发生仅仅因为意外的狭路相逢,有时甚至不是遭遇敌人。例如,在第一次世界大战期间,英国皇家海军潜艇"G9 号"(HMS G9)偶然遭逢英国"帕斯利号"驱逐舰(HMS Pasley),双方交火,最终导致"G9 号"裂成两半沉没,只留下一名幸存者将他们的谬差告知

....
1. 卡斯特的最后一战(Custer's last stand),1876 年 6 月 25 日,在蒙大拿山坡,美国第七骑兵团与印第安苏人和沙伊安人部落之间的武装冲突。——译注

"帕斯利号"的舰长。

　　但是，当对手的棋子就在你面前的桌台上时，很容易猜到他们在哪里。桌面游戏设计者经常试图用一个复杂的假角色系统来解决这个问题，也就是所谓的虚拟棋子，但这充其量是一种笨办法。相比之下，对计算机程序员来说，更加省事的做法是在屏幕上保留这些道具未渲染的状态。我们没必要隐藏任何东西，我们只是选择先不把那些东西画出来。我想，当我们只有硬纸板时，硬纸板物尽其用，可圈可点，但如今晶体管显然更胜一筹。

　　问题在于《北约司令》很无聊。首先，有限的地图范围极大地挫伤了玩家活动的冲劲儿。世界在你眼前展开，等待着你去征服，这是一种难以言喻的质感，但在多个屏幕之间缓慢地来回滚动却会败坏玩家兴致，损害这种体验。事实证明，这款游戏确实需要占据整张桌子。我具体记不清了，但这可能就是我对《海军潜艇部队》的可缩放地图这么执着的原因。不过，老实说，地图不是《北约司令》最大的问题。

　　当我小时候玩《大战役》（*Risk*）这类桌面游戏时，我和朋友们会围着棋盘，坐在一起分享胜利，或者彼此嘲讽，这种嘲讽没什么恶意。要是朋友入侵我们的国家，我们就还以颜色；要是朋友帮助阻止入侵，我们就记住这份恩情。有人快要赢了，其他人就联合起来打倒他。没有哪台计算机会为了谁能扮演澳大利亚而威胁我，要和我比试拇指摔跤[1]。游戏互动的过程中，每个玩家都秉持自己的个性，甚至会把那一天的情绪

....

1. 拇指摔跤（thumb wrestle），对决双方同出左手或右手，两手相对，四指并拢弯曲，相互钩紧，立起拇指对决，压住对方拇指一定时长即获胜。——编注

带进游戏。朋友们围坐在桌子旁，互相怂恿，偷师对方策略，我的算法根本无法复刻这种情谊。事实上，我和同事仍然经常在公司休息室一起玩桌面游戏，这证明即使是以制作计算机游戏为生的人，也深知亲身体验游戏的作用。我承认自己有偏见，但如果有人能好好统计，那些以游戏而非其他活动作为团队建设项目的公司，其生产力和工作满意度的相关数据，我会很想看看。

图灵相信好的人工智能必须有社交技能，也许他终究是对的。在此之前，我从未意识到在战争游戏中社群是如此重要的部分——不幸的是，我至今仍然未能认清这一点。相反，在结束《海军潜艇部队》之后，我继续制作战争类型游戏，还在接下来的三款游戏中重蹈覆辙，以水洗水，屡战屡败，徒劳无功。

《远征欧陆》《沙漠决断》和《越南冲突》，这三款游戏就和最初的"王牌"系列游戏一样，更接近于有朝一日被称作一款游戏加两款扩充版的形式。这三款游戏皆基于我为《远征欧陆》开发的引擎进行编程，而这个引擎本身就是重新修改《北约司令》原先的代码而成的。我们一款接一款地发行这些新游戏，每一次都试图加诸更多的历史纵深感。我误以为这一点就是我们的错误之处。但是这么做并没有解决游戏设定的问题。不过，至少其间因此发生了些许动人的事迹。

我们聘请了前普林斯顿教授兼历史学家埃德·贝弗帮我们制作游戏。埃德碰巧会在业余时间为《怪奇》杂志撰写策略游戏评论。他除了对古今军事场景有深刻理解之外，还曾经评价《北约司令》"刺激且严谨"，所以显然，我们觉得他游戏的品位也很好。

埃德还拥有其他天赋之才，比如他擅长把握趣味和庄严之间的分寸。真实发生过的战役可能算是比较敏感的游戏主题，尤其对《越南冲突》来说，不太适合像其他游戏那般，通过加入相当程度的破坏及毁灭让玩家体验到娱乐性和快感。而显露出这个问题的地方也多得惊人。

"在状态显示屏上，游戏中伤亡和损失的描述方式，会激起强烈的情绪反应。"埃德在设计师的笔记中写道，"我们基于两个原因恢复计算了总伤亡人数。一是避免冒犯那些在越南失去亲人的人。即使是模拟，他们也可能会由于失去亲人而反感清点尸体数量。二是死亡人数可能会误导人们对伤亡率的印象，因为许多美国人身受战伤活了下来，但是这样的伤痛可能导致越南人死亡。"

这是我们第一次将历史信息和免责声明一并写进了说明书里，我一直对此不以为然。不是因为我觉得不应该那么谨小慎微，而是因为我意识到，我宁愿打造从一开始就不需要免责声明的游戏。"司令"系列的三款游戏，也就是逐渐为人所知的"战争游戏三部曲"，都为玩家提供了坚实可靠的模拟体验以及深刻的历史教训，但我不太认为这三部曲能算作游戏。

游戏最基本、最关键的特征，是互动性。玩家做出的每一个选择或许并不都能获得奖励，但游戏结果的控制权一定要掌握在玩家手中，否则玩家就只是在看一部偶尔需要按键的电影。不仅这些游戏被预先设置了太多历史事件相关的参数，而且我还在游戏单元里引入了太多的人工智能。我原本希望借此免去事无巨细的微观管理之苦，结果却是玩家几乎无事可做。他们甚至可以选择什么都不做，就看着游戏模拟自己完成整个对战过程。这给许多评论家都留下了深刻的印象，或者说，至少他们觉得非常震撼。但实际上，这玩意儿多看几遍就会觉得没意思。就像一台无休止地计算圆周率的计算机，从概念上看精妙绝伦，但从长远来看并不那么有趣。

这些战争冲突发生的时间离当下不远，以至于任何结局都无法让人感到愉快，这让游戏的问题更加严重。一场迅速、压倒性的胜利，仍会让玩家追问："但代价是什么？"我一直觉得，游戏设计师的使命是让人得以暂离现实，而非检视人心在真实伦理困境之下的苦痛。当然，考验人性在艺术领域占有一席之地，电子游戏也算是一种艺术，但通常来讲，人们在办公室度过漫长一日之后，并不想再在此"一席之地"作一番逗留消遣。相比被动观察，第一人称视角的参与能给人们带来更强烈的紧张感，即使不考虑这一点，游戏也比其他艺术形式更能长久地吸引受众。参观博物馆或看一部悲剧电影，可能让人花上颇为不适的 3 个小时拷问灵魂；但游戏设计者希望你能和我们一起度过 20 小时乃至 10 亿个小时。没有多少人愿意花这么长的时间沉浸在人生最艰难的时刻之中，至少我自己就不想在埋头开发游戏的整整一年里沉溺于此。我花了比往常更久的时间才认识到这一点，但是，我终于完成了对战争游戏的祛魅，重返天空。

《武装直升机》*Gunship*　　　　　　　　　　　　　　　　　1986

　　我在思考下一款游戏要做什么的时候，计算机硬件领域一出值得品鉴多年的大戏即将迎来高潮。雅达利公司和柯摩多尔公司之间烧起了战火，这场战争既是私人恩怨，也是商业竞争。这场纠纷很复杂，涉及恶意收购、两家公司的前雇员投奔新公司，以及金融合同失而复得等情节。最终结果是，两家公司都声称拥有一项双方都没有开发出来的技术，而且双方都针对对方向法庭提起了多项诉讼。整起事件的焦点是最新的处理器技术之梦：68K[1]芯片组，代号洛林（Lorraine）。

　　郑重声明，我一直觉得给项目起代号这种行为有自吹自擂之嫌，我们在微散文公司从没有这样做过。我们通常只用"潜艇游戏"或者"作战日游戏"（the D-Day game）来代称我的游戏，直到游戏发行前才想

1. 美国摩托罗拉公司出品的68000处理器的俗称。——译注

出正式命名。但说句公道话，我们的产品早已内置了一种期待感——"游戏"这个词本身就暗示将会出现一些惊险刺激的东西。如果你正在设计硬件，我认为有个代号的确要比直接管它叫"运行更快的灰盒子"好些。如今，发行商确实要求我们使用代号，因为项目团队不断扩大，商业间谍行为已成为本行业的一个现实问题。电子邮件太容易泄露了，我明白保密的必要性。但有时，有人搞不清楚古怪的代号分别对应的是哪个项目，就会引发"牛头不对马嘴"[1]式的对话。就我个人而言，如果我不想告诉别人我在做什么，我就不会告诉别人我在做什么。

无论如何，雅达利公司和柯摩多尔公司都需要数年时间才能最终解决洛林项目的归属问题，而在短期内，谁也不能阻止对方的下一代硬件使用洛林芯片组。我不关心公司政治。站在我们的角度看，科技军备竞赛是一桩大好事，雅达利 ST（Atari ST）和柯摩多尔阿米加（Commodore Amiga），两款机型都搭载了 68K 处理器，这就意味着我们可以将优质的游戏发售给两倍多的用户。

我在还没有确定具体游戏主题的情况下，开始为阿米加机型开发一款新的三维数字引擎。这套代码直到停止运行，依旧是我为阿米加机型做过的唯一项目。阿米加绝对不是一台糟糕的计算机，但是卖得没有预期那么好，对我们这样的小企业来说，这一点是很要紧的。我们要花长

....

1. 原文《谁在一垒？》（"Who's on first?"）是阿博特（Abbott）和科斯特洛（Costello）在 1940 年表演的经典喜剧小品。两个人在讨论一支棒球队，由于球员名字都是"谁"（Who）、"什么"（What）、"我不知道"（I Don't Know）、"为什么"（Why）之类的奇怪名字，两个人怎么也讨论不明白。——译注

　　　　　　　　　　　　　　　　　　　　　　　席德·梅尔的回忆录！

达一年的时间，在我们初始选用的任何一款计算机上对游戏进行微调：根据特定屏幕分辨率调整视觉布局，用某种音频芯片优化声音效果等等。完成之后，我们只需再耗费几个月时间，将代码硬塞进其他主机系统里。我们最初发布的版本总是会成为这款游戏的最佳版本，因此，合理恰当的做法，就是在当时最流行的系统上进行开发，为最多数量的客户提供最优化的体验。虽然阿米加机型有一群狂热的追随者，但无论是在家还是在办公室，这款机型都不曾成为顶流。

早在新的硬件出售给公众之前，游戏开发者就已经收到新款硬件的样机开始干活了，所以，要到至少一年后，新硬件的流行趋向才会显现出来。于是我捣鼓着新的三维数字引擎，畅想着有朝一日会用这套引擎制作出什么样的游戏，与此同时，在走廊的另一头，公司其他人则继续在现有平台上耕耘。

其中，正在开发的一个项目是专为柯摩多尔 64 机型设计的一款直升机游戏《武装直升机》。安迪·霍利斯和一名新晋设计师阿诺德·亨德里克，一同创造了该款游戏。阿诺德于职业生涯之初曾制作过一些纸笔式角色扮演游戏，其中包括有些许激进的永久死亡[1]概念。它们深刻影响了《武装直升机》这款游戏。在《武装直升机》中，你可以保存进度，在以后的日子里再继续一步一步取得胜利，但是一旦任务失败，就无法重新加载回到保存过的进度了。尽管有些玩家能抢在数据被覆盖之前迅速弹出软盘，扭转乾坤抢救成功，但在一般情况下，如果你死了，你就

....

1. 永久死亡（permanent death），失去生命值的玩家角色无法再使用，需要重新启动游戏或创建新角色。桌面游戏及街机游戏（因为无法保存游戏进度）多采用这种游戏机制。——译注

是死透了。这款游戏还具备其他一些不太常规的功能，包括为你的角色命名，以及在符合最大限重要求的前提下，选择给你的直升机配置的武器，这有点像在传统角色扮演类游戏中分配技能点。在《龙与地下城》游戏中，20 级以上的巫师可以避而不战，也可以在旅店睡上一晚，以补足属性值；而在《武装直升机》游戏里，直升机驾驶员可以假借休病假，暂时不去执行任务，或者离开基地一段时间，进行必要的休养与恢复。这些角色运作方式历经桌面游戏资深玩家超过十年的检验，而《武装直升机》是最早成功地将这些机制引入数字领域的游戏之一。

值得注意的是，玩家可以选择亲自把控直升机着陆或让直升机自动降落，这次我们肯定会在说明书里解释这个过程。

但是，在设计机制打破界限的同时，飞行机制却逐渐分崩离析。我们知道陌生感会带来一些问题，因为这款游戏是市面上第一批直升机模拟游戏之一。我们计划用一种叫作"键盘覆盖片"[1] 的彩色框架作提示之用，试图以此使得学习曲线[2] 更为平滑。在各种人体工程学外围设备只略厚于硬纸板的今日世界，那个键盘覆盖片当属失落的遗迹。游戏测试人员向我们保证，总距杆[3] 作为直升机上已为人所知的一种操纵杆，操作起来已经足够直观。他们给出的反馈是这款游戏的主要问题在于速度。

....

1. 键盘覆盖片（keyboard overlay），覆盖在键盘上的薄板或薄膜，上面印有各种提示。——编注
2. 学习曲线用可视化方式衡量玩家重复完成一项任务需要的时间和精力，反映了单个玩家的技能进步，也可以反映某些游戏细节的上手难度。——译注
3. 直升机驾驶员控制直升机上升下降的操纵杆。——译注

尽管直升机的飞行速度比其他有翼飞行器来得慢，但它们具备更加出色的横向移动反应能力。对一个游戏程序员来说，颠倒旋转世界比水平缩放世界要难得多。固定翼飞机需要耗费好几秒钟才能从一个位置斜飞到另一个位置，但是直升机可以迅速转弯，甚至在原地旋转，这意味着我们必须在一条三维弧线上，以空前的速度渲染出360度全景地形。

　　我奉上了我的新三维数字引擎，即使采用这个引擎需要全面修改《武装直升机》的基础程序，制作团队依旧迫不及待地收下了它。柯摩多尔64机型的性能不如我开发引擎时所用的阿米加机强劲，但这款新引擎仍然比我们拥有的其他程序更高效。我和安迪·霍利斯一起，花了几个月改进代码，以期让旧计算机运行起来宛如新计算机。

　　归根结底，一切都取决于帧率，也就是计算机每秒可以重绘屏幕的次数。计算机可以快速改变前景中的一样小东西，比如高度计上的指针；但要改变整个背景，计算机就有点力不从心了。

　　我们没有好高骛远，我们只把目标设定为每秒4帧。即使是我在通用仪器公司的服务器上制作的《星际迷航》游戏，也达到了这么快的画面更新速度，当然，拿移动的文字与旋转的山坡相比，不太公平。我们在微散文公司制作的其他游戏画面刷新得更快，但是4帧/秒是底线。若是帧率再降低，这游戏就没法玩了。

　　目前为止，我们实现了3帧/秒。

　　"我需要再运行一遍程序继续优化，"安迪会哀叹到深夜，求我找出一处不需要进行运算的代码，或者一段在执行的那一刻不是非得存储不可的信息，"我知道你还有办法。再想想辙吧。"

由于更换了游戏引擎，我们的开发进度已经大幅落后于原定计划。如果我们不能加速推进制作进程，那就得开始像扔压舱物一样，舍弃部分内容，到时候机舱里剩下什么就用什么。

幸运的是，我们做成了，游戏的销量超过了 25 万份，赢得《计算机游戏世界》"年度动作游戏"的盛誉。我希望可以清楚地概述这个问题的解决过程，但是数学很复杂，运算过程很长，而且（有人向我保证）会很无聊。解决问题的整个过程并不是一蹴而就的，而是由几十个渐进式的变化累加而成，其中包含许多他人的劳动成果。以上这一点非常重要，也值得人们注意。我们必须找到方法更好地完成工作，但我们也必须站在巨人的肩膀上：利用新技术、新的压缩算法以及执行标准子程序的新方法。游戏是互相协作、共同努力的产物，任何认为随便来个人就能霸占全部功劳、斩获所有荣誉的想法，都是非常愚蠢的。我第一次参加国际消费电子展的经历已然证明，我们这个行业不是由一个无与伦比的庞大展位搭建出来的，而是由成千上万个小展位汇集而成。也许有些展位连桌子都不配套，但每一个展位都对这个行业有所贡献。

计算机游戏开发者大会（CGDC）是唯一可让我感受到比国际消费电子展更多温暖友善的合作气息的一方天地。设计师克里斯·克劳福德筹组创建了第一届计算机游戏开发者大会，当时他最出名的作品是一款名为《权力平衡》（*Balance of Power*）的游戏和一本题为《计算机游戏设计的艺术》（*The Art of Computer Game Design*）的书。我没有参加的首届大会，有 27 人与会，他们围坐在克里斯家的地板上。不过，六个月后，我参加了第二次聚会。那是 1988 年 9 月，在圣何塞郊外的一家假日酒店。到那个时候，与会人数翻至五番。我们仍然是站着吃饭，得拿两碟纸盘装饭菜以免洒出来，但好歹这次大会供应了午餐。大会组织者只象征性收取了少许入场费，他们不得不拿上在门口收到的钱赶去银行，以确保他们给酒店的支票不遭拒付。我很确定，也就是从那一年起，克里斯开始穿上戏服做主题演讲了。有一年，他朝着我们把鞭子甩得噼啪作响，借以阐释潜意识创作冲动的力量；还有一年，他来了一场激情四射的戏剧表演，将游戏设计比作《堂吉诃德》，最后他抓起了一柄金属重剑，从观众之间穿梭而过。

"为了真理！"他冲着我们吼道，"为了美丽！为了艺术！冲啊！"

我首次参加的那次大会快结束之时，组织者送了克里斯一个惊喜，给他颁发了一个"宇捒坠伟大游戏设计师"奖[1]，配了一只大塑料灯泡奖杯以示表彰。大会还颁发了其他奖项，但总的来说，组织者表明了一种态度，他们认为竞争不利于社群团结，会引起龃龉不和，所以只有游戏发行商能够获奖，奖项不会颁发给个人游戏设计师。我们的游戏测试部门借由微散文公司的名头赢得了一个奖项。我觉得，当时我们推出的游戏，其程序漏洞和故障肯定比其他公司的游戏要少，大部分原因在于我们拥有一支品质保障团队，在这个方面走在了同行的前头。那次大会还就专业测试人员到底能否给予游戏公正的反馈讨论了一番，因为测试人

----

1. 原文为 "Zee Greatest Game Designer in Zee Universe"，是克里斯对自己自嘲式的称呼，此处 zee 似乎是对定冠词 the 某种口音上的模仿。在《克里斯·克劳福德谈游戏设计》（*Chris Crawford on Game Design*）一书中，他谈到这是一个"失败的幽默"，在一次非游戏人士参与的会议上，克里斯建议主持人介绍他为 "Zee Greatest Game Designer in Zee Universe"，但被错误地介绍成 "The Greatest Game Designer in the Universe"，即便在克里斯纠正之后也无人领会到这个笑点。——编注

员获得报酬与玩游戏带来的乐趣无关，他们拿到的是真金白银的薪水。也许因为很快每个人都发现这样的推导逻辑也能套用到自己身上，我们的报酬也是钱，这个话题就不了了之，可喜可贺。

到了第二或第三年，我也开始在大会上做演讲；到了第十年，我成为"游戏设计传奇"专题讨论小组的成员，业界巨擘罗恩·吉尔伯特也是其中的成员。罗恩一直在贺斯威尔公司从事编程工作，直到该公司倒闭。后来，他又转而为卢卡斯艺术公司（LucasArts）设计了革命性的新引擎SCUMM。这款游戏引擎极高地提升了效率，直叫程序员们乐开了花，但它标题的首字母缩略语可能也直叫人皱眉（附带的程序工具被命名为SPUTM、SPIT、FLEM、MMUCAS、BYLE和CYST）。但即使我坐在讲台前，面对着数百人，我也从未觉得自己与其他与会者有何不同。计算机游戏开发者大会是我们平辈相交的地方，在这里我们都是朋友。纵然不是每个人都有机会登上讲台，但每个人都能畅所欲言。在20世纪80年代，游戏设计在很大程度上是一项独立活动，因此没有人会互递名片，或者像现在的人那样，以攀龙附凤为目的建立人际关系网络。没有人自恃身份、倨傲自矜。我们只是很高兴能有一个社群，身边能有其他理解我们对游戏拳拳之忱的人相伴，要知道，我们的朋友，有时甚至我们的家人都无法理解我们对游戏的热爱。当然，这并不是说世界 ★ 上的其他人就看轻了游戏，有时人们只是

★ 解锁成就 ···

"我的祖国是"[1]—— 读到定冠词the 1000次了。

························

1. "My Country, 'Tis of Thee"被视为美国的非正式国歌，是一首传唱度较高的爱国歌曲。本句原文：My Country 'Tis of—Read the word "the" 1，000 times. 化用了此首歌名。——译注

出于困惑斜目而视。在后来几十年里，主流社会将对游戏玩家及其痴迷对象兴起一股新的恐惧，但在当时，外界对我们最严重的指控，也只认为游戏是一种毫无益处的无聊消遣——它不如书长，不如电视节目好看，不如体育运动健康。不过，就这方面而言，我认为它与其他小众爱好没什么不同。爵士音乐家肯定很难说明白，连续几个小时在钢琴上即兴弹奏重复的段落到底有什么了不起；建筑师也会因为终于有机会和懂行的人畅聊弗兰克·盖里[1]建筑作品中怪异的几何造型而倍感激动。世界上有很多种稀有怪咖，而计算机游戏开发者大会恰好是我这种稀有怪咖的聚集之地。我觉得，在那时候，我们之中没有任何人能想象得到，游戏有一天将在文化领域占据主导地位。我们只是分享想法，让彼此为一些可能还没有听说过的游戏心潮澎湃，再吃上一大堆的饼干。

当然，大会最终还是从这种青涩稚嫩的形态走向了成熟，整个行业亦复如是。1999 年，大会名称去掉了"计算机"这个词，主机游戏从此纳入大会；2002 年，移动端游戏也正式加入。他们将报名费分成不同等级收取，将"艺术""设计"等主演讲议题细分出"本土化"和"社群管理"等日益精细的子系列。到了 21 世纪初，大会会场已经大到没法轻松步行穿过；2018 年，大会迎来 2.8 万名与会者，这个数字创下了纪录。不过，大会一如既往，非常有趣。它的核心仍然是游戏。我认为只要这一点保持不变，大会就能永远朝气蓬勃地开展下去。

尽管这么些年来微散文公司又获得了许多奖项，但某些荣誉即使是计

....

1. 弗兰克·盖里（Frank Gehry），其最著名的建筑作品是西班牙毕尔巴鄂古根海姆博物馆，博物馆为毕尔巴鄂带来访客、收入和就业机会，挽救了这座衰退的城市。——编注

算机游戏开发者大会也无法给予。《武装直升机》发行后不久，就"荣膺"禁令，这份荣光虽罕见但我绝不想要。很久以前，通用仪器公司取缔了我 ASCII 版本的星际飞船游戏，我还不胜荣幸；但针对《武装直升机》的禁令，效力范围覆盖了一整个国家，而且游戏遭到的指控的严重性比生产上的损失更甚。根据联邦德国政府的说法，《武装直升机》涉嫌"宣扬军国主义"罪，使得这款游戏"特别适合从社会层面和道德层面蛊惑年轻人"。

德国与自己过去一百年的历史之间的关系极为复杂。1986 年，仍有相当多的德国人对第二次世界大战的恐怖惨剧记忆犹新。无论是过去还是现在，德国人都有一种深切的意识，绝不能让导致战争的文化氛围再度萌生。战后德国在国内外实施了许多纠正措施，最持久的措施之一，是一个媒体监督委员会，被称为"联邦危害青少年媒体检查局"（Bundesprüfstelle für jugendgefährdende Medien）或者"BPjM"。

检查局保留了《青少年危险出版物清单》（"Youth Dangerous Publications List"，这个名字多年来至少经过一次重译，所以通常被简称为"索引"）。检查局有权审查任何被认为"造成年轻用户道德败坏和举止粗俗"的材料。其中当然包括以反犹太主义和极端暴力等为主题的内容，也包括一些不那么昭彰的目标，如酗酒和自杀。更重要的是，他们拒绝任何被认为美化军事行动的内容。

除却他们反感事物当中的最后一项，这是一份相当标准的清单。在今天的美国，这类内容会让游戏获得"成熟"[1]的评级；然而，在德国，

---

1. "成熟"（Mature），该评级表示游戏内容适宜 17 岁以上玩家。——译注

就不像美国零售商那样，只要不向未成年人出售该款产品就行了。"索引"所列的媒介产品不可在儿童可能看到的任何地方出售或宣传。如果德国的一家商店想要销售我们的游戏，就必须在商店里开辟一块地方，设置成单独的"成人专区"，而且，这个专区的入口务必处于从商店正门处看不见的位置。一般来说，世界上只有一种商品会这么卖，而且坦率讲，那种商品的顾客不是我们的客户群体。

检查局注意到《武装直升机》后，受到启迪，调转枪头重新检阅起我们公司产品目录上的其他游戏。检查局溯及既往，将《海军潜艇部队》和《F-15 战鹰》也列入黑名单。这两款游戏在当时都已销售多年，没有发生过任何问题。这是非常重大的财务打击，同样，这件事也对个人造成了相当大的打击，因为德国为微散文公司贡献了约 150 万美元的销售额，我们本计划以此作为一个立足点，将我们的业务扩展到欧洲其他地区。

事实上，比尔怀疑，针对我们的投诉纯粹是欧洲老牌游戏分销商的商业行为，因为我们公司竞争对手旗下的其他知名军事游戏以某种方式通过了审查，并未列入"索引"，比如《加托级潜艇》(Gato)、《潜艇作战模拟器》(Sub Battle Simulator) 和《向上潜望镜》(Up Periscope)。他向检查局提出了强有力的反对意见，举行新闻发布会进行舆论造势，但我们的听证会被莫名其妙推迟了不止一次，直到多年后，这些游戏才最终从"索引"中删除。那时，它们在技术上已经过时，无论如何也卖不出去了。

唯一让人欣慰的是，有关计算机游戏审查制度的讨论已经上升到了国际层面。比尔与联邦危害青少年媒体检查局交锋的同时，《龙与地下城》在美国遭遇许多宗教团体的攻讦，一名马萨诸塞州的女性设法使当地学校图书馆禁止了由《魔域帝国》(*Zork*) 游戏改编的小说。那会儿，还有一名美国邮政工作人员拒绝投递《男孩生活》杂志，因为该杂志刊登了《魔法师》(*Enchanter*) 三部曲游戏的广告。英国《独立报》在头版刊载了一篇有关游戏审查制度的报道，文中特别提及我们。一些人认为，我们的案件如此受瞩目，为美国自我监管集团"娱乐软件评级委员会"的最终成立发挥了一定作用。

后来德国的态度有所软化，认为媒介产品只有在"危及未成年人培养社会责任感和自立人格的过程"时，才会对未成年人有害。他们将对涉及第二次世界大战的内容逐一审查，以确定其艺术价值及是否应持明确的反对立场。例如，玩家可以作为盟军与纳粹作战，但是《使命召唤：黑色行动》(*Call of Duty: Black Ops*) 仍然不得不将滚石乐队的歌曲《对魔鬼的同情》("Sympathy for the Devil") 从其德国原声带中删除，因为其中一笔带过的某段歌词显得歌手站在了错误的立场上看待闪电战。尽管德国整体上已经不再禁止涉及军事行动的内容，但他们对于暴力的定义仍然相对保守，因此，发行商为了规避游戏被拒之门外的风险，往往选择为德国市场定制一款修订版游戏。例如，杀死外星人或机器人被认为没有杀死人类那么具有煽动性，把坏人的血液从红色变成绿色，或者把他们的肤色变成灰色，再加上一些电火花，这些改动都不用花费太多时间。

我个人从未起心动念制作此类需要改动的游戏，这可能就是我的三款游戏被封杀时那么刺痛我内心的原因。这件事让我认清了一点，并非每种文化都以同样的方式看待游戏，世上确实存在"美国游戏"这种事物。我想知道，一款排除文化偏见，对普罗大众都有吸引力的真正的国际化游戏，到底会是什么样子？这是一个值得深思的有趣议题。

比尔很高兴看到我借由《武装直升机》重新回归熟悉的游戏主题，他觉得现在是我班师振旅，一举攻下飞行模拟器主题的时候了。这就说得通了：席德和狂野比尔——最伟大的游戏制作者和承销商，刚下直升机，准备再次让大家大开眼界。

"那么，你什么时候准备好下一款飞行模拟游戏？"他问道。

我告诉他我对此不感兴趣，我还有别的事情要做。

他皱起眉头："又是一款战争游戏？"

哦，不，我向他保证，下一款游戏绝对不是战争游戏："我有一个想法，做一款关于海盗的游戏。"

6 啊嘿[1]！

AHOY!

《席德·梅尔的海盗！》*Sid Meier's Pirates!*　　　　　　　　　1987

实际上，制作海盗游戏的想法是阿诺德·亨德里克在几个月前的一次会议上提出的。他认为，我们源源不断制作战斗主题的游戏，海盗作为可选的游戏背景之一，能为此类游戏增添独特风味。总的来说，我喜欢这个想法，而且很容易就能在编程时将舰船战斗当中的甲板火炮和雷达，替换成黑旗和大炮。但那已不足以提起我的兴致了。四年前参与微散文公司创立的那个席德绝不会相信有今天，但我确实对此越来越厌烦了。

主要是我厌倦了超写实主义。如果现实生活真的那么刺激，打从一开始就不会有人需要电子游戏。尤其是飞行模拟类游戏，无休止地要求查看更多的表盘，控制更多的襟翼，计算更精确的风速和车轮摩擦力——似乎没人注意到这已经变成了工作。游戏的目的不应该是把你训

---

1. 船员为引起注意或者打招呼时特有的一种呼喊声。——译注

练成一名真正的飞行员，而是只要你愿意，就可以在一小时里假装自己是一名飞行员。如果你没有在游戏里取得一点成就，那就不能算是逃避现实了。

同样，在一个简陋直白的船只模拟器上画一层 17 世纪的饰面是不够的。当我想到海盗时，我不会想到艰苦的船舶操作。我想到了击剑战斗，在绳子上荡来荡去，还有飘逸的白衬衫，衬衫的领口还无缘无故地系着小领结。我想到了邪恶的大胡子西班牙人绑架少女，还有套着木制假腿的家伙喝着朗姆酒狂欢。我想到了值得吹嘘的传奇历险，且不论真实情况到底是什么。

我告诉比尔，海盗并不是整天打打杀杀。海盗还会去冒险。

不幸的是，"冒险"这个称号已被某种特定类型的游戏占用。传统上，这种游戏基于文本形式，几乎不涉及任何冒险活动。玩家大部分时间都耗在与计算机的争论上。整个过程大致是这样的：

你站在一间小木屋里。北面有一扇窗户，东面有一扇门。

（看看这个房间。）

我不明白

（看看小屋。）

你看到一张床和一张桌子

（看看书桌。）

这是一张书桌

（打开书桌。）

书桌是锁着的

（看看窗户。）

这是一扇窗户

（打开窗户。）

你打不开这扇窗户

（看看这张床。）

这是一张床

（看看床底下。）

你在床底下没看到任何有趣的东西

"没有任何有趣的东西"，说的很对。这些所谓的冒险游戏不是在考验你的智慧，而是考验游戏设计者能够在玩家的眼皮子底下藏多久，直到你忍不住直接开口询问。在公司里，我们称这类游戏是"挑棍子"[1]游戏，没人有兴趣创作这样的游戏——但我也不明白为什么这种游戏能够独占"冒险"这个词。冒险并不一定意味着要盲目地摸索一条既定的道路，也可以是编造自己的故事，像海盗一样掌控自己的命运。我想要一款举大略细的游戏，带着玩家从一个精彩刺激的场景到下一个精彩刺激的场景，抛却那些走来走去、看了又看，还要捡东捡西的细枝末节。

比尔试图说服我不要这样做。"这太疯狂了，"他说，"我们从来没有做过这样的游戏。"

---

1. 将一把细长棍子攥在手中，垂直放在桌面，然后松手，在不触碰其他长棍的前提下，将交叉散落的长棍一根根挑起的游戏。——编注

"我知道。"我说。这个主意的绝妙之处就在于此。

"没人会买。"

我耸了耸肩。事实上，我觉得会有人买的，但这从来不是我的主要动机。我想玩海盗游戏，就意味着我不得不做出一款海盗游戏，因为还没有人做过海盗游戏。

比尔看得出他改变不了我的想法。"好吧，至少我们应该把你的名字写上去，"他嘟囔着，举起一只手表示投降，"席德·梅尔的海盗什么的。这样，也许那些喜欢《F-15战鹰》的人会认出这是你的游戏，总会买下它的。"

我得提一下，关于这个故事，比尔有一个更华丽的版本，早在他和我的谈话之前，这个故事就已经开始了。据他说，把我的名字写在游戏包装盒上的想法，萌芽于软件发行商协会举办的一次晚宴。该协会几年前才成立，做了行业团体一般都会做的事情，比如组织演讲和颁奖，但他们的主要目的是打击软件盗版。多年后，软件发行商协会才成功说服立法者认同盗版是一个严重的问题。但是在1986年，他们会支付100美元给任何握有确凿证据，能证实某个拨号网络的电子布告栏正在散布盗版游戏的人。他们甚至成功起诉了几回。约有150家公司定期参加他们的会议，微散文公司是其中之一，参会的还有雪乐山（Sierra）、微软（Microsoft）、布罗德邦德（Broderbund）和罗宾·威廉姆斯。

是的，也许这看起来很奇怪，喜剧演员罗宾·威廉姆斯居然和软件发行商协会有瓜葛。据我所知，他本人从未涉足游戏设计，但他坚定认为所有创造性的工作都应该得到合理的报酬，而且他对电子游戏有一种特殊的热爱，给女儿取名塞尔达（Zelda）。有传言说，在一次软件发行商协会的活动上，他和比尔同坐一桌，在交谈中，罗宾指出，其他娱乐行业都是亮出明星的大名极力宣传，游戏行业为什么不这么做呢？

我不知道这是随口一说，还是在强行推销我的名字，但比尔在搞个人崇拜方面已经有了丰富的经验。要说服一位自诩"超级战斗机飞行员"的男人他最初的直觉是正确的，简直不费吹灰之力。也许我和一大袋钱的那张照片唯一的问题是它还不够夸张。总之，对于几乎任何事情来说，"是罗宾·威廉姆斯让我这么做的"都是一个绝佳的借口，我也不能怪他想要分这份功劳。我所知道的就是，比尔做出"决断"，将游戏命名为《席德梅尔的海盗什么的》，而我当时正忙着思考冒险游戏的机制，没空对此提出怀疑。

好消息是，那时人们对于游戏应该是什么样子还没有什么先入为主的概念。坏消息是，那时也没有经过考验的常规套路。我可以加入任何想加入的东西，但这也意味着每一回我必须为那些遗漏的内容承担责任，而且导致失败的原因越来越多，简直呈指数增长。这就像在不知道哪些食材搭配在一起味道会更好的情况下，还试图搞出一张食谱。由于我无法找到标准作为参考，不知道该寄予游戏成品什么样的期望，所以我可能会意外捣鼓出颇为古怪的游戏成品，就像是早餐麦片配洋葱。

我所能做的就是不停地追问自己："我会想要玩这款游戏吗？"只要答案是肯定的，我就不会改变这个主意。例如，我知道我想避免陷入单一的叙事路径。如果假想中的这个小木屋没什么意思的话，我希望我无须找到藏在地毯下无人告知的钥匙，也无须花十分钟说服计算机用这

《席德·梅尔的海盗!》包装盒艺术图　1987 年
微散文公司 WWW.MICROPROSE.COM.

把钥匙做一些正常钥匙该做的事情（"解锁桌子？""用钥匙吗？""用钥
匙打开桌子？"）。同时，玩家自由度过高的话，也会变得盲目。比起填
空题，大家都更喜欢选择题。这些冒险游戏试图解析不规则形式的命
令，而我意识到了真正的问题所在：它们只有一个正确答案，这很糟糕；
它们还有无穷无尽的错误答案，雪上加霜。

　　最近的心理学研究揭示了限制选择理论背后的真相。我们大脑的执

行功能，或者说决策能力，会随着时间的推移而衰竭。就像一块过度劳累的肌肉，无论你是在健身房举重，还是为了拯救你家的屋子堆沙袋，你的疲惫不以任务的重要性为转移。无关紧要的决定不会给玩家带来任何满足感，却和有趣的决定同样费神。一项研究发现，参与者得到有大量午餐选择的菜单后，在数学测试中的得分较低，而那些获得选项较少的参与者得分较高。午餐吃什么这个问题相对来说无关痛痒，却依旧产生了负面影响。还有一项研究发现，在给路过的人提供免费的果酱样品时，如果只有几罐果酱，路人购买的可能性更大，而全套各种口味的样品会让顾客不知所措，更快地离开——即使这些人后来表示，他们更喜欢有更多选择的餐桌。

即使数据显示我们在选项较少的情况下更快乐，人们依旧会本能地蜂拥向更多的选择，就其原因有很多各不相同的理论，但我认为这与人类与生俱来的好奇心有关。我们想尝试一切，若是我们做不到什么都尝试，就会产生挫败感。我们总是不想让自己觉得错过了什么好东西。事实上，电子游戏里有一类所谓的"完美主义"玩家，他们认为游戏的重点是收集每一件物品以及尽可能在每一个得分点拿到分数。大多数玩家都没有那么极端，但即使是在一般的玩家之中，这样的行为准则也是成立的。玩家的选择越多，就会越快厌倦游戏，最终也就越不满意。一开始，他们可能会觉得更多的选择才让人更快乐，但最终他们会像那些面对过多果酱口味的品尝者一样，选择离开。我认为，我的工作就是减少选项，只向玩家提供最好的选择。

所以解决方式是：没有错误的答案，而正确的答案不止一个，但也不能太多。我开始记下一些想法。海盗向年轻漂亮的女人求爱，这可以是一个选项。海盗拼凑起旧的藏宝图，这也可以是一个选项。海盗有时会用剑决斗，这也可以是一个选项。

当然，真正的海盗不会做这些事情。真正的海盗会滥杀无辜，得坏血病。一点都不好玩。但这是一款游戏，而不是一场模拟。浪漫化版本的海盗可以说是相当著名的文化形象。经典电影的明星埃罗尔·弗林拍摄了四部有关勇敢、英俊的海盗的电影，其中没有一部与贪婪的反社会分子沾边。

事实上，这些早已存在的故事是制作《海盗!》的关键，它们可以让玩家在游戏中获得身临其境的体验。玩家进入游戏时，脑海中已经有了一定的背景故事——好人穿着白衬衫，系着彩色腰带；坏人穿着黑色长外套，戴着眼罩。给这个反派添上一撇小胡子，他身上就有了玩家从小到大的记忆里每一个胡子坏蛋的影子。单是一声"啊，伙计!"，连同场景、角色和可能会有的桥段，就能传递出游戏的整体感觉。这样寥寥几笔烘托出的文化氛围，就能让玩家在脑海中不知不觉地补充好相关的游戏环境，从而节约我们的开发时间，更重要的是，这也节省了宝贵的计算机内存。

《海盗!》对于计算机内存来说不是一个寻常挑战。为了将计算量控制在最低限度，船舶导航和击剑战斗都是二维形式进行的，但这依然让相当大的一部分游戏不得不以文本形式呈现。再没有剩余的内存空间将其他任何东西制作成动画了。诚然，我们应该跳过所有走来走去的东西，但不可否认的是，这些东西数量稀少，分布零散。因此，我们决定尝试使用单独的插图，就像玩家为自己写的图画书一样。从块状的鳄鱼和粗笨矮胖的猴子自我笔下诞生之时起，显卡就开始逐步发展进化，迈克尔·海尔的技能也随着他画出的一件件作品不断提高。现在，我们凭借技术和人才，可以在计算机上制作出一些令人印象深刻的艺术作品——"一些"是个关键的词，我想要的是"很多"，但似乎仍不可能将之全部塞进游戏里。好在，一位名叫兰德尔·马斯特勒的程序员拔刀相济，他从新角度切入了老问题。

屏幕上没有文本的话，用户就什么也做不了，所以计算机操作系统的优化总是趋向于能够非常有效地存储和显示字体。字体是最先加载到内存中的东西，也是最容易清除和替换的。因此，多年来，程序员们一直知道，如果你能以字体的形式向计算机传达信息，它就会运行得更快。

通常情况下，这种技术适用于小型图像。例如，我在最初制作的 ASCII 游戏里，用星号来表示小行星，因为标准文本字符是我唯一的选择。但是，字体并不一定由字母和数字组成。如果我的 Nova 微型计算机出现了某些不合时宜的奇迹，没有装载原定字体，而是装载了微软公司出品的俏皮字体——"宴会狂欢"（Wingdings），星号就会显示成一个小信封。如果我使用大写字母 M，可能会出现一枚经典的卡通炸弹，数字 8 也许就是一台可爱的小旋转电话。当然，这会导致用户无法辨识计算机的其他功能。不过，我们的想法是，创建一个由小型图像组成的自定义字体。在屏幕上显示这些"字母"比使用计算机内部的显卡芯片来绘制同样的图片更快、更容易。

紧接着的下一步，就是利用字体制作简单的动画，这是我在《丛林里的弗洛伊德》使用过的技巧。每一种生物角色，都是一种字体文件中的一个字母，在字母表中紧跟在这个字母后面的那些字母，会保留给同一种生物略有不同的版本。也许一般情况下，小写 c 的位置留给闭紧嘴巴的鳄鱼，大写 C 看起来则像张开大嘴的鳄鱼。命令计算机在屏幕上快速切换小写 c 和大写 C，看起来鳄鱼就动了起来。在循环中再添加两个代表鳄鱼的字母，鳄鱼就能一边咬牙一边爬动了。一旦该款字体被加载到内存中，就任你在屏幕上放鳄鱼，无所谓放上一头还是一百头。只要你的新字母表不超过字体文件的字符总数，即 256 个，计算机的处理器就能像向下滚动一页文本一样，自如地在这些图片字母之间轮换。

　　兰德尔的工具做的事是分析大图，并找出最有效的方法，将每一块 8×8 像素的小图变成一个字体文件字符。这就像是在用数字作画：如果左上角是纯蓝色的天空，那么数字"1"字符就可以是一个纯蓝色的方块，大块的蓝色是一群"1"。遇到需要画出云朵的地方，数字"2"就必须代表以某种角度划分成一半蓝色一半白色的小块图，随后我们立刻再次动用一长串表示全白的数字"3"。在我们用完可以分配的字符之前，图片越简单，就可以越大。当玩家在页面选择一个菜单项后，我们可以清除字体以及屏幕上的其他内容，加载一个新的字体文件。这个新的字体文件中包含了下一页屏幕需要显示的图片。

　　唯一的问题是，我们仍然需要显示真正的文本信息。这款游戏可以在磁盘上包含数百种字体，而且可以在屏幕上显示不同的图片，但是，在选定的任一时间点，它只能将一种字体加载到内存里。因此每种字体的前 70 个字符位置都填入一套相同的小写字母、大写字母、数字以及一些特殊字符，比如逗号和问号。一堆彩色像素的混搭取代了剩下的 186 个诸如括号、与号（&）的字符。除非这些字符精准地按照正确的顺序排列，否则就毫无意义。也就是说，它们可以突然变成一座美丽的海滨小镇，或者幻化出一名身材丰满的州长女儿。

如果没有一本写满了冗词赘句的说明书，就不算是微散文公司出品的游戏，因此，在《海盗！》的开发接近尾声时，阿诺德·亨德里克加入了我们的团队，开始处理古风盎然的 88 页文本。由于我们已经为玩家提供了一份单独的加勒比海折叠地图，加大了游戏分享的难度，所以这份说明书没有添加额外的版权保护措施。像这种新奇的实物纪念品有双重意义，一是作为收藏家的收藏品，二是作为通常被称为"多感官艺术品"[1] 的那类物品，也就是赫胥黎在其反乌托邦小说《美丽新世界》中描述的那种触觉娱乐。第一款配售这类纪念品的游戏是信息通信（Infocom）公司在 1982 年发售的谋杀悬疑游戏《最后期限》（*Deadline*）。这款游戏以一张犯罪现场照片、一份警方问询记录、一份验尸官报告、一封来自家庭律师的信，乃至在犯罪现场"发现"的三颗药丸（在现实中是由糖果制成的），为之后几年的这类游戏产品设立了标准。因为设计

----

1. "多感官艺术品"（feelie），与游戏打包在一起的各种相关实物，如厚厚的游戏手册、游戏道具等，它补充那些受限于计算机配置而无法在游戏中体现的内容及线索，提升游戏收藏价值，同时也是一种防盗版手段。该词典出赫胥黎《美丽新世界》，中文译本中译作"感官电影"，下文提及的信息通信公司最早将这一方式应用在游戏产品上，并称之为 feelie。——编注

师马克·布兰克无法将所有信息都整合到游戏中，所以最初构想的是推出一款套装。当这款游戏套装的盗版迅速趋于绝迹之后，人们才意识到这些实物纪念品的潜在价值。

在编写说明书的同时，阿诺德还往《海盗！》里添加了适量的现实主义元素，以平衡如电影般逞强斗狠的冒险故事。他对历史战役模式力求精确还原，坚决反对在我选择的时间框架内使用那些并非生活在该年代的著名海盗，比如黑胡子[1]和让·拉菲特[2]。不过，如果说阿诺德的努力为这款游戏带来了什么不同的话，那就是这些现实主义的基础最终支撑起了一个更为宏大的叙事主题——浪漫的冒险。正如阿诺德在设计师笔记中的阐述："这些人是一个伟大时代的疯魔遗迹，是不肯放弃的罪犯……他们的生命里没有政治阴谋或者美好未来，等待他们的只有一颗子弹或一圈短绳。与先前那些著名的'海鹰'[3]和海盗相比，我们觉得他们既没有吸引力，也不有趣。"

不过，关于"海鹰"和海盗有一点很棘手：他们不能死。埃罗尔·弗林不能死在战场上，也不能被处以绞刑，因为这会打破来自他那个世界的一切幻境。然而，一个不会输的游戏就不能算是游戏了，必须得有某种形式的失败风险。我还火上浇油，不小心把那些一锤定音结束战局

----

1. 黑胡子（Blackbeard，约1680—1718），一名英国海盗，他的名字最常见的拼写形式是爱德华·蒂奇（Edward Teach），活跃在西印度群岛和英国北美殖民地的东海岸。——编注

2. 让·拉菲特（Jean Lafitte，约1780—约1823），19世纪初在墨西哥湾活动的法国海盗。——编注

3. 海鹰（seahawk），埃罗尔·弗林在同名电影《海鹰》（*The Sea Hawk*，1940）中饰演绰号"海鹰"的英国海盗船长。——编注

的胜利时刻全部删除了。军事游戏有一定数量的任务，每项任务都能以一场爆炸结束，满足玩家的感官刺激需求。而海盗总是准备开启另一场冒险。游戏刻画的是"我的海盗生活"，而非"我作为海盗的单一目标"。我给了玩家选择进行哪一场冒险的自由，为了做到这一点，我放弃了居高临下地宣称哪一场是最精彩的，哪一场又是最难完成的。你可以赢下一场特定的战斗或是完成一项寻宝任务，但没有办法取得整个游戏的胜利，不过也没有办法输掉整场游戏。

幸运的是，两个问题撞在一起，完美地相互解决。

至于输，实际上只是这样一个问题：一个玩家在继续相信我们所创造的幻想的同时，能够忍受多少惩罚。不会死亡，也不必白手起家。埃罗尔·弗林可能会暂时失去他的宝藏、他的船，甚至他的船员，但不会失去他的声誉。他总能从沉船中脱身，跟跟跄跄地爬上岸，重新把人们召集起来。因而我们所做的就是：当你的海盗在海上输掉一场战斗时，他会在一座岛上被困一段时间，直到他忠诚的船员奇迹般地将他营救出岛，但不会获得任何额外的船只和黄金。

尽管如此，在游戏中受困岛上的环节对于现实中的玩家而言，只是一瞬间的事，几乎算不上任何惩罚。在游戏中，时间没有太多价值，除非时间已经耗尽——于是乎，突然之间，终点变得清晰起来。

我意识到，这款游戏无关生死，而是关乎人生。一名海盗的职业生涯从童年到老年约有四十年长。他的目标是在那段时间里尽可能多地完成任务——过一种没有遗憾的冒险人生。积累金子，收获胜利，堆砌起可以在酒馆里讲述的疯狂故事。就像在现实生活中，衡量一个人的成功，只能看他的功绩以及他对这些功绩的重视程度。

我决定让玩家自己选择什么时候金盆洗手，不以得分数值定生死。我们将显示成功的记录和适宜进行的航海等级。在设计剑术技能和船只机动性时，我们甚至考虑到了游戏角色的年龄因素，即随着角色年龄增长适当减缓控制响应的速度，增加失误的概率。玩家可以自行判断何时风险太大，是计划在巅峰时隐退，还是顽固地不肯放弃，作为一名海盗拖着驼背、年迈的身躯，一场接一场地冒险战斗，直到交出最后一枚达布隆金币。就像游戏的其他部分一样，结束与否取决于自己。

具有讽刺意味的是，我们回避现实主义的做法，最终呈现出的效果却比任何游戏试图营造的"现实"更加具有现实感。生活并非一个稳定前进的过程，客观价值不会一径增长，当你失败时，要做的不只是又一次重新加载任务。你要打掉马裤上的湿沙，回到公海上进行新的冒险。如果你不幸多次囚系于荒岛，嗯，那也是能在酒馆子里说道说道的好故事。

7 之后比尔买了一架飞机

AND THEN BILL BOUGHT AN AIRPLANE

尽管《海盗!》终将成为我们最受欢迎的游戏之一，但我们借以成名的飞行模拟游戏看似总能立刻引爆销量，而我的"动作冒险模拟游戏"是一款慢热型稳健派长青选手。对游戏的评价需要一段时间才能传开，通过玩家之间口耳相传或是逆向反馈给我们。若是我们确实收到了来自游戏购买者的消息，通常情况会是一封邮寄信件。有时，他们也会拨打我们公司的电话号码，尽管这个号码已经不像早些时候直线连通比尔家的厨房了，比尔还是经常亲自接这些电话。那段时间，他从没抱怨过来电者忘记时区差异深夜来电，他很高兴能和一名粉丝通话，现在仍是如此。他能这么想很大程度上得益于来电者对游戏的评价通常都是正面的。很少有人会浪费一张邮票或一通电话，只是为了告诉我们他们不喜欢某一款游戏。那个时代，进行沟通至少需要投入一点成本。有时候，我觉得我们还不如回到那会儿去。

无论如何，一旦我把我那"弗兰肯斯坦"类型的游戏推向世界，除了等上几个月，看看别人是否和我一样觉得这游戏有趣，就没什么事可做了。与此同时，我认为至少在获得销售数据和评论之前，我的下一款游戏应该回归更为传统的主题。比尔告诉我他正好有个这样的项目：根据汤姆·克兰西的畅销小说《红色风暴》改编的一款新潜艇模拟游戏。

我不太愿意摆弄一部版权作品。一方面，如果有人已经完成了建立简单认知的工作，游戏就可以用更深的钩子勾住玩家的心。例如，在海盗的地盘，坏人有可以缠在手指上捻弄的小胡子，但是在霍格沃茨魔法学院，好人也是可以有小胡子★ 的，因为这意味着该角色至少有鼻子。熟悉那个故事体系的玩家，会带着预设的情感框架进入游戏，随时准备被剧情牵着鼻子走。另一方面，你作为游戏设计师，需要分享别人的创作，他们可能不喜欢你解读他们作品的方式。你意识到在接下来的一年里，你有义务制作你不想制作的游戏，或者由于版权所有者的限制，制作出一款不尽如人意的游戏。这种情况简直是噩梦。

比尔向我保证，在我们应承任何事情之前，会确保每个人都达成了

★ 解锁成就 ···

　　《佩珀军士的孤心俱乐部乐队》[1] —— 集齐四种小胡子。

···················

1.《佩珀军士的孤心俱乐部乐队》(*Sgt. Pepper's Lonely Hearts Club Band*)，披头士乐队1967 年发行的专辑。——译注

共识。毕竟，汤姆·克兰西还得先相信我们不会毁掉他的作品。1987年夏天，我会和比尔一起，驱车前往汤姆·克兰西位于切萨皮克湾西岸的家中，也是为了这件事。

我也不知道该期待些什么，事实上汤姆是一个非常朴实的人。汤姆的《猎杀红色十月》取得了巨大的成功，但这是一名作家的出道之作，他还没能力要求与出版商签订条件最优的协议。即使《红色风暴》已被抢购一空，他仍做着销售保险的日常工作。我们坐在汤姆的客厅里聊天。其实也就是由比尔开口说话，我则在需要时礼貌地点头。尽管比尔穿着商务装，但我几乎可以从他身上看出那身飞行服的气场。比尔跪在地上，身子前倾，热情地打着手势，一如他在交易博览会上那种火力全开的谈话风格。

汤姆自己也曾在陆军预备役部队服役，他和比尔愉快地聊起了军事逸事，一直聊到了下午。最后，我们显然已经赢得汤姆的认可，也试探性地提了那个问题：他希望对最终产品行使多少控制权？

"零。"他爽快地回答，"这事儿你们该去找拉里谈。"

拉里·邦德和汤姆合著了那本《红色风暴》，他通常被认为是这对双人组合中管技术细节的那个，当汤姆的情节转向戏剧化时，他来确保细节的准确性。这使他在我眼里成为一个更加令人生畏的人物，想要扼杀乐趣，没什么能比坚持现实主义更快了。有那么一瞬间，我以为我们谈成了，但如果由拉里负责与我们对接游戏制作相关事宜，那这个项目可能终究会黄。

我们和拉里通了电话，一切似乎都很顺利，但他坚持邀请我们去他家，和他的一些朋友共度一个"游戏之夜"。那一刻，我感到了空前的忧虑。唯一比一名专横的版权持有人还要糟糕的状况，就是这家伙还自以为是个游戏专家。比尔想法子推脱了聚会，但这场聚会显然是为了我才举办的，我别无选择，只能前往。

我一敲门，拉里的妻子就来应门了。客厅里空无一人。一副牌或一副骰子都看不到，更不用说任何客人了。不过，我可以隐约听到从某个地方传来声音。我本应立即明白这意味着什么，但直到她引导我，沿着楼梯下到地下室，我的心脏才震颤起来。

纸、铅笔和塑料小雕像，乱七八糟地散落在一张折叠桌上面。这张桌子太大了，楼上任何地方都安置不下。拉里和他的朋友们热情地和我打了招呼，又继续着手布置。这不是为我而设的一出把戏[1]，我被邀请参加了一场真正的书呆子之夜，我马上就感到像在家里一样自在了。

我坐在桌子的一端，盯着摆在面前的策略游戏。该游戏以军事为主题，场景设定在海上，就和拉里即将与我合作的项目一样，但这并不是今晚选择它的唯一原因。这款名为《鱼叉》（*Harpoon*）的游戏是拉里的游戏——不仅仅指他拥有这款游戏，还指他创造了这款游戏。拉里·邦德写出畅销的军事惊悚小说之外，还发行了自己的游戏系统，适用于各类不同的战役，能够让玩家结合数字棋自由地编写自己的故事。

拉里并非只是自诩的游戏设计师，他堪称一位真正的游戏设计师。

....

1. 原文为 dog-and-pony show，是一个带贬义的口语，起源是 19 世纪末 20 世纪初，在美国偏远小镇巡回演出的小型马戏团，以狗和小马为主要表演者。后来指明显服务于政治或商业的宣传目的而进行的一种过度、浅薄、可笑的表演。——编注我想，我在来之前就可能听过《鱼叉》的大名了，但也许是因为我害怕自己会从中发现什么，和拉里通话之后，我没能抽空找出这款游戏。此外，阅读游戏规则手册和观看一局实战，完全是两码事。这次演示实在太过成功，以至于我很快就忘记了自己一直在输的事实。拉里的游戏脚本很有创意，他对此也很有信心，他的游戏机制也经过了精心调试：船只的部署移动很逼真，武器造成的伤害程度很精准，合理的海军战术也会得到奖励。我发现，在许多方面，汤姆和拉里之间的关系都很像比尔和我。一个热情奔放，提出主张，把品牌做大做强；一个认真学习，潜心研发，维持整套机制的运转。拉里和我会相处得很好。

尽管如此，我们早期做出的测试版本游戏还是遇到了一些问题。做游戏大概总是会发生这种情况。我们出品的上一款潜艇游戏《海军潜艇部队》，其大部分灵感来自理查德·奥凯恩的作品《清空舰桥！》。这本书讲述了第二次世界大战期间美国海军"刺尾鱼"号潜艇对日本军队英勇无畏但注定失败的巡逻侦察。[1]奥凯恩在序言中写道："在落笔书写这篇大事记并着手重绘当时的航线之时，我一直都清楚笔下船员和船只面临的真正命运，因此，我必须一次又一次停下来，去给马套上鹿皮鞍，骑着马上山，如此，回来时眼里的泪水已风干，我方能继续写下去。"

汤姆·克兰西和其他作家成功描绘出了潜艇战的紧张气氛和心理层

---

1. 奥凯恩是"刺尾鱼"号潜艇的指挥官。"刺尾鱼"号潜艇原本执行了一次非常成功的巡逻，在台湾海峡击沉了七艘日本舰艇，但在发射最后一枚鱼雷时出现了意外，鱼雷转了一个大圈，命中了"刺尾鱼"号，最终只有9人生还（包括奥凯恩），他们被一艘日本驱逐舰救起，成为战俘，只有4个人活到了战争结束，奥凯恩是其中之一。——编注

面的孤立无援，但是，当初真正俘获我的心的，是奥凯恩的无所畏惧和坚毅果敢。我深深觉得，早期那几版《红色风暴》严重缺乏这样的血性。现代潜艇比之从前更大程度上受计算机控制，而书中设定了未来世界第三次世界大战的背景，我们没法为了提升游戏的可玩性让技术倒退，抹杀这些进步，况且这种做法也不能令人信服。游戏美术可以为游戏开场制作细节翔实的剧情梗概动画，在每个任务结尾处都添加一个酷炫的爆炸效果；但是在大多数情况下，一艘船的雷达上只有代表你的点和代表坏人的点，我们不能假装事实不是这样。这让人觉得冷冰冰的，没有人情味。我又一次开始担心现实主义会束缚我们的手脚。

好在现实以一种不同的方式为我们解决了这个问题。拉里解释说，虽然探测水下物体的技术已经非常发达了，但是现在通过科技仍然很难确定水下物体到底是什么。涉及这方面的工作一如既往，得仰仗声呐操作员。一名优秀的声呐兵，正如其同僚所知，仅凭其透过数百万升海水的阻隔倾听到的螺旋桨的声音，就可以判断出一艘船的速度、位置和国籍。敌人不仅仅是一个点，他是黑暗中复杂而不祥的呼噜声，你必须听得懂他的歌曲才能生存下去。

游戏音频，更确切地说是音效设计，一度只被当作另一种编程任务。就像我可以用少量像素画出一幅阿亚图拉的肖像一样，我也可以命令计算机以相对优美的旋律播放某些音符，这两者之所以那么令人印象深刻，都只是因为有机器参与其中。就像是在看一个神童做代数题，所有迹象都表明他未来可期，但客观来讲，目前还没做出多少惊天动地的成果。我原先那台雅达利计算机甚至都没有专用的音频芯片。负责音效的部分还必须和电位器（也就是操纵杆）和键盘功能共享空间，因此这款硬件用通俗术语命名的话，叫"波基芯片"[1]。

尽管"波基芯片"这个昵称源自其他计算机进程，但仍能用波基芯片做很多音效相关的事情。它支持多达 256 个声音频率，虽然其中大多数音高频率只是在标准音符之间多挤出来的一度音级，因此只能用来做音效，但这可比标准的 88 键钢琴支持的频率要多得多。此外，每个频率都能做出六种失真效果。编程书《得嘞雅达利》[2] 为其读者宽泛（且踌躇满志）地将上述六种音频效果互相对照，归入"盖革计数器"[3] "瀑布" 和 "电动剃须刀" 等类别。举例来说，如果屏幕上的一个角色需要一边刮胡茬儿一边测试尼亚加拉大瀑布的辐射水平，波基芯片可为此音效提供 4 个独立的 8 位通道，这些通道可以——或者用你更喜欢的表述方式来说，不得不——重新组合成两个 16 位通道，以避免较为复杂的背景音乐出现音准的问题。

然而，就像一切炫酷事物之所以炫酷，恰恰是因为其局限性，技术的进步也意味着程序员不可能永远掌控声音设计。纵然百般不情愿，但在一年前开发《海盗!》时，我就不再负责声音设计了。尽

1."波基"（POKEY）这个词由电位器和键盘（potentiometer & keyboard）这两个单词的第一个音节合并而成。波基芯片除控制声音外，还负责计算机的输入和输出过程，因此下文称其昵称源自其他进程。——译注

2.《得嘞雅达利》（De Re Atari，拉丁语，意为"关于雅达利的一切"），1982 年出版，是雅达利公司员工编写的书，面向开发人员介绍雅达利 8 位家用计算机的高级功能，创办计算机游戏开发者大会的克里斯·克劳福德是编者之一（参见本书第 5 章）。——编注

3. 盖革计数器（Geiger counter）是一种常用的核辐射探测器。——编注

管我的继任者肯·拉加斯再次证明，我根本不该觉得被冒犯。肯是一位单簧管演奏者，有几十年的音乐教学经验。有一天他与比尔取得联系，说服比尔我们的游戏需要专业的声音设计，从而开辟了自己的工作岗位。他认为，第三方声卡配合软件，已不再局限于发出只有一个音调的哔哔声，它们普遍都能够制作并再现真实的录音。我有一些音乐天赋，但这点天赋不值得我将之当作一份全职事业来奋斗。如果我们不跟上潮流，竞争对手也会追上来。就像游戏音频在视觉领域的镜像对照（游戏美术），已经正式从一种技能转变为一种艺术。虽然悲伤，但我还是出于自己的意愿放下了它。

然而，潜艇声呐在某些方面是把时光倒退回了那个海盗们唱和着水手号子的时代。因为没有真正的潜艇可供我们录音，所以螺旋桨不同步发出的刺耳声响牵涉更多的是数学，而非情感，要制作出这些效果就得直接将指令下达给柯摩多尔 64 的声音接口设备（Sound Interface Device），即 SID 芯片。（显然，这活简直是为我量身打造的。）正当拉里解释着声呐操作员在现代社会中也持续发挥作用时，我突然意识到可以添加一些新东西到雷达界面上，原本这上头只有几个点，实在平淡无奇。游戏中的每一艘潜艇都有独特的叠加低音和滤波器特征，玩家可以学习通过耳朵识别它们，★ 就像专业人士一样。《红色风暴》最终成为首批使用音频作为互动元素的游戏之一，其中的一小部分偷偷回到了我

★ 解锁成就 ··
假肢装置 —— 收集黑胡子、木制假腿、凡·高和一只耳朵。

的领域，我不必再那么嫉妒肯阴幽动人的顶级配乐了。

　　汤姆言出必行，我们登门拜访的初次见面，也是游戏上市前的最后一次见面。再次见到他已是在一年一度的国际消费电子展上，他配合我们为《红色风暴》的发售做了一些宣传。虽然他一开始对游戏并不特别感兴趣（要我猜的话，我觉得一开始就是拉里说服了他考虑游戏授权的事），但是整个展会现场的展示，从规模和叙事视角上似乎都给他留下了深刻的印象。

　　说实话，我也一样被震撼到了。当然，在过去的四年里，我变得更加自信了，不过，我从未真正失去第一次参加国际消费电子展时的那种热血沸腾的感觉，那时候我的手提箱里还只有一盒《单人飞行》。至少如今我大可放下心来，因为知道我们的展位设计已由营销部门的干练之手掌控。会展中心的侧翼大厅里，软件展区持续稳健地转换为游戏展区。到了1988年，这里几乎像是我们游戏行业的地盘了。据说在那一年，任天堂的展位有20 000平方英尺（1 858平方米），雅达利有史以来第一次没有可以展示的新计算机硬件，只展出了几款游戏。整个游戏行业的年销售额接近10亿美元，由此产生的一些投资项目有点不走寻常路：一款游戏自我标榜是"介于冰球、足球和彻底混乱之间的未来主义游戏"；还有一款游戏汇集了一系列意大利主题的迷你游戏，包括贡多拉船上的枕头大战和在维罗纳攀爬涂了油的杆子。不过，我自然不会否定他们的热忱。参加展会的人这么多，看上去似乎什么都卖得出去。

　　随后，在展会不那么嘈杂的时候，汤姆开始用更加随意闲适的语气说话，这是他第一次以平等的态度而非商业伙伴的身份开口。那天晚上，我们一起熬夜，讨论艺术的本质、灵感的来源，还谈及我们与自己的创作之间剪不断的羁绊。汤姆透露，他在经济上受益良多，情感上却不太好受，因为他不得不去适应名声和随之而来的复杂情况。他第一本著作的合同问题阴魂不散，他深受其扰，特别担心再也无法拥有自己笔下的角色版权。这次谈话让我大开眼界，他的硬汉外表之下，是我所熟悉的同道之人的创造精神，同时我也发现，即使处在他这样的地位，也可能因为糟糕的商业安排吃亏上当。我之所以一直不喜欢大多数商业交易，只是因为我不想把时间花在这种事情上，但如今我开始意识到，这其中也蕴藏着风险。

1988 年底的一个早晨，我和比尔坐下来检视了一番公司的状况，又展望了一下我们的未来。随着《海盗！》和我们的其他游戏卖得越来越好，我们的财务状况有所改善，账面上有了一点闲钱，是时候决定怎么用这笔钱了。

我认为不妨考虑用这些钱搞一点员工福利。既可以感谢为我们辛勤工作的人，也有利于在未来吸引新的人才。

"在纳格斯黑德弄一套公司公寓怎么样？"我提议。北卡罗来纳州的外滩是我们这个地区许多人喜欢的度假胜地，纳格斯黑德海滩是我个人最喜欢的地方之一。"我们可以把团队送到那里，改变一下节奏，换换口味，或者让设计师去那里，也许他需要离开一段时间，酝酿一个想法。如果没有其他人占用那里的话，也许还能让大家带上家人一起去。"

比尔若有所思地点了点头，嘴角上扬，露出讨价还价的微笑。他开口道："嗯……"

我知道他想说什么，因为他已经念叨好几个月了。我笑了。

"你想要一架飞机。"

他坚持道："这都是为了宣传。"

"好吧，"我说，"你去买飞机，我去买公寓。"

当时我们更深入讨论的或许是后勤问题，但这个话题才是谈话的要点。我不太愿意称之为交易，这个决策似乎很好地平衡了我们的个人志趣，恰巧这也符合公司的利益。

不过，我越想，就越觉得公司公寓的想法非常糟糕。这套公寓可能不会像我希望的那样被频繁使用，而且，在那里完成的所谓工作，多少都得加个引号。我们必须雇人来维护公寓，而我们也绝对不乐意把这套公寓租赁出去以收回成本。此外，我们已经在休息室里通过桌面游戏进行了大量增强团队凝聚力的联谊活动，且众所周知，计算机程序员不太热衷于晒日光浴。

我将这些疑虑告诉了比尔。

"你说得对，买公寓可能没有太大意义。"他说道。

然后他耸了耸肩，表示我的那一半交易取消与否不会影响到他。"我还是想要一架飞机。"

于是，比尔买了一架飞机。

他选择了一架退役的北美 T-28B 特洛伊。比尔总喜欢提到这种机型的设计曾用在越南战争期间，事实也是如此；但这款机型多被当成教练机来使用，这一点很少被人提及。无论我们的这架飞机是否曾飞往海外，它都是一架真正的军用飞机。在给机身定制喷漆时，比尔确保那个大大的空军标志会被完好无损地保留下来。一条宽阔的天蓝色条纹从中间将之一分为二，上面是宝蓝色，下面是奶油色，驾驶舱下方的一侧，讲究地印着我们公司的标志和口号。比尔将这架飞机唤作"微散文小姐"，把它停在马丁州立机场，也就是他和我第一次一起坐飞机的地方。

比尔还确保了这架飞机实现其促进销量（以及抵销税款）的价值。比尔表示，只要游戏记者胆子够大，他就愿意捎上他一起飞行。有很多人都接受了这个提议，并响应比尔的期待，撰写了好些锦绣文章记述这段经历。当然，这种宣传也会搭配上游戏产品，就在《红色风暴》上架几个月后，我利用机会重新制作起飞行模拟类型游戏，推出了《F-19隐形战斗机》。该款游戏源自现有游戏《隐形战斗机计划》（*Project Stealth Fighter*），半是对原游戏的升级，半是作为续作。它与原作的主要区别在于，其研发工作将在 IBM 公司出品的个人计算机上进行。新系统中已经直接移植了一些老游戏，但这些老游戏没有使用新技术，它们看起来就像是在一个更大的机器上运行的柯摩多尔 64 游戏。《F-19隐形战斗机》将是微散文公司首次尝试运用最新最优的技术完成的杰作，有望借机一展实力。有机会用一个全新的代码库来探索这个游戏主题让我起了兴致，此外，F-19机型更依赖隐形功能而不是飞机本身的机动性，因此我还能就新的游戏设定发掘出另一番趣味。

具有讽刺意味的是，现实生活中根本没有 F-19 战斗机这种东西。自 20 世纪 60 年代以来，美国空军一直按顺序对旗下喷气式飞机型号进行编号。不过由于迷信，他们跳过了 F-13 编号。但在 1978 年 F/A-18 机型发布后，下一个亮相的机型是 1982 年的 F-20 虎鲨。美国空军对于缺失的编号 19 没有任何解释，有一种流行的假设认为，F-19 机型其实是一种已经存在但却不能被承认的绝密隐形战斗机。作家们把它写成军事惊悚小说，玩具公司出售假想的塑料模型，这种杜撰广为流传，以至于当我们宣布即将推出该主题的游戏时，一些粉丝以为我们通过比尔获得了机密信息。

在我们的游戏发布的同一天，五角大楼确实公布了一种秘密隐形战斗机的存在，这完全是一个巧合。他们也没有使用航空界认为理所当然的那个名字，而是称之为 F-117A。一些人仍然相信存在 F-19 机型，另一些人则猜测，这个看似随机的数字被替换进来，就是为了撇清其与那个流传甚广的假设之间的关系，此后几年里，美国空军喷气式飞机的新机型一直恪守成宪，沿用原来的编号方案，再没有其他飞机的编号超过100 号。话又说回来，把隐形轰炸机单独编号归类也许挺合理的，因为它看起来与所有人（也包括我们）想象中的 F-19 战斗机截然不同。

比尔喜出望外。一方面，这是一次市场营销上的意外惊喜，我们再怎么精心策划也抵不过这种真实巧合的绝佳效果；另一方面，所有跟这事儿沾点边的人都认为，我们的飞机其实比真正的飞机更加优越。或许能够躲避敌人雷达不能算是它的过人之处，但它在"炸东西很酷"这一传统项目上绝对一骑绝尘。我觉得自己又可以在这个领域里施展手脚了，因为飞行模拟游戏终于加入了隐形元素，而真正的飞机又在隐形方面做得太过出色以至于没什么可发挥的空间。F-117A 机型只在夜间执行任务，该机型机身缺乏曲面，意味着现实中的飞行员很难根据机械物理原理调整方向舵和襟翼，不得不完全依靠飞机的计算机来完成飞行任

席德·梅尔的回忆录！

务。飞机会事先计算好目标位置，根据数学计算盲目发射有效载荷的弹药。然后飞行员就掉头返航了。这就像是开着隐形作弊器偷偷摸摸地潜行，一点儿都不刺激。

美国空军非常确信这款机型可以避免与敌人正面遭遇，他们甚至没有在飞机上架设任何枪支武器。而作为一家曾费尽心思在潜艇上加装火炮的公司，我们的隐形战斗机也会实打实地配备大量枪炮，更妙的是，我们的导弹上有摄像头，你可以一路跟随导弹的视角，近距离欣赏你的目标爆炸的景象。我们都没有想到这种功能会在不久的将来成为一种真实的军备特征，在这种情况下，比尔乐于将现实主义抛诸脑后。他扬眉吐气，因为他知道这一次，军方搞错了，而我们对路了。

显然，其他人也这么觉得。《F-19隐形战斗机》除了在商业上取得成功之外，还幸蒙史密森尼学会垂青。学会决定在美国国家航空航天博物馆展出《F-19隐形战斗机》的可游戏版本，作为以"超越极限：飞行进入计算机时代"为主题的新艺廊的一部分。大多数来博物馆参观的人从未见过这样的东西。在那之前不久，"个人计算机"这一对词连在一起听起来还像是疯子呓语，而那些能用上"个人计算机"的人，往往也只用它来完成公司任务。《F-19隐形战斗机》使得很大一部分人接受了"计算机游戏"概念。

把所有愿意尝试的记者都带上天之后，比尔又设计了一个名为"我和比尔少校一起逃出鬼门关"的比赛，邀请粉丝就他们最喜欢的微散文旗下游戏提交一篇200字的文章。三位大奖得主将登上"微散文小姐"参加一节特技飞行主题课，另外100名左右的获奖者，将收到各种各样

《F-19隐形战斗机》游戏截图　1988年　微散文公司 WWW.MICROPROSE.COM.

——我们该向他敬礼吗？

——可别，他已经够飘了。

——明天早上他会更加飘！

——是啊，但是40小时通行证可是他的。

按选择键继续

的飞机模型套件和公司T恤。《男孩生活》杂志和其他所有受欢迎的计算机出版物上都刊登了这场比赛的广告。出于责任考量，我觉得——好吧，我就是这么想的——但愿比尔不会让一个孩子赢得大奖。

幸而，我们收到了大量成人投稿可供选择。其中一位是四十多岁的国防承包商，他为了这次机会大老远从加利福尼亚州赶了过来。还有一位是费城警察局的副官。不过，文笔最打动比尔的是一位来自史泰登岛的28岁工程系学生，名叫乔。他写道，由于近视，他无法完成成为一名真正的战斗机飞行员的梦想，但是《F-19 隐形战斗机》给了他一次几近梦想成真的机会。比尔自己也险些没有通过空军规定的视力要求，我敢肯定，比尔从打开信封的那一刻起，就已经把那个孩子放进了赢家名单里。

讽刺的是，我自己都还没有坐过"微散文小姐"。这些年来，比尔带着许多员工体验了高空悠悠球、双桶滚转、伊梅尔曼转弯，以及我们在早期游戏中精心设计的全部其他动作，但是和比尔一起以正常速度笔直飞行就足够让我坐立不安了，这种不顾生死的特技飞行不适合我。最终，我们对它丧失了新鲜感，就又把它卖了。这是一架坚固的小飞机，联邦飞机登记信息显示，时至今日它仍然在辛辛那提的一所飞行学校服役。所以如果我真的想，我还是可以上"微散文小姐"体验一把死里逃生。但我可没那么想不开。

自此又过了一段时日，我接到通知，到休息室参加公司会议。随着我们员工人数稳步增长，这是唯一能够一次性容纳所有人的地方。我们经常聚集此地，或是举行生日庆祝活动，或是发表声明。因此，在看到这个 5 英尺（约 1.5 米）高，披盖着布织物的长方形之前，我并没有察觉到什么异样。

有人做了一段简短的发言，然后布盖被掀开，露出了我和比尔在1982 年相识并结交之时的那台《红男爵》街机游戏柜。显然，我们的一位办公室经理联络了拉斯维加斯的米高梅大酒店，那里的工作人员设法从赌场的地下储藏室找到了原来的这台机器。至少他们是这么说的，毕竟我们当年又没在上面刻上自己的名字或是别的什么。不过，无论如何，这台模型与正主几乎一模一样。

　　我们俩在里面摆好姿势，拍了不少照片，拍照时比尔笑得很得意。毫无疑问，这是一件很酷的纪念品，上面附着了许多美好的回忆。但与此同时，这对我来说也是一个尖锐的提醒：他和我所展望的未来日趋不同。比尔视这个古老的飞机游戏为一种保障，确保我们作为一家公司的定位不动摇，是总会将我们牵引回来的锚点。《F-19 隐形战斗机》于比尔而言，不是一次有趣的复古尝试，甚至不是一个过时的游戏类型最后回光返照般的成功运营。对比尔来说，这是一个更伟大的开始。他永远不会失去对飞行模拟游戏的热情。

　　然而，当我坐在那个塑料飞行员座椅上，对着不同拍摄角度的摄像镜头笑来笑去时，我很清楚，这些回忆纵然美好，但都属于过去。我不会再制作飞行模拟游戏了。

8 故意拖延

《席德·梅尔的秘密行动》*Sid Meier's Covert Action*　　　　1990

1989 年是复杂的一年。十年来，我第一次在整个年度里没有发行任何一款游戏，也是在这一年我第一次准备成为一名父亲。并不是说这两者之间有什么关系，只是这两件事都表明我的职业安全感越来越强了。

作为一家公司，我们现在每年会发行 3 至 4 款游戏，创造大约 1 500 万美元的收入。我们最近在伦敦开设了办事处，增加了 30 名员工，而执行团队正忙于在不拖累现有开发团队的前提下想方设法地扩大规模。明面上，比尔的头衔是总裁，我的头衔是高级副总裁，但实际上我们在不同领域是平等的。有时候，我会妥协制作一款我不怎么感兴趣的军事游戏，有时他会妥协售卖一款他看不出有什么意义的海盗游戏，但总的来说，我把所有的公司决策都交给了他，包括扩张事宜。比尔和其他董事决定创建一个名为"微玩"（Microplay）的内部标签，用以发布第三方工作室的作品。从收益增长的角度来看，这是一个合理的想法，并且减轻了内部团队的一些压力，使他们不必接连炮制大量粗制滥造的爆款游戏，我也不必被迫创作更多军事内容相关的游戏，而能够安心耕作动作冒险模拟游戏类型，无论那到底会是什么样的游戏。也许这就是席德专属的游戏风格。

不幸的是，第三方游戏占比的快速增大，对游戏品质来说不一定是好事。微玩部门将于当年年底发布十款新的跨平台游戏。我们开发团队的许多人都认为，应该设定更高的游戏标准，我们将核心团队称为"MPS 实验室"（MPS Labs）以示抗议。在那些日子里，随着计算机与科学进步之间的联系越来越紧密，到处都是"实验室"这个词，尤其是贝尔实验室在那会儿因其研究获得了几项诺贝尔奖，所以我觉得这似乎是一种踩着"微玩"名字抬高我们自己的时髦做法。我们设计了一个新标志，置于游戏片头进行显示。甚至还有人拍了一张我身着实验服的照片，贴在主开发室的门上，附上了义正词严的安全警告："你正在进入MPS 实验室。"我们的自尊心很强。

不过，并非所有的第三方游戏都有问题。和许多行业一样，当时有两类独立机构：一种仍然挨个敲着各家发行商的门，试图在行业中立足；另一种已经彻底证明了自己的才能，只需坐等发行商来敲门。丹·邦滕属于后者。

我与丹是在一年前我首次参加的计算机游戏开发者大会上认识的，但我久仰他的大名。他自 1978 年开始制作游戏，到 1983 年已经创造出了《骡子》（M.U.L.E.），许多人认为这是有史以来最好的计算机游戏之一。这款游戏的灵感约莫来自罗伯特·海因莱因[1]的著作《时间足够你爱》。根据该游戏包装盒上的描述，这"一款游戏最多支持四名玩家参与，玩家试图在类似骡子的机器的所谓帮助下，在一个遥远的星球上定居，而他们渐渐都会对这台机器生起怨气"。

我很想说，至少我在四人游戏方面抢先了丹一步，因为《丛林里的弗洛伊德》发行于1982年，比《骡子》的上市时间早一年。但事实上，丹的第一款游戏《耍手腕的投机者》(*Wheeler Dealers*)就配备了一个他自己设计的四人定制版游戏控制器。他想玩一种特别的游戏类型，即使这种游戏类型（包括硬件在内）尚不存在，他也无惧这样的现实一往无前。这一点，我能感同身受。

与此同时，他为我们制作的签约游戏《指挥总部》(*Command HQ*)是第一批可以通过调制解调器实现在线面对面功能的游戏之一。丹非常热衷多人游戏，他的许多游戏根本没有单人游戏选项，哪怕发行商恳求他提供。他认为，计算机能够提供给我们的东西之中，最重要的就是人与人之间的联系。如果没有这种联系，计算机基本上毫无价值可言。

丹在性别问题上也有远超时代的认知。他认为应该有更多的女性设计师；如果做不到这一点，也应该有更多的设计师去寻求女性的意见；如果也做不到这一点，设计师们至少应该在生活中的某个方面接受女性的影响。他在早前某一届计算机游戏开发者大会上，曾发表过一次

----

1. 罗伯特·海因莱因（Robert Heinlein，1907—1988），美国硬科幻小说家，与艾萨克·阿西莫夫、阿瑟·克拉克并称为"科幻小说三巨头"，代表作品有《双星》《异乡异客》《太空孤儿》等。——编注

演讲，敦促设计师结婚生子，"不要再把所有的时间都花在计算机上"。1992 年，他接受变性手术，成为丹妮尔·邦滕·贝里。我很自豪地说，我的设计师同事们对此都抱持非常开明的态度，这在那个时代尤为可贵。一开始会有点尴尬，但只是因为这一屋子的游戏迷在任何女人面前都会局促无措，而且据我所知，她从未遭遇任何直接的排挤，至少我们从未排斥过她。我们这个社会群体普遍都经历过相当多的社会排斥，或许正因此，我们对排斥可能造成的伤害也更加敏感。

如今，人称是个大问题，这个问题严重到谈论我的朋友丹妮尔时必定会激怒某些人。不过，在手术后，丹妮尔总是将进入人生第二阶段的自己视为一个不同之人，并且从未想过抹去过去的身份。她经常特意提起，她的转变就是"人称代名词的变化"，还开玩笑说她这么做只是为了增加行业中女性设计师的数量，有一次她还这样谈及以前的自己："我可不是他那种优秀程序员，我可不愿意在计算机前坐上几个小时……我比他需要更多的社交活动。"我会用她喜欢的方式讲述丹和丹妮尔的记忆，以示尊重。

无论如何，丹在转型之前已经就游戏业界的平等议题发出了强烈的呼吁。直到 1989 年，美国游戏业才勉强开始听取这些意见——日本和欧洲市场在这方面领先了我们很多年。美国玩家倾向于把我们自己的劳拉·克罗夫特标记成女性英雄形象转折的一个关键人物，她的贡献不容忽视，但是《古墓丽影》（*Tomb Raider*）直到 1992 年才发行。早在这 6 年前，任天堂就在《银河战士》（*Metroid*）中将萨穆斯·阿兰塑造成一名女性，而这款游戏之所以值得注意，只是因为它打入了美国市场。许多早期日本游戏在标题界面上都有公开承认自己女性身份的主要角色，而不是像《银河战士》那样在游戏的最后几秒才承认某个角色是女性。

不过，就像丹妮尔用她那柔和的阿肯色州鼻音打趣时说的那样，进展缓慢总比没有进展好。多年来，基于文本的游戏由于会要求玩家输入自己的名字，意外具备了包容性；一些冒险游戏则通过开始提供一团男性化或者女性化的像素块供玩家选择，走在了同行前列。艺电在1983年发行了《兴登堡谋杀案》（*Murder on the Zinderneuf*），该游戏中的侦探角色有6名男性和2名女性，而雅达利公司著名的"圣铠传说"系列里，4名动作冒险家中也有1名女性。不管怎么说，这也是一点进步。

我们其实也讨论过在《海盗!》中加入女性角色的可能性，但这就得为整个"追求州长女儿"的部分捣鼓出另一套新的艺术外观。在1987年，即使是由我们自己来发行游戏，我们能尝试的内容也只有这么多，一个女海盗对一个女贵族采取行动绝对是太离经叛道了。一名性格挑剔的州长儿子被一个强悍能干的女海盗迷得神魂颠倒的场景，变成动画也许会很有趣，但如果把浪漫情节加倍，就意味着要砍掉同等量级的其他内容，我们根本负担不起那么大容量的内存。有人指出，游戏中也有女性海盗曾女扮男装生活，所以为何不提供这样的选择，然后让游戏其他部分都保持原样，无论男女玩家都是男性向那种威猛霸气角色设定，但这种做法似乎两边不讨好。因此，《海盗!》就按原样上市了。

但是转眼已将近20世纪90年代了，看在上帝的分儿上。当时我已经投入了几个月时间开发一款名为《秘密行动》的新游戏，我们向比尔介绍这款游戏时，说它"类似《海盗!》"，但里面的角色是间谍"。我从一开始就知道这款游戏将是性别中立的。我们在游戏中加入了额外的数据，角色总会被称作"马克斯"·雷明顿（"Max" Remington），但在一开始会询问玩家，选择它作为玛克辛还是马克西米利安[1]的缩写。事实上，这个名字根本不是什么简称，马克斯·雷明顿三世是我们这个游戏项目的首席艺术家，他同意我们借用他那颇有间谍风味的名字。

鉴于间谍们会进行很多不同的活动，比如破解密码，追踪线索，偶尔还要劫持人质，间谍的角色设定非常契合《海盗！》的框架。更妙的是，间谍可以利用他或她碰巧最喜欢的技能识别坏人。窃听的通话足够多的话，最终不必溜进大楼也能取得犯罪证据；如果你喜欢，也可以直接绑上一颗瓦斯手榴弹，从正门走进去。无论如何，那些帮凶还是会回到家人身边，因为你所有的武器，甚至包括你那支顶级间谍手枪里的橡皮子弹，都是不致命的。《秘密行动》是我做过的游戏里最接近于直接身体意义上的暴力游戏了，我决心不越雷池一步。

这并不是说我支持任何形式的审查制度。电子游戏是一种艺术形式，扼杀创造力从来都不是什么好主意。我可以肯定地说，游戏玩家都是成熟聪慧之人，我们有能力区分幻想和现实。不过，说到那些碰巧激发了我灵感的创作，我不觉得这些作品非得涉及暴力。这个世界总是充斥着消极悲观的情绪，但只要我能做到，我就希望推动世界朝相反的方向前进。有一种观点认为，揭露令人不快的暴力现实可以激励其他人去反对暴力，但这通常需要一个独立的旁观者视角，而并非游戏固有的第

---

1. 玛克辛（Maxine），女性名字；马克西米利安（Maximillian），男性名字。——编注

一人称视角。我们很难一边声称我们的产品能让玩家沉浸其中，一边又以某种方式主张这种游戏体验不会产生任何影响。一款没有影响力的游戏就是一款糟糕的游戏，而更加糟糕的是从游戏设计师的嘴里说出此种虚张声势的辩解之词：我们所创造的一切都"只是一款游戏"。过多的血腥充其量只是提高玩家参与度的廉价捷径，并非长久之计。我们做的一切都守住了自己的底线，迎合了自己的受众，考量了自己的目标。

我制作《秘密行动》时的搭档是一位名叫布鲁斯·谢利的设计师。他之前在桌游公司"阿瓦隆山"（Avalon Hill）工作。对于我们来说，雇用一个没有计算机游戏背景的人并不稀奇，因为这个行业存在的时间尚来不及让每个从业者都创建一份有价值的履历。我们的大多数员工都是带着一项与数字化无关的特定专业技能入职的，他们在工作中学习如何将自己的专业知识整合到计算机游戏的结构中。但是，即使有专业的艺术家、音效工程师和游戏测试员，游戏设计在当时大体上仍然被看作编程的同义词，让一个没有编程背景的设计师加入我们，也就意味着他必然非常出色。

幸运的是，无论谁来面试布鲁斯，他的才华都是一目了然的。我通常不参与招聘工作——几乎每个人从我这里都会得到一句"当然，他看起来不错！"的评价，所以我的意见无关大局，而且我不知道我能否在一开始就察觉到布鲁斯的特别。他很安静，也很谦虚。但是，当他在我们庞大的《F-19 隐形战斗机》团队中一心一意逐步完成各项任务时，我开始注意到他的决心和洞察力。他是那种不解决问题誓不罢休的人。他希望把事情做好，无论你拿什么给他看，他总是能挑出其中至少一处可以改进的细节。

如同许多内向的人一般，我们一开始并非是因为觉得对方特别亲切而交往，而是因为彼此共同的爱好。我们谈论的内容是电视节目和历史小说。我们在休息室里玩桌面游戏，包括他在阿瓦隆山公司时自己设计的几款游戏。《F-19 隐形战斗机》上市之后，布鲁斯正式接到委任，参与制作了另一款飞行模拟游戏。不过，他也非正式地成为深受我信任的助手以及我征询意见的对象，帮助我清理废弃代码，弄清楚这个间谍游戏到底应该做成什么样子。

间谍无法契合《海盗!》框架的一点，在于他们的故事是固有的线性叙事。一名海盗可以选择无休无止地用剑战斗，但一名间谍不能无缘无故地环游世界，窃听他路过的每一栋建筑。线索一条接着一条。可能有几种不同的方法来收集这些线索，但这些线索都会指向同一个邪恶的主谋。一旦谜团被解开，为何还有人会再次开启我们的游戏，玩上第二回?

没问题，我想。我们只要让计算机写出新的谜题就行了!

这只是有点难办，但并非完全不可能。克里斯托弗·斯特雷奇是计算创造力的早期支持者之一，他曾于 20 世纪 30 年代做过艾伦·图灵的大学同窗。毕业后，他们各奔前程，但是斯特雷奇在 1951 年听说了图灵的新型曼彻斯特马克 1 号（Manchester Mark 1）计算机，重新与图灵取得了联络。斯特雷奇后来在美国计算机协会的全国会议上报告说，他在图灵机器上的工作取得了成功，他宣称，曼彻斯特马克 1 号"其实可以以合理的速度下完一整盘西洋跳棋"。换言之，他通过编程教会了这台计算机下西洋跳棋。

此后不久，经过改进的费兰蒂马克 1 号（Ferranti Mark 1）机型发布了，斯特雷奇再次引领其走向艺术而非数学的目的。他先是设法改变了计算机惯常发出的咔嗒声和嘎吱声的音高，把它们编成了《天佑女王》和《咩，咩，黑羊》的旋律。然后，他在1952年转变了工作重点，拍板敲定费兰蒂马克1号真正要做的事——写情书。

斯特雷奇编写了一个模板，在基本的信件格式框架内，随机组合一些不同的句子结构和用词选择。结果是，措辞有些生硬，但内容可以理解。偶尔，计算机甚至创造出一些近乎诗歌的东西，比如"你是我贪婪的燃烧，我深情的渴望"，或者"我的爱慕为你的迷恋热切地叹息"。虽然以今天的标准来看，其中大部分都不算特别浪漫，但这些词语仍然让我们想起了20世纪50年代流行于英国的那些迷人爱称。"有点中意"（little liking）和"同伴情谊"（fellow feeling）被认为是爱的同义词，这些称谓当中除了经典的"甜心"和"亲爱的"之外，还有现如今看来颇让人困惑的"鸭子"（duck）和"娃娃"（moppet）。

这类随机模板，或者更确切地说，把随机模板完善成实际创意的理想范例，其行业术语是"程序过程化生成"。例如，以莎士比亚的《哈姆雷特》为起点，但故事发生在非洲，而不是丹麦；主角是狮子，而不是人。猝然间，一部《狮子王》就诞生了。里面有一个谋权篡位的残忍叔叔和一位焦虑的主人公。主人公消失了一段时间，然后归来夺回王位。或者从《罗密欧与朱丽叶》开始，只要把美丽的维罗纳市换成纽约市区，把不和的家庭变成敌对的街头帮派，为了体面起见，再把每个人的年纪都设置得大一点，就成了《西区故事》。你改变的个体元素越多，你得到的故事就越接近一个全新故事，没有人再认得出原本的故事是什么。给一台计算机一个起点，告诉它哪些部分可以改变，以何种方式改变——例如，你不能把丹麦换成蜜蜂，只能换成其他地点。这就是程序过程化生成。

有趣的是，几乎就在斯特雷奇首度尝试用程序生成套话堆砌成情书的同时，大受欢迎的儿童游戏《疯狂填词》（*Mad Libs*）也在别处问世了。计算机游戏开发者大会的创始人克里斯·克劳福德也曾为了艺术剑指长空，后来他特别痴迷于由计算机编写新故事的想法，最终他离开了游戏行业，全职开发自己的"创故事"[1]项目。我并不打算做到他那个地步，但是我也知道，如果没有某种程度的程序过程化生成情节，《秘密行动》会一败如水。

准确地说，经过几个月的工作，我尚在研发的这款游戏原型没有完蛋，但是这个项目有点停滞不前。我和布鲁斯想出了大约二三十个犯罪故事模板，每次都可以有不同的坏人、城市和影子组织。其多样性足以让只是随意玩玩的玩家感到满意，但这并不是我所期待的突破。这种模式过一段时间就能被识别出来，这些模板的情节太好猜了。这类随机填补空格的故事，本质上意味着空格之外的一切都是固定不变的，任何随机的信息都不会对后面的内容产生任何影响。通常解决这类问题的答案就是更多的数据——更多的模板、更多可切换的元素、更长的可选择清单。但即使我们有多余的计算机内存空间（而我们没有），结果仍然不会让我满意。我想要一个故事，从一开始就草蛇灰线，伏脉千里，又得直到结尾才图穷匕见，显露真容，就像夏洛克·福尔摩斯的谜团一样。

---

1. "创故事"（Storytron），克里斯·克劳福德曾开发运营的一款互动叙事系统，该系统已于2012年停止运营。——译注

老实说，我一直把这个项目想象成一次技术层面的热身运动，以便分毫不差地按照这些路线打造出一款更好的游戏，直到今天我也没有放弃这样的梦想。如果有一款游戏能够在一开始就悄然植入一个关键的证据，只待你推导出其含义，那该有多酷？这个证据并不来自预先计划好的线索清单，比如一个磨损的钥匙孔或者脏鞋印，而是通过大众普遍理解的"正常"与"非正常"来展现。你必须为现实世界制定规则，建立所有我们认为理所当然的因果关系，然后跟进一个几乎无限的规则集，列出链条中任何一处断裂的后果，以及这些断裂之处将如何相互影响……总之，就像我说的，这尚且还是个梦。关键是，《秘密行动》好梦难成。

布鲁斯能感觉到我对这个项目的热情在减退，我想他也有同感。我们都知道这是一款尚可的游戏，但不是一款伟大的游戏，而且它可能永远也不会是。与此同时，我的妻子吉吉刚刚怀上了我们的第一个孩子，我正经历着所有新父母都会经历的事——优先级的转移和对个人价值的重新评估。我在应对"未来"，而"未来"让"过去"看起来毫无生气。

但是，如果不是这个项目眼前的执行状况堪忧，在我仍然全心全意相信这个想法的潜力的情况下，我是不会承认自己失败的。我以前也放弃过失败的游戏源代码，但是从未在一款游戏原型上花费过这么多时间和精力。此外，我们现在谈论的不仅仅是我自己的时间。当我独自制作游戏时，事情失败后我只需要向自己道歉，但布鲁斯从一开始就和我一起工作，我不想让人觉得我亏待他，把他拖进了什么泥潭当中。

我想放弃这个项目，我不知道怎么放弃。

我需要一个假期。

9 稍等片刻

▼

《F-15 战鹰 2》F-15 Strike Eagle II   1989

刚才我说的并不完全正确。准确来讲，1989 年发布的飞行模拟游戏《F-15 战鹰 2》上有我的署名。我的名字不在包装盒上，只是标注在版权页的正常位置上。但我不认为我真的有参与这项工作。就算有，我也什么都不记得了。

这款游戏基本上只是调整沿用了《F-19 隐形战斗机》的代码，没什么新鲜内容可言。也许当时我本应该在这个项目上下功夫，但是我选择留在办公室里捣鼓《秘密行动》的原型代码。或者我确实稍微调整了一下编程，飞行模拟游戏对我来说实在太过无趣，以至于我封闭了这一整段经历的记忆。我也不知道。但是我真的不记得为这款游戏做出过任何形式的贡献，我不愿意以有功自居。我的履历上有六款飞行模拟游戏已经够多了，实在不需要再认领第七款。★

★ 解锁成就

人生苦短——用不到一页的篇幅写完一个章节。

10 请上车

《席德·梅尔的铁路大亨》*Sid Meier's Railroad Tycoon*　　　　1990

在海滩待上两个星期正是我需要的。那年 8 月，我脸上晒得黝黑，回到办公室，手里拿着一张磁盘，所有关于《秘密行动》的担忧都成为遥远的记忆。

"这是什么？"布鲁斯问道，看到我在外头也一直在工作显得有点惊讶（或许不是惊讶）。他把那张没有标签的磁盘拿在手里翻了过来："另一个间谍游戏原型？"

"不，"我说道，"这个是新的。"

我本无意带着一件截然不同的东西回来，但在接下来的几年里，这成为一种相当可靠的模式。显然，我在休假时产出了很多最为灵光的成果。我并不是不能休息——我的计算机和我之间有很强的羁绊，这种关系也属于正常合理的范畴。我从来没有让自己沉迷其中，我也没有忽视户外活动或家庭成员。大多数时候，我会用两三个小时胡思乱想，之后

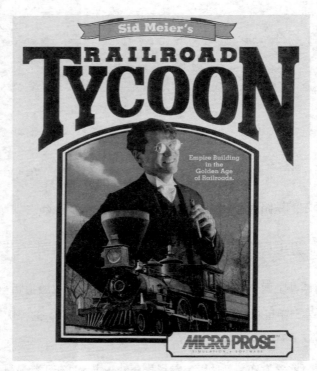

《席德·梅尔的铁路大亨》包装盒艺术画　1990 年
微散文公司 WWW.MICROPROSE.COM.

我就得去别处做些恢复精力的事情了。对我来说，使用计算机就是休闲娱乐，不带上计算机，我的度假就毫无意义。现如今，每个人出行时都会带着笔记本计算机，我只是碰巧生活在一个计算机还稍显笨重的年代。在 1990 年，带着计算机去海滩确实引人注目，但把一个大金属盒和一个显示器装进汽车后座，并不像人们想象的那么困难。

　　关键区别在于，我可以在假期做想做的事情，丝毫不必考虑取得任何进展或成果。这些时间非常适合用来尝试一些疯狂的想法，或者随意摆弄一下我感兴趣的东西，通常都与游戏相关，但有时我也会琢磨一些艺术，或者创作数字音乐。在这一趟旅行中，我不想考虑任何有关间谍的事，只想散散心。

"铁路模型吗？"布鲁斯问道。他的语气一如既往，没有过度兴奋，也没有疑虑过甚，只是若有所思："很有趣。"

我小时候和父亲一起搭建过一个铁路模型，或者说，起码我们曾动手搭建一个铁路模型。这个模型从未真正完成，而我认为，这可能就是一般模型铁路的一个设计特征。这个模型虽未完成，但还是成功占据了整个餐厅。我们必须先为之后要搭建的轨道打造一个大型木质框架，然后父亲带来了一卷六角形网眼的铁丝家禽网，在上面用纸浆[1]雕刻出风景。很明显，比起火车本身，父亲更喜欢绘画和手工制作，但因为我迷上了火车，出于父子情谊，他愿意做出让步。

不幸的是，吸引我的并不是 1∶87 比例的火车模型。在那之前几年的夏天，我去瑞士看望祖父母，欣喜地发现他们庞大的家族领地一侧就铺设了一道铁轨，该处离车站只有半英里（约 805 米）远。火车站台兼具小镇中心广场功能，其上零星散落着几间店铺，我的一两个亲戚偶尔会去这几间店铺给我买些甜食零嘴。不过，即使没人给我买冰激凌，我自己每天还是会独自走到那里看火车。我本可以在祖父母的门廊下，舒舒服服晒着太阳，欣赏火车令人惊异的尺寸和复杂结构，但我真正想看的是车站墙上的大钟。火车总是准点到达，一列接一列，分毫不差。我

---

1. 纸浆（papier-mâché，法语），一种复合材料，用浸泡、熬煮过的纸浆加入黏合剂，或者用黏合剂将纸条粘在一起，可以用来塑性，制作各种艺术品。——编注

想等到一班早到一分钟，或者晚到两分钟的火车，但这些火车从来不会误时。不知为何，火车总是知道时间。

祖父给了我厚厚一沓火车时刻表，记载着瑞士每个车站每列火车的到站时间。我渐渐开始了解哪列火车走哪条路线，并在脑海中沿着书中某列火车的路线游走了好几天，直到它再次回到我们的小镇比拉赫。这一整套列车系统拥有令人肃然起敬又深感满意的效率，我试着想象运营这套系统的人，是如何计划并协调着这一切，哪怕一分钟的差错都不会存在。

刚到瑞士的时候，我并不开心。有好几天，我在日记里写了很多东西，祈求上天让我回家。眼见老天爷不为所动，我又向底特律的父母正式书信一封表达不满，但他们仍然无动于衷。如果说我的抗议起到了什么效果的话，那就是让父亲更加确信，我需要多进行这种欧洲家庭传统的寻宗问祖活动。一方面，他曾是家里的叛逆者，先是和一个外国女人结婚，然后怀着拥有土地的梦想前往美国，这在瑞士是非常罕见的；但另一方面，我想他也想证明，他的儿子和我任何一个定居在这里的表亲一样，都是瑞士人。

他是否正确还有待商榷。从血统上看，我也有一半的荷兰血统；从出生地上看，我理论上是加拿大人；而从文化背景角度看，我认为自己完全就是个美国人。我就像很多移民二代一样，经常充当父母的向导和大使，我最喜欢拿"在美国他们就是这样做的！"作为理由来反抗母亲的规矩。我成功将这一社交讹诈技术应用于错过就寝时间、散落玩具、没吃蔬菜以及几乎所有我想逃避的其他事情上。我向她保证，我并没有不听话。我只是在做一个美国人。

但是这里有火车，身边还有许多住在这片土地上的年轻堂表亲，我很快发现自己喜欢上了在比拉赫的生活。在我出生之前，我的父母已经从欧洲移民到了美国，在这趟旅行之前，我只知道我们名义上在海外还从属于一个三代同堂的大家庭。在我父亲长大的宅院里，至少还住着十来个亲戚，另外还有二十来个亲戚住在镇上步行可达的不远之处，他们中的大多数乃至全部，平常会聚在一起吃顿饭或是参加周末庆祝活动。在密歇根州，我是家中唯一的孩子，没有叔叔阿姨，但在瑞士，我只是能装满一间教室的一群孩子之中的一个。而且，不像在学校里我偶尔会受自己害羞性格的拖累而显得孤立，在这里，因为我是家庭的一员，我很快就被接纳了。我也非常拜服照管这么大的一家子所需的组织工作和日常秩序。这么多人按照自己的时间安排，来来往往，进进出出，我们自己实际上就是一个微型火车站。

夏天快结束的时候，我又给父母写了一封信，解释自己已然改换心意，并询问能否再多待一段时间。我可以去当地一所学校就读，我的瑞士语很流利，足以应付。（大多数瑞士人用德语写作，但口语已经演变成一种独特的方言，就像中文分化成普通话和粤语一样。）我敢肯定大人们进行了很多我不知情的商讨，最终，父母同意让我留在瑞士，直到第一学期结束。

四个月后，我再度修书一封，询问父母我能否无限期地留在这里。

"不行，"母亲斩钉截铁地回答道，"我们要来接你了。"

我先前是独自乘坐飞机来到苏黎世的，但母亲觉得我不会心甘情愿登上回国的飞机，所以和父亲一起，亲自飞来确保我顺利登机。现在回想起来，她可能一开始就不想让我去瑞士，只是父亲坚持认为这对我有好处。总的来说，的确很好，不过，想想我自己的儿子瑞安，我是不可能放任他八岁时就在海外生活上大半年的。所以，我当然能理解母亲的立场，尤其是当她跑过来拥抱我后，发现我已经忘记怎么说英语了。

只过了大约一周，我就记起了英语，在此期间，我仍然能够用瑞士语和父亲交流。不过，我可以想象母亲背着我时对他的鄙夷眼神。她认为父亲让她的儿子完全忘记了自己的家。最终，家庭对话中出现了"火车""车站"和"非常酷的 200 页时刻表"这样的词语，她开始了解我新着迷的对象。我不知道过了多久父亲才做出决定——我们要制作一个火车模型。母亲容忍了我们这个杂乱无序、枝叶蔓延的工程，可能是因为她希望，这在某种程度上能助力底特律与瑞士竞争。

然而，如我所言，这东西最终没搭成。问题在于模型火车侧重于搭建而非运转。我需要重复进行的任务之一，就是把这些微小的黑色铁路道钉钉进去，使用传统的超精确工具，做到大约每 1 英寸（约 2.5 厘米）轨道钉 10 枚道钉。我不知道父亲在鼓捣什么，但这些钉子都是我负责的。我花了几个小时把钉子插进每个微小的接头。我对火车模型的这一部分并不感兴趣，显然父亲亦是如此，所以我们一直没能搭完这套模型也就不足为奇了。不知从什么时候起，母亲失了耐心，整套模型装置悄然消失。她夺回了她的餐厅，但我自童年起对时间表和路线的执迷从未消退，因而我最终做出了一款火车模型模拟游戏，如今正被布鲁斯拿在手里。

严格意义上讲，那并不算一款游戏，那只是让你不必忍受指尖酸痛也能铺设轨道的一种方式。不过，布鲁斯更像一名典型的火车爱好者，他对不同的引擎和历史细节上的微小差异如数家珍，而这些属于我从未深入研究的领域。他看到了其中的潜力。他在阿瓦隆山公司时，甚至设计过一款名为《1830》的铁路主题桌游。尽管这款游戏侧重一般的土地控制，而不是动手规划路线。布鲁斯立马提出一些可以添加进游戏原型的细节，我很乐意照办，只要这意味着我不必再去思考《秘密行动》的问题。

然后，发生了一件革命性事件。同为游戏设计师的威尔·赖特发布了他的代表作《模拟城市》（*SimCity*），从此词典里多了"上帝游戏"这个词。他这个想法是在创作另一款游戏《救难直升机》（*Raid on Bungeling Bay*）时产生的，他意识到，自己喜欢设计关卡胜过对着它们轰炸。对一名游戏设计师来说，有这种感觉并不奇怪，但是他得出了一个激进的结论——其他人或许也会这么想。威尔花了好几年时间试图让发行商相信，他的城市建设模拟程序本质上就是一款游戏，直到最后，他干脆和一名合作伙伴成立了自己的公司，于 1989 年 2 月发布了这款游戏。它的第一个版本是为麦金塔（Macintosh）计算机设计的，随着游戏大获成功，也移植到了其他计算机机型上，当年晚些时候（其时《秘密行动》陷入困境，我的火车模型游戏已渐具雏形），我就有幸在个人计算机上玩了《模拟城市》。

这是游戏。这是关于创造，而不是破坏……这是游戏。目标是超越自己的局限，而不是打败一个道德低下的对手……这是游戏。

我的铁路模拟程序也是游戏。

事后看来，我竟没有想到火车可以与飞机相比较，这有点奇怪。模拟程序当然也可以是一款游戏！我的职业生涯，就建立在将游戏虚构与航空事实相结合的基础上，因此也有理由用其他交通工具铸造出相似的产品。没错，火车从来不会像飞机一样互相射击乃至被击落，但是《单人飞行》里也不存在武器，只有一个无害邮包等待着被投递。

我没发现其间关联，也许因为火车模拟游戏尚属未知领域。飞行模拟游戏是一个成熟的游戏类别，甚至有些数量泛滥，所以为了脱颖而出，我必然对其施加我自己的想法——将游戏性与技术现实主义相结合。但制作火车游戏，我们就踽踽独行，没有同行竞争促使我们向前。没有框框，就很难跳出框框去思考。无论如何，《模拟城市》为我拨云见日，让我豁然开朗，也让我确信我之所想切实可行。从那时起，我就知道，我手头这个模拟程序不是一个用来转换心情随便做做的编外小项目了。我们在制作一款铁路游戏。

我开始认真进行原型设计，几乎每天都会发游戏副本给布鲁斯，让他反馈意见。不久之后，我们就增加了一套经济体系，以便把商品从一个城市运送到另一个城市，增加了高山河流等地形挑战，甚至还提供了一个邮政递送的选项，就像《单人飞行》里一样。

1989 年已近尾声，而我没有完成任何项目，但布鲁斯和我勉强说服了执行团队铁路游戏原型值得完成。《模拟城市》在市场上取得的成功可能起到了一点作用，但我认为，他们会同意主要是因为我只征用了最少数量的员工。当然，我可以强行要求项目支持，他们也会举手投降：

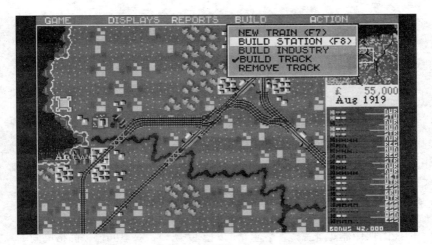

《席德·梅尔的铁路大亨》截图 1990 年 微散文公司 WWW.MICROPROSE.COM.

"好吧，席德要做他想做的事情。"但是分配带薪员工显然属于他们的权责范畴，我可没打算回到从前独自做完所有事情的工作状态。所以我们提出了理由，他们同意让我留下布鲁斯，加上一个艺术家和一些辅助人员，直到游戏制作完成。不过，游戏中的大部分图形必须由我完成，而且我们必须尽快完成。

此后不久，布鲁斯的反馈发生了出乎意料的转变。他指出，洪水不断冲毁他的桥梁，这是不合理的。我反驳说，《模拟城市》包括了各种各样的自然灾害，包括龙卷风、地震和没有版权的哥斯拉式怪物，它们肆无忌惮地践踏建筑物，与这一切破坏相比，桥梁偶尔被冲毁似乎不是那么无情；此外，对铁路公司来说，理应考量洪水这一隐患，这种忧虑自然比城市规划者对海怪的担忧要合理得多。

但是，布鲁斯让我想起了我设计游戏的原则：确保玩家玩得开心。

"当我的桥无缘无故被冲倒的时候，"他平静地耸耸肩，"我可不觉得好玩。"

当然，他是对的。玩家看似应该感激我们带给他们的困难，毕竟他们玩游戏是为了证明自己的价值，但事实并非如此。人们玩游戏是为了让自我感觉良好，随机的破坏只会导致偏执和无助。挫败敌人的进攻能让人有成就感，但从伏击中恢复，只能让人略松一口气。可叹的是，在这种失衡的背后，设计者感受到了自身的强大和睿智，忍不住想要施加更多意想不到的挫折。主要情节点出现这种转折，实际上非常常见：你信任的伙伴偷走了宝藏，乞求帮助的少女是一名双重间谍，品格高尚的科学家拥有消灭人类的秘密武器，公主在另一座城堡里。或者换句话说，玩家完成了设计师要求的所有事情，然后，游戏规则无缘无故改变了。天降横祸只有发生在别人身上时才称得上戏剧性，才令人兴奋；自己遭遇只会觉得扫兴。玩家或许因为生气、不服气或只是默默接受游戏本该如此的事实，迎难而上继续玩下去，但他们的体验感已经大打折扣。在这些陷阱还属于线性故事情节的一部分时，我就已经有所察觉，但布鲁斯的评价帮助我认识到，即使是开放世界游戏里最细小的情节点也适用同样的原则。某种程度上，所有的随机障碍都出自设计师一种"想象一下他们脸上的表情"的心态，这种心态也可以大致翻译为："嘿！嘿！这是我设计的！我可真是个大聪明！"游戏不是为我们而生的。玩家必须是明星，设计师必须尽可能减少存在感。

我意识到，游戏设定是形成挑战还是造成背叛，关键区别在于玩家是否有机会通过抗争避免它。因此，我没有消除洪水，而是引入不同

《席德·梅尔的铁路大亨》截图　1990 年　微散文公司　WWW.MICROPROSE.COM.

类型的桥梁。一座木桥很便宜，而且可以让铁路马上开工运行。一座华丽的石桥更昂贵，建造时间更长，但是可以不受洪水的影响。让玩家自己控制所能承受的风险，如此一来，洪水不仅不再让他们觉得不合理，还成了真正的奖励来源。想象一下，洪水渐退，看见他们的桥安然无恙，自水面浮显真容，这种感觉要比它从未被洪水淹过要好得多。

关于桥梁，还有一个细节让我很不爽。那时，公司上下众所周知我非常讨厌暴力，"没有人会死在席德·梅尔的游戏里"已经变成一句开玩笑的口头禅。在早期的军事题材游戏中，我有意忽略了一些理论上应当发生的情节，我们虽然没有足够资源制作飞行员从飞机上跳伞，或是潜艇艇长从逃生舱口潜水而出的动画，但是你也无法证明他们没能逃出生天。在《海盗！》里，敌方成员是淹不死的，他们总是被抓上来干活。

《秘密行动》直到被我放弃之前，其原型代码都很清楚地表明，玩家的武器是非致命的。然而现在，在我最不具攻击性的游戏中，火车驶过被冲垮的桥上时，经常骤然坠落，让死亡降临在其满载的无辜人员身上。

失去火车是必要的，否则玩家就没有动力去建造一座更坚固的桥梁。但是大规模屠杀忠诚的员工让我感到不适。于是，我请我们的艺术家马克斯·雷明顿三世绘制出火车司机和其他乘务人员在火车翻落悬崖之前确切地跳到安全地带的画面。这只是一处微小的细节，却保证了游戏世界规则的一致性。

在这种情况下，执行我的"不死人"规则对我来说尤其重要，因为就像《海盗!》一样，管理层宣称，这款古怪的铁路小游戏也需要把我的名字印在包装盒上以促进销售。事实证明，这将是引爆未来一切品牌推广活动的转折点，但对我来说，它带来的影响暂且无关宏旨。在此期间，我发布了几款未以我的名字冠名的游戏，坦率地说，高管们采取这种做法，似乎并非对我个人某种形式的赞誉，而是意味着他们对这款游戏信心不足。但是，我不能让我的名字出现在我不能彻底引以为豪的事物上，所以不能有一丁点含糊。列车员得活着。

《席德·梅尔的铁路大亨》发行几周后，布鲁斯和我一起坐上了开往纽约的美国铁路客运公司（Amtrak）火车。（如果我可以给火车调度员一盒游戏就好了。）我们正在去参加某种促销活动的路上，但心思并没有放在等待着我们的采访之上。像往常一样，我们梦想着接下来要做什么。

"这款游戏的制作过程相当有趣。"布鲁斯说。

"是的，"我表示赞同，"我们应该再做一款。"

在此之前，我从未在游戏未具雏形的情况下就答应与特定的某位团队成员合作，但是我非常喜欢与布鲁斯一起工作，也不想别的项目抢走他。除了与我相似的行事风格和职业道德之外，布鲁斯在制作《铁路大亨》时的表现，证明了他还可以裨补阙漏。

最好的工作关系存在于技能互补的人之间。比尔·斯蒂利填补了我在商业方面的技能缺失，所以他和我在这方面合作得很好。音频设计和游戏美术设计人员在其专业领域显然做得比我更好。但是，一旦涉及游戏设计，大多数时候只有我独自一人，或者我得和那些与我有相同技能的人合作。例如，我非常擅长无情的自我剖析。即使是天纵奇才也会有很多糟糕的想法，在创意领域，关键是要放下自尊心，把任何没用的累赘即刻扫地出门。但有时候麦粒和谷壳会混杂在一起，而布鲁斯常常能从我准备放弃的想法中发现一丝价值。同时，他从来不会受到游戏中尚未完成的部分干扰，我可以把一个残缺不全的游戏原型交给他，哪怕里面是糟糕的图画、过于强大的敌人和一个三回合后就出现的崩溃错误。他可以直接越过这些无关紧要的问题，看穿游戏的本质。只要有潜力，无论在哪里他都能发掘出来。他可以圈出需要精雕细琢地改进的地方，那些我们都知道很容易解决的问题分散不了他的注意力。

幸运的是，他答应加入了。

"更宏大的主题。"

"还有什么比铁路的历史更宏大？"

"人类的整个文明史！"

我们为这个说法陈述的荒谬事实笑出了声，但这句话一旦大声说出口，我想我们两个人都不可能再满足于制作任何退而求其次的东西了。我们不是那种会拒绝有趣难题的人。在我 28 岁的时候，我在自己的第一本游戏说明书中宣称，终有一日，我将"编写出最好的策略游戏"。现在，我 36 岁了，我想我已经准备好了。年龄和经验可能会带来智慧，但有时，做一个尚未学会怀疑自己的年轻人也很好。

11 文明史，第一部分

HISTORY OF CIVILIZATION, PART I

《席德·梅尔的文明》*Sid Meier's Civilization*   1991

一两个星期之后，我作为一名骄傲的丈夫兼新晋父亲坐在医院里。人们试图告诉你，当你的第一个孩子出生时会发生什么，但任何言语都无法将真实情况描摹尽致，所以我不会徒劳尝试。简而言之，这太神奇了——我面前这个特殊的孩子和世界上所有皱巴巴的小孩子别无二致，但他就是最好的那一个。

不过，事情一旦做完，医院就很无聊了。总有一天，社会将接受随身携带数字娱乐的行为，但我知道眼下我最好不要这么做。吉吉和我们的儿子瑞安都在休息，所以我决定出去走走，也许可以找到点吃的。

走廊上的电视正在播放印第安纳波利斯 500 英里（约 805 公里）大奖赛，我故意将一部分注意力放在比赛上，好让时间过得快一点。比赛本身非常有趣。原本一马当先的埃默生·菲蒂帕尔迪因轮胎故障不得不提前停靠维护车辆，爆出一个大冷门。现在看起来，"飞行的荷兰人"阿里·吕延迪克将摘得桂冠，看着他在赛道上飞驰，我心中涌起了一丝对荷兰的爱国主义豪情。

正如这当头一棒敲醒了菲蒂帕尔迪——赛车当然需要赛车手灵活的操作，但策略是其核心。一名职业车手必须采取周全之策以赢得比赛，特别着重关注轮胎、燃料和机械零件的资源配给管理。有些赛车竞速类游戏已经开始设置对玩家整体职业生涯的口头鼓励，就像我们一开始在《武装直升机》里的设计；有的游戏甚至提供了赛事间的车辆升级系统，但没有一款游戏能够触达这种体验的精神层面。如果你能像车手一样，在比赛中权衡情势利弊，针对各类装备做出决策，那会怎样？在绕着赛道转来转去的时候，要随时关注这么多因素并不容易，但也许可以让渡一些速度上的追求，来提升游戏的策略性。照着这个思路合乎逻辑地思考下去，你甚至可以做出一款回合制赛车游戏。

这是存在于策略游戏之中的永恒分野：即时制和回合制。当时针不断走动，所有人可以在同一时间一起玩，快感会立即提升。此时思维敏捷获得的奖励超过严谨细致，注意力只能短暂集中的人最终成为全场焦点。不过，尽管可以持续获得即时回报，不断升级的游戏强度还是很容易让玩家陷入困惑沮丧的情绪。回合制游戏则是缓慢且有条不紊的，玩家在一开始感受到的兴奋，只是来自对游戏的期待。相对而言，强度较弱的回合制游戏，可能有陷入无聊的风险，但到最后，玩家得到的回报通常也会更加丰厚。因为玩家为战果投入了更多时间，做出了更多个人决策。

在错误的游戏背景设置下，这两种风格都可能是一场灾难，但有时，最有趣的游戏诞生于一个刻意做出的非常规选择。例如，想象一场实时进行的国际象棋比赛：所有规则都与普通的国际象棋相同，但不需要轮流等待对手落下棋子才能出手下自己的棋。如果你的速度足够快，你可以让象棋沿斜线滑过棋盘，吃下一枚棋子，又在对手反击之前滑出对手的攻击范围。话说回来，他们也可能在你忙着移动象棋的时候，溜进来吃掉你的马棋。你可能不得不制定一些新的规则，比如"一次只下一手棋"和"落子无悔"，以保证赛事合乎情理。我不知道这些规则最终是否奏效，但是很容易看出，只要改变一个因素，就能创作出一款截然不同的游戏。

现在，我只希望可以将养育小孩改造成一个回合制活动，而非我自知即将面临的那种紧张的实时混战。但就像我说的，当你玩即时制游戏时，回报是立时可见的。

那时还没有真正意义上的陪产假，但我确实在瑞安出生后休了几天假。理论上，这几天至少在瑞安睡觉的时候，我可以做任何想做的事情。但是在这个节骨眼上，我仍然沉迷于我的最新项目。就在两周前，我把《文明》游戏首版可以玩的原型交给了布鲁斯。

这个版本并不好，也并不糟糕。只是如今"文明"系列的粉丝必然不会认可它。时钟一直是实时计时的，就像在《铁路大亨》里一样，不过，它更像是全球规模的《模拟城市》：将一些地区划分为农业区，再划出其他一些地区作为矿业区，然后袖手坐观你的帝国发展。

不幸的是，无论是"坐"还是"观"都不是这版游戏值得骄傲的特色，这些都是电影来做的事。"坐观"可以让玩家停下来，思考下一步行动，但是——尽管设计师们总是本能地想要尝试，我们仍不该也不太擅长接管整个故事。本质上，我们的游戏既无法从全景拍摄角度比拟一部电影，也不能从长度上匹敌一部小说，也无力在音效方面与一张专辑较量，将这些功能的重要性置于游戏性之上，总会导致令人失望的结果。克里斯·克劳福德曾经写道："是时候让我们摆脱对好莱坞的嫉妒了……席德·梅尔演绎的阿诺德·施瓦辛格会很可怜，但他演出了一个了不起的席德·梅尔。"其他的艺术作品只要演出者有趣就会成功，但是游戏，只有在玩家觉得有趣的时候才会成功。我们的工作是让你对自己印象深刻，在这方面，我们独占鳌头。

几年前，我也遇到过类似问题，我的那些战争游戏可以自顾自地打起来，打出一个完全可以预测的结果。至少这一次，我马上感觉到了不对劲。但是，在我能够确定这是什么问题或者如何解决它之前，高管们终于没法容忍我还没制作出可发行的游戏了。

"我需要你完成《秘密行动》，"比尔告诉我，"我们必须售卖一些游戏。"

虽然我不喜欢事态脱轨，但是得承认，目前《文明》游戏确实停滞不前，如果玩家愿意忍受重复的故事线，那么《秘密行动》也可以说已接近完成。所以我和布鲁斯把《文明》放到一边，力求从速完成我们原来那款间谍游戏的原型。我没觉得这事有多为难，但是我对此事也没多大的热情。在这款游戏上架后，我才想出可以完善它的法子。

就像《海盗！》一样，《秘密行动》游戏设定的主要特点是有一条贯穿始终的主体故事线，其中穿插着各种迷你游戏——撬锁、密码破解等等。然而，《海盗！》之所以会成功，是因为其故事主线相对简单。在《秘密行动》中，我试图在不牺牲一丝一毫迷你游戏的细节的前提下，增加叙事复杂性。这就像两款游戏合二为一，理论上听起来不错，但实际上就像在两部不同的电影之间来回切换一样令人懊丧。在花了15分钟闯入一栋建筑后，对于是哪条线索引导他们至此，玩家就只剩模糊的记忆了。我应该简化这些迷你游戏，或者干脆减少程序过程化生成的故事就更好了，反正我一开始就对这些故事不太满意。游戏的两半部分各自都很强，却迫使它们进行主次之争，最终把这两半都拖垮了。不知何故，我将两款伟大的游戏结合在一起，却没能成就一款好游戏。

"一款好游戏，胜过两款伟大游戏"，这个理念太过醍醐灌顶，我在心里渐渐将之称作"《秘密行动》规则"。现在我指导带教的很多设计师在这款游戏问世时甚至都还没出生，因此我们更有可能会从游戏"重心"落脚于何处的角度来探讨这个问题。但这个教训是有意义的，我不断引证这背后的真理，对自己也对旁人。时至今日，它更是深中肯綮，至少从前我们还会受到有限计算资源的约束，而如今，这世上最容易做的就是"多"，如果我们不小心，就可能会把三四款游戏都塞进一个游戏里。有时候，决定什么内容不该加到游戏里，比决定什么内容该加进去更加重要。

尽管暂且放下《文明》继续制作《秘密行动》并非出于自愿，但从长远来看，这是有好处的。这让我有时间思考《文明》究竟哪里出了问题。最后，我想到可以试着将其改为回合制游戏，就像在国际象棋或赛车中那样，一个决定改变了一切。玩家一下子化"观"为"做"，是在做预测，而不是在仓促间纠结刚刚发生了什么。他们的整个大脑都参与其中，而不仅仅是摆弄手指尖。

其他变化也很快随之而来。我意识到，从无到有是一件神奇的事情。一张空地图依旧是一张地图，里面充满了山脉、河流，以及对玩家能做什么或不能做什么的预断。但是，一张隐藏的地图，则能显现其无声的广阔——一名开拓者被扔进荒野，周围除了九格方块之地外，什么也看不见，可以让玩家想象远处黑暗中好似无限的可能性。也许仅仅一格方块之外就有宝藏，或是附近潜伏着危险的敌人，这种不确定性促使人们迫不及待地开始探索。

更重要的是，如果这款游戏的侧重点不是时间不受控制地奔流，而是个人决策（这是我目前的理解），那么第一步就不应该是划出一座理论上存在的城市，而是应该建立一桩功业：宣告你在这个世界上的位置和你统治世界的意图。从象征意义上讲，这感觉就像签署一份确定远方边境线的契约，与用你自己长满老茧、汗水津津的手将旗帜插进泥土之间的区别。我决定让玩家于自己的立足之处，或者距此足够近的地方，建立起自己的第一座城市，并且触发一段具有一定纪念意义的全屏动画。"罗马建成：公元前 4000 年"。不要在意那些有篷马车和简陋的圆顶帐篷，这里就是罗马，一个强大文明的首都，他日必将熙攘繁盛，辉煌耀目。直到今天，我玩《文明》的时候，还总是选择罗马人。

不过，游戏里还应该包括哪些民族是一个棘手的问题。从实用的角度来看，我只能存储大约 14 个文明的数据。（因为二进制代码的本质使得 2^4 比 $[2^3+6]$ 更加顺眼，所以我真心希望能有 16 个。但是众所周知，计算机根本不在意这类感受。）1990 年的地缘政治版图涵盖了近 200 个国家，这还没算上所有不复存在的伟大古代文明。显然，应该先跳过那些最不起眼的文明，但是这仍然留有许多不上不下的竞争选手：谁也不知道武士和维京人哪个对玩家来说更有吸引力。

与此同时，世界舞台上应该至少设定一个主要的存在，但是由于过去的一些成见，我一直犹豫不决——也就是我们往昔的宿敌德国。就在一年前，德国才终于允许我最后一款被禁游戏《F-15 战鹰》重返货架。我希望在每个文明中掌权的都是其最具代表性的统治者，但是我也知道德国法律禁止任何媒介产品提及希特勒之名，无论其背景内容如何；而且在任何情况下，创造一款希特勒有可能成为好人的游戏都感觉是错误的。另外，把德国人排除在外感觉像是既懦弱又附带了自我审查的做法——据我所知，即使没有他们的前任元首在场，联邦危害青少年媒体检查局还是会禁了《文明》。但是，这是希特勒。我不想任何人用我的游戏来赞美他。

我一直在为是否将德国人纳入其中而挣扎，直至开发结束，我才终于把他们重新放回了游戏里，置于腓特烈二世的领导之下。如果德国不是因为其他原因在历史书上被大书特书，我们可能都会对可怜的腓特烈大帝有更多的了解：在那个时代，他是欧洲在位时间最长的君主，且多次以弱胜强赢下战役。他还是一个仗义疏财的艺术赞助人，倡导新闻自由，鼓励寒门子弟成为法官和政府官员。别人借由昭彰恶名而非传统意义的领袖品质盖过了腓特烈的风头，并不是他的错。不管怎么说，由于德国人回归游戏的时间太迟，我们的首批游戏说明书上提及的仍是之前暂定的土耳其人，我们不得不在每个包装盒里附上一份说明，解释这种差异。

然而，与此同时，我还需要关注很多没有争议的游戏元素。一些策略游戏侧重军事战斗和机器操作，另一些则优先考虑资源收集和经济实力，而我想要两者兼顾。我认为，玩家应该可以因为一块土地含有宝贵的资源，而在那里部署自己的部队，同时发展技术，以越来越先进的方式利用这些资源。这应该是关于整个文明历史的游戏，我希望玩家能够如现实世界的领导者一般掌控一切。

同样，一般游戏中通常也会设定城市管理的规则，但是现实中可供选择的政治制度有很多，它们之间甚至还可以互相切换。历史揭示了一个相当清晰的发展进程，从无政府状态、专制、君主制、共和制，到最终的民主制，但这条道路坎坷曲折，鲜少平坦。战争或治理不善很容易使一个民族蒙难，发展倒退，即使是向前演进，也常常带来一段混乱的过渡时期。

游戏里包含了所有这些因素。例如，要从专制走向君主制，玩家必须首先传播君主制的概念或发展"技术"（其本身就可以通向封建制度，然后是骑士制度，这使玩家的军事组织可以升级为骑士）。然后他们不得不发动一场革命，在正式登上王位之前经历一段无政府状态的阵痛期。然而，随着政府逐步现代化，他们的监管统辖手段也随之现代化。得让人民开心，否则你会发现自己为了维持统治不得不让社会倒退。

诚然，这是对于政治历史简单化的理解，但这是有意为之。我们的军事游戏脱胎于"简氏战斗机"[1]系列那类的技术手册，但是《文明》不同，其研究往往来自更加浩瀚的历史书海，有些甚至是针对儿童的书籍。我想要模拟出建立一个帝国的整体体验，而不拘泥于已经存在的帝国何以开国的具体细节。例如，火药最初是中国人出于医疗目的发明的，这一点在游戏设定中不重要；重要的是，在冶铁技术完善后，一个文明可以随时发现这项技术。你在改写历史，而不是重温历史。

此外，事实证明，经过"简单化"的历史也已经足够复杂了。我添加的元素越多，我就越得承认这些元素成立的先决条件存在交叉重叠。天文学（用于改进领航术）源于神秘主义（提升民众的满足感），但是这门学科也需要数学。仅凭数学就可以在没有神秘主义帮助的情况下，为军队提供弹弩。我开始把各种各样的文化进步编制成一个复杂的流程图，我称其为"科技树"。玩家不可能一直无视某一条分支，但他们理应能够决定，是优先发展制图术还是炼铁术，也许他们会基于自己的第一座城市建立于靠近海岸线还是矿藏的地方进行考虑。更多的选择意味着个人需要投入更多功夫才能取得成果，也意味着玩家有更多的理由重整旗鼓，再次朝着成功进发。

事实上，我意识到，每个人都有权定义成功。就像在《海盗！》里，玩家可以选择威震大洋，也可以选择磨炼自己的剑术，亦能够试图偷走新大陆每一位总督女儿的芳心。一个伟大文明的统治者，同样并不一定要利用强横的军事力量进行统治。一个富裕的国家可以比它的敌人花更

1.《简氏战斗机》(*Jane's Fighting Aircraft*)，是简氏信息服务公司推出的系列军事出版物之一，该公司创立于 1898 年，至今仍在运营，已由军事出版商转型为开源情报公司。——编注

多的钱，注重科学发展的国家可以用先进的技术打败敌国，一个高度艺术化的国家只凭理想的生活方式就能吸引移民。在《文明》里，确定玩家可以取得胜利的情形，需要一个复杂的算法来权衡所有这些乃至更多的因素。我等不及要开始这项编程工作。

然而，正当我蓄势待发之际，执行团队却开始朝一个全新的方向推进这个项目。尤其是比尔，他很想把业务扩展到投币式街机游戏领域。我自己也很怀念这种类型的游戏，毕竟我和他结缘于一次街机游戏，自此一同创业。但是对我来说，这并不能延续旧日好梦。街机游戏已经越来越不受欢迎，这样的势头持续了好些年。制造整个游戏机柜的成本将会非常高昂。而家用计算机游戏市场，我们让玩家自己购买硬件即可。

除此之外，我还指出，即使我们有余力跳转到一个新模式，我想做的游戏也不适合一对一的快速对决。比尔向我保证，这项新业务不会取代我们现有的目标，但是我知道，许多高管仍然将《铁路大亨》和《海盗！》的成功视作偶然。他们甚至取消了《铁路大亨》续作项目，那是我还在脑海里琢磨《文明》时，我和布鲁斯一起构思了许久的项目。他们只是高抬贵手纵容我去搞策略游戏，但并不认为这类游戏是一种可行的商业模式。

比尔坚定地认为街机游戏会卷土重来，而我不这么认为。我们进行了几次谈话，显然我们谁也说服不了谁，而且这不是什么可以妥协的事情。我们连半个街机游戏都做不出来。

我不喜欢公司的这个新方针，但我也意识到，不能由委员会做出商业决策。需要由一个人来掌舵，我还是不希望那个人是我。比尔和我一致认为，最好的选择是比尔买下我那一半的公司股份，让他自主掌控方向，同时保护我免受风险操作的影响。从表面上看，一切都不会改变，在未来几年内，除了执行团队以外，没有人会知道这一安排。我仍然坐在同样的位置上，参加同样的会议，与同样的人合作。但是从书面文件上看，我成为一名独立的承包商，只针对我个人创作的游戏收取报酬和版税。

这对所有相关人员来说都是合适的时机。这样一来，我不再对公司的项目有投票权，而其他人也不再能干涉我正在制作的项目。我一直担心高管们看不出《文明》的潜力——事实证明，这样的担忧是有道理的。而现在我自由掌握着方向盘，不用担心项目会被取消。眼看着建立起微散文公司的这段合作关系结束，我有点难过。不过，我不想离开，比尔也不希望我离开，而这似乎是同时满足我们双方需求的最佳方式。我和比尔是截然相反的人，所以一直合作得很好。从长远来看，我们的分道扬镳或许不可避免，因为自《海盗!》起，我们在游戏创意上就渐行渐远了，这种新的安排与其说是一种戏剧性转折，不如说是对现实迟到的承认。从我个人角度看，我们之间没有怨怼，这只是我们职业生涯自然发展的结果。

与我不同的是，公司内部仍会分配给布鲁斯正式的任务。因此我和布鲁斯之间渐渐形成了一个集中反馈的惯例。每天晚上回家之前，我都会在他的办公椅上放一张磁盘，里面是游戏的最新版本。当他第二天一大早来上班时，会花一些时间测试新功能，等我到的时候，再坐下来和我分享他的想法。我一整天都捣鼓游戏，布鲁斯则继续忙自己的工作。到了晚上，一切又周而复始。

最终，布鲁斯调岗，全职投入《文明》的制作。这个新项目很重要的消息传了出去。人们开始到布鲁斯的办公室一探究竟。我并不介意，不过，在很长一段时间里，布鲁斯是唯一被允许玩这款游戏的人。布鲁斯身怀绝技，可以超脱那些破损及尚不存在的部分来审视整个游戏，此外，他也不会唯唯诺诺。算上已经发行的《秘密行动》，微散文公司已经把我的名字印在包装盒上三回了。办公室里的人开始以微妙但明确的恭顺态度对待我，这让我很不舒服，更糟糕的是，这也不利于最终产品。我不想整天花时间说服他们对这游戏有什么意见不妨直说。当然，布鲁斯也总是很有礼貌，但要是他感觉到哪里不对，他会毫不犹豫地告诉我。

我一直无法确定，让《文明》保持这么久的隔绝状态是不是一个错误。一方面，我确实认为在开发过程中，关注产品的人多多益善，我想做出的是一款吸引所有人的游戏，而不仅仅吸引我最喜欢的那类玩家。但另一方面，布鲁斯和我山鸣谷应，配合默契，如果让其他人加入，可能会拖慢进度。布鲁斯既是游戏测试人员又是设计师，这意味着他的反馈源于真正的解决方案。而我既是设计师又是程序员，这意味着我不必浪费时间和自己开一大堆的会。

"不浪费时间"可能是我整个职业生涯最看重的要素。一款游戏的每一个新版本（或其他适合你来制造的事物）都是一次向前迈进的新机会。你快速迭代的次数越多，你的最终产品就越精确。

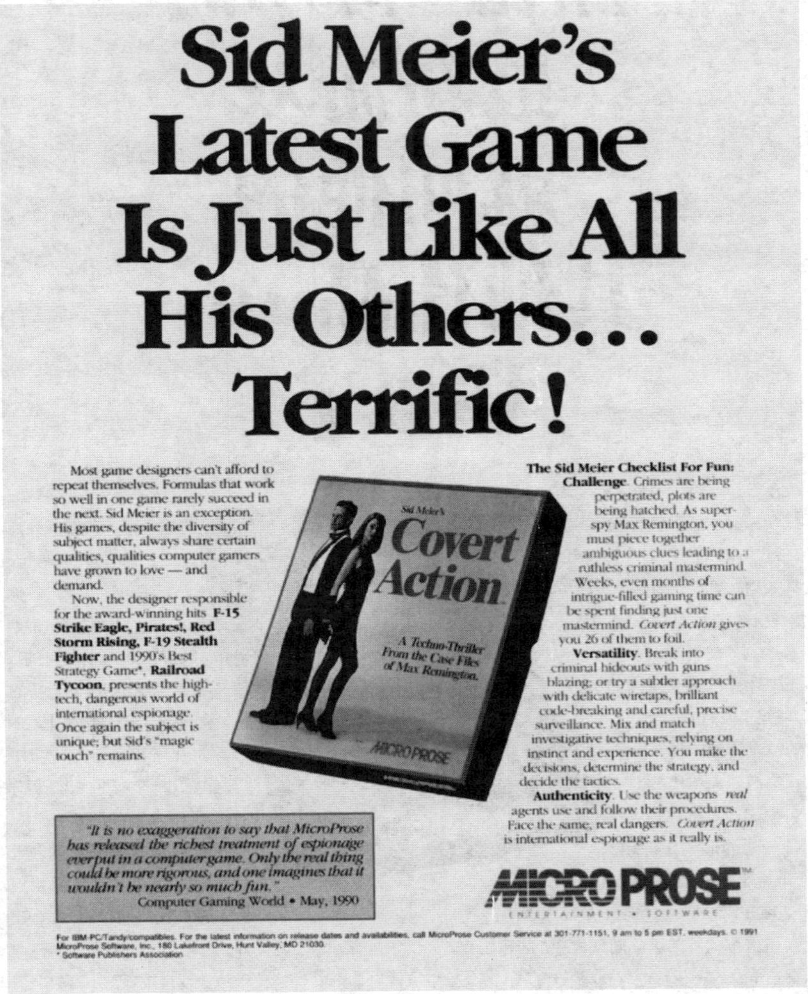

《席德·梅尔的秘密行动》广告　1991 年

微散文公司　WWW.MICROPROSE.COM.

（海报文字翻译参见本页背面）

席德·梅尔的
最新游戏
就如他的
其他作品……
棒极了!

　　大多数游戏设计师都不能复制自己的成功路径。在一款游戏里成功生效的配方鲜少能在下一款游戏里发挥效用。席德·梅尔是个例外。尽管他的游戏题材各异,但具有某些共同的特质,而这些特质正中计算机游戏玩家的心坎,满足了他们的需求。

　　这位设计师曾制作出热门获奖游戏《F-15 战鹰》《海盗!》《红色风暴》《F-19 隐形战斗机》以及1990 年年度最佳策略游戏《铁路大亨》。现在,他将为您呈现一个充斥着高科技元素和重重危险的国际间谍世界。间谍题材标新立异,席德又一次点石成金。

　　席德·梅尔的游戏亮点清单:

　　难度大。 罪行正在发生,阴谋正在酝酿。你作为超级间谍麦克斯·雷明顿,必须拼凑起模棱两可的线索,按图索骥,找到冷酷无情的幕后黑手。你在一个悬疑感十足的游戏里花上几周乃至几个月的时间,可能只能找出一个犯罪主谋。但你需要在《秘密行动》里击败26 个罪犯。

　　花样多。 你可以持枪闯入犯罪分子的藏身之处;也可以尝试采用更巧妙的方法,利用精密的窃听器,配合出色的密码破译,进行严密细致的监视。基于直觉和经验,结合调查技巧,由你做出选择,制定策略,决定战术。

　　真实性。 使用真正特工使用的武器,遵循他们的行动准则。面对同样真实的危机。《秘密行动》是真实的国际间谍游戏。

> "可以毫不夸张地说,微散文公司发布的这款电脑游戏采用了史上最精彩的方式插绘了间谍活动。只有真正的间谍活动会比这款游戏里的情节更加严谨缜密,而且可以想见,真实的间谍活动可不会那么有趣。"
>
> 《电脑游戏世界》1990 年,5月刊
> 《席德·梅尔的秘密行动》
> 来自麦克斯·雷明顿负责案件档案的科技悬疑游戏

For IBM-PC/Tandy/compatibles. For the latest information on release dates and availabilities, call MicroProse Customer Service at 301-771-1151, 9 am to 5 pm EST, weekdays. © 1991 MicroProse Software, Inc., 180 Lakefront Drive, Hunt Valley, MD 21030. * Software Publishers Association

有一则关于米开朗琪罗的著名逸事。据说米开朗琪罗在谈到他的大卫雕像时，坦言自己"只是把任何看起来不像大卫的东西都凿掉了"。没有证据表明他真的说过这句话，类似表述其他艺术家也说过。但我认为，这个故事的广泛流传，反映出的是大多数人对创作过程的想象，而非真实情况。当然，我不能代表所有创意人士，但就我个人而言，我做不到一点一点凿掉大理石，我只知道如何用黏土塑形。

从一坨疙瘩开始。在这里加一点，这样它看起来是更有趣还是更无趣？再加一点。不，太过头了。刮掉一点。

这个过程必然会出现错误，重要的是尽可能快地抓住尽可能多的错误。理想状态下，每天你都将重新评估你的创作，甚至一天之内评估多次，每次迭代版本，都是一次机会，找到你的出错之处，别自鸣得意。

这并不是说每一次改动都需要很微小。还是效率为先。也就是说，既要进行多次迭代，也要尽可能从每次的迭代版本里获得信息。我一直以来信奉的一项重要原则就是："要么加倍，要么减半。"调整产品时，不要浪费时间只改5%，再改5%，还改5%……请直接加倍，看看是否达到了你想要的效果。如果改过了头，那你改动的方向就是对的，往回作相应的调整即可；若是改动仍不到位，那你也为自己节省下了十几回只改5%的迭代时间。在《文明》发行前不到一个月，我将地图尺寸砍掉了一半。当然，一款关于整个文明史的游戏必须拥有一张巨大的地图，但事实证明，不断前进的感觉比地图的大小更加紧要。使用更小的地图，游戏运行得更快，这反而让地图比两倍大时显得更有史诗感。如果我畏首畏尾，不愿意大幅改动已经做成的部分，那就不可能赶在游戏发布之前及时把地图调整到合适的大小。

　　这也是我从来都不写设计文档的原因。有些经理过于在意这些文档，到了不理智的地步。他们指望，在一行代码都没写的情况下，看到整个游戏转化成描述性文字和 PPT 幻灯片的形式呈现在他们眼前。对我而言，这就像是在考察地形之前先画出地图一样荒谬："我决定要在这里竖起一座山。"刘易斯和克拉克[1]若是带着一份设计文档出现，也会被嘲笑得从房间里落荒而逃；相反，他们只是说"我们会再来找你的"，然后开始行走。山就在那里，你的工作是找到它，而不是执意要求它应该在某处。

　　以下是一些我本以为应该和进《文明》的黏土块，后来我刮掉了它们：

　　最早是实时计时的时钟。这其实更像是把黏土扔进垃圾桶，又得到一疙瘩新黏土。

　　随后，我短暂"摆弄"了一下国家的周期性兴衰。虽然周期性兴衰的设定符合历史规律，但这种做法就像大规模水淹铁路桥。在喀拉喀托火山[2]爆发或黑死病肆虐之时，所有人都想要重新加载已存档的游戏。

　　随着发展进步长出分枝的科技树，从一开始就是个非常好的想法，

1. 梅里韦瑟·刘易斯（Meriwether Lewis）和威廉·克拉克（William Clark），他们受美国总统杰斐逊的委托，于 1804 年 5 月至 1806 年 9 月间，带领由美国陆军及平民志愿者组成的约 45 人的探险队，沿着密西西比河往西，对美国新购买的路易斯安那地区进行军事探险，总行程达 8 000 英里（约 1.3 万公里），是美国历史上一次重要的史诗级征程。——编注
2. 喀拉喀托火山（Krakatoa），印尼一座持续爆发的活火山，其最著名的一次大爆发在 1883 年，位居人类历史上最猛烈、最具破坏性的火山爆发之列。——编注

但直到科技树感觉对路之前，它的实际元素翻来覆去变换了好几个月。有一段时间，出现过一棵完整的次级科技树，导向啤酒酿造之类的次要技能（显然是你的人民幸福得分的一个来源），但鉴于它太过累赘，我们不得不放弃了它。

有一阵子，我试图将地雷设置为一种武器，但我无法让游戏的人工智能在不拖慢处理速度的情况下，智能地安置好地雷以及避免踩上自己埋置的地雷。所以地雷也出局了。

曾经有宗教领袖，后来没有了。

曾经有德国人，后来没有了，后来又有了。

我想说的是，我的游戏，至少在我设法将其内容确定下来之前，会存在一些糟糕的内容，但我不会因为可能犯错而放弃前进。我不会费神几个小时思考某个功能好不好，我只是将之扔到游戏里，然后找到确切的答案。如果这个功能太过拙劣，我就再将之删除。在你探索旷野之前没有地图，开始的第一天也没有非比寻常的艺术风景。有的只是长久的艰苦工作，力图每天把游戏做得更好一点，并尽可能高效地识别出它最终会变成什么样子。

12 转折点

《海盗！黄金版》*Pirates! Gold*   1993

《席德·梅尔的铁路大亨 豪华版》

Sid Meier's Railroad Tycoon Deluxe   1993

那年圣诞节，我和父母还有弟弟、妹妹一起，去弗吉尼亚州马萨努滕的一处滑雪胜地旅行。瑞安当时只有七个月大，所以他在雪上的活动不多，但他得以体验一番婴儿版的"雪山缆车"，被家庭成员举在手中递来递去，乐开了花。我的弟弟、妹妹二人与他互动的场景非常有趣，因为他们这会儿的年纪，恰好与他们出生那会儿我的年纪大致相当。

妹妹薇姬，在我高中二年级时到来，我的父母在那之前显然已经缓过劲儿了，梅开二度。弟弟布鲁斯在我高中毕业前一年也出生了。（尽管如今这个名字比较少见，但在我同事布鲁斯·谢利出生的 20 世纪 40 年代末，这个名字极具人气，直到 70 年代初我弟弟出生几年后，还一直保持在人气榜前 100 名。这就导致了一些无足轻重的奇妙巧合，即最早玩

《文明》的两个人都叫布鲁斯。）

我像大多数青少年一样，对于自己的兴趣爱好非常专注。我虽然兴趣广泛，但不喜欢小孩。他们还太小，传统意义上的手足之情还言之过早，我无法适应任何家长式角色。没有人会把 15 岁的席德·梅尔看作"酷叔叔"。当然，一旦弟弟妹妹成长为有自我个性的人，我们就亲密起来了，但一开始，感觉更像是我父母有了一些奇怪的新爱好。如果母亲要求，我会帮她照顾小家伙们，不过总的来说，我认为这是她的事，而不是我的事。

不过，我确实觉得我的小室友们从远处看起来很有趣，甚至在大学一年级时报名上了一门儿童心理学课程。在同等条件下，我原本宁可再选一门数学课，但我需要象征性选修一些文科课程，而且，我认为布鲁斯和薇姬好歹能让我比其他同学更有优势：我比他们更容易接触到幼儿；若是需要做什么研究，我还有一对被圈养的现成实验对象。

我们的期末论文果然是开放主题，而我早已稳操胜券。指定的阅读材料中有一节是关于幼儿手足在习得语言能力之前会编造出自己的语言。我认为在现实世界中记录这些独特的交流模式是非常有意义的。我是班级里唯一拥有真实实验对象的人，凭借卓越的数据分析能力，我非常确信自己要做的幼儿发育成长研究至矣尽矣，妙绝时人。

于是，趁一次周末回家，我把录音机塞进弟弟妹妹共用的房间，准备记录下他们每天晚上入睡前对彼此说的所有神秘语言。就大学作业而言，这件事没多紧迫，也没多重要。因此，直到几天后，我才终于抽出时间听磁带。

录音里什么语言也没有。事实证明，我的弟弟妹妹没有捏造任何秘密语言，或者说，除了一些咕哝声和鼾声，没有任何语言可言。然而，现在改换论文主题已经太晚了。这篇论文由此成为创造性写作练习，迫使我基于事实凭空编造出一篇令人信服的记述——从长远来看，在我的职业生涯中，这种能力，可能比这门课教给我的所有知识都更有用。

除了薇姬，我还有一位与我同龄的妹妹，但她在我很小的时候就去世了。我们关系很好。我有很多多萝西生病之前的记忆，但是很遗憾，她去世前后那些年的事情，我记不太清了。

我还记得母亲去医院探望妹妹的那些晚上，会留我一个人在家。我记得她每天晚上都会给我 25 美分，让我去街对面买一袋薯片，然后我就看着老情景喜剧《我的母亲是一辆车》[1]等她回来。我记得我只得到了一些含糊其词的回答，但足以让我明白，多萝西短时间内没法跟母亲一起回家了。

我不记得病痛折磨了她多少年，但我记得父母飞到瑞士祖父母家接我前，绕道去了一趟德国，他们去了一家诊所，那里答应提供某种美国医生不愿或不能提供的最终治疗手段。

我记得她脖子一侧长了个大肿块。我记得后来了解到她的病叫霍奇金淋巴瘤，如今这种病多数可以治愈。

我记得我独自走路去上学。

我记得和父亲一起去她的墓地，手里拿着鲜花。我记得，我在几十

1.《我的母亲是一辆车》（*My Mother the Car*），20 世纪 60 年代的一部美国喜剧，一个男人去世的母亲转世为一辆古董车，母子通过汽车收音机交谈。——编注

年后才第一次意识到，我的瑞士之行至少部分是为了让我远离家里发生的事情，而延长逗留时间，可能并不完全是我自己的主意。

这段经历必然对我产生了持久的影响，但我已经成功屏蔽了大部分相关记忆。当然，我父母当时一定更加难过。现在我自己也是一名父亲，我对他们的情感世界有了新的认知——但不知为何，我从未担心过会失去瑞安。

瑞安出生后的第二天，一个巨大的金属物体坠落在我们病房外面，沉沉地撞击地面。我、吉吉和吉吉的父母都被吓得蹦了起来。大厅各处的婴儿放声哭泣，但是瑞安没有。他好奇地抬头看了一眼，然后继续他被打断之前一直在做的那种婴儿眼中的大事。我不知道这是为什么，但在当时似乎意义重大：这是一个男孩终将长成一个男人的征兆。瑞安很平静，很理智，雷打不动，坚如磐石。从那一刻起，我就认定他无坚不摧。

到目前为止，他没有辜负我的期望。大家庭一起度假会过度干扰、刺激婴孩，让他们不安；但七个月大的小瑞安仍然对任何事情都视若等闲，处之泰然。

我一如既往，把计算机带到了马萨努滕，这次还带上了最新版本的《文明》。我知道布鲁斯特别想试试这款游戏原型，就随手拿给家人看。布鲁斯高中阶段的最后三个暑假都在微散文公司担任游戏测试人员，他在为《远征欧陆》《武装直升机》和《海盗！》项目工作时，就住在我们巴尔的摩的空余卧室里。但自从他上了大学，暑假就都在马里兰州过了，可能忙得根本顾不上玩游戏。他早就该找点乐子了。

布鲁斯开始一边玩着游戏，一边就这个或那个功能给出有价值的评价，随后我被叫去了客厅。后来，总算有人问起了他在哪儿。

"哦，"我环顾四周，答道，"我想他还在后头玩《文明》。"

我瞥了一眼手表。已经六个小时了。

在那之前，我也知道这款游戏很特别，但其方式就像知道我所有的游戏都很特别，包括那些在某些方面不尽如人意的游戏。世上没有完美的孩子，但你仍会无条件地爱他们。即使现在——有些游戏被当成我的遗产贴上了标签，有些则几乎被遗忘——每一个游戏在我心中的分量也都是一样的。你不会因为一半的孩子成为名流就不邀请另外一半孩子来过感恩节。

但是，我的弟弟为了一款几乎不能玩的游戏原型消失了大半天，这引起了我的注意。是什么让他坚持玩下去? 是什么给了他动力? 这个游戏还不是很复杂，只是几个简单的系统组合在一起，被抛进了一个空间里，但他显然一遍又一遍，征服又放弃了那些地形，只是重新安排和探索那些相同的基本参数。

我弟弟与《文明》的互动，反映了这款游戏最重要的一个特征——"简单加简单等于复杂"。农业以可预测的速度生产粮食。军事组织打上一回合就能分出胜负。游戏里绝大部分设定甚至没有使用数字，是通过以物易物和等价交换的方式：填满"盾牌"桶，你就能得到另一个长矛手；学习陶器技能的次数足够多，你就能拿它从邻居那里换来青铜器工艺。就像国际象棋一样，每颗棋子的功能都很容易理解，只有当你开始把前前后后每一步棋子都结合在一起观察时，才能体会出其中妙处。

《文明》软盘原件

图片来源：布鲁斯·谢利　转载已获授权

　　这类将简单的步骤集合在一起的做法，与《铁路大亨》的扩张和经济体系一脉相承。而《海盗！》则告诉了我平衡的必要性。车和象哪颗棋子更强？嗯，这取决于棋盘的布局。也许这一轮还是采取外交手段为佳，但在其他情况下，战争才是唯一的出路。因为这是玩家的故事，不是我的，我一仍旧贯，拒绝告知哪个是更优选项。从这个角度考虑，《文明》并不像是天才的灵光乍现之作，而更像是我历经多年构建起来的一套逻辑演进进程。如果没有那些前作奠定基础，我敢说这款游戏根本就不可能问世。

　　布鲁斯·谢利则是另一番情形，他对我们各种项目的爱意不似我那般一视同仁。他说，自他玩上《文明》第一个原型的那一刻起，他就知道这款游戏是独一无二的。他甚至保存了原始磁盘。他这么做的部分原因是，他对没能在制作《铁路大亨》时留下什么作为纪念品感到遗憾；

另一部分原因，用他的话来说就是，他确信《文明》注定是"席德·梅尔的另一部杰作"。我想这也是布鲁斯的意见如此具有建设性的原因之一：他总是比我更擅长预测一款游戏的受欢迎程度。我不觉得我能控制得了公众的反应。因此，无底线地迎合市场是愚蠢的，更别说将自我价值押在这上面了。我不觉得自己有多了不起，至少不像别人有时执意认为的那么形象高大。但如果一款游戏卖得不好，我也不会觉得太糟糕。只要我为自己的工作感到自豪，那就是成功。

无论如何，事实证明，那位与我共同制作这款游戏的勇敢设计师是正确的。当我终于允许名字不叫布鲁斯的人染指这款游戏时，其他游戏开发者也非常兴奋。许多人会在下班后留下来玩这款游戏原型，同事开始随机拜访我的办公室提供反馈。如果玩家能建立商队来改善贸易路线呢？如果污染是在城市发展过程中必须处理的一个因素？如果可以分配一些工作给某些定居者，如税务员、科学家或演艺人员呢？如果建造世界七大奇迹之一会让玩家获得特殊能力呢？如果世界上不止七大奇迹呢？如果引水渠能防火灾，粮仓能防饥荒，城墙能防洪水呢？如果灯塔切实提升了海军行进的速度，但在磁学发展起来后就一下子过时了呢？他们和我简直不能自已，无法自拔。他们玩《文明》的次数越多，想法就越多，每个想法都会带来许多潜在的交互可能性，我忍不住将之添加进游戏里。游戏中的每一个元素都是相互关联的，每一个很酷的新建议都需要经过数日（甚至日以继夜，周末加班）的代码修改才能实现。最后，我不得不关上大门，让布鲁斯帮我守门，这样我才可能完成一些工作。

然而，即便如此，我也不相信整个世界都会如我们一般为之狂热。我的项目每次都不按常理出牌，媒体偶尔会恭维我是"设计师中的设计师"，暗指只有行家才能欣赏我游戏里更深层次的精髓。我不确定这评价是否准确，但它确实点到某些要害：其一，我是一名设计师；其二，我制作的是我自己想玩的游戏。我并不介意行业仍然不看好策略游戏——"冒险"和"行动"等轻松随意、没有威胁性的东西是可以接受的，但所有人都知道，只有怪咖才会喜欢策略游戏。传统观点认为，你可以为硬核玩家量身打造一款产品，如果你压缩开发成本，可能可以盈利，但是策略游戏永远赚不到大钱。我喜欢《文明》，我的同事也喜欢《文明》，但如果这款游戏在其他人看来一塌糊涂，我也不会觉得意外。

　　当然，它并非如此。

　　微散文公司并没有大力营销这款游戏，所以就像我近期的其他游戏，这款游戏一开始也是慢热型选手。讽刺的是，它吸引来的玩家大部分似乎依旧是游戏设计师……其实，是《文明》勾出了每个人内心住着的游戏设计师。游戏发行几周后，第一批粉丝陆续来信，我们一点儿也不习惯他们在信中使用的口吻。

　　"亲爱的席德，"这是从前一封来信的开头，"我玩了你的游戏《席德·梅尔的海盗!》，我认为这款游戏真的很不错。不过，陆地对战部分实在太蠢了。你诚挚的头号粉丝。"

　　不要见怪，每个人都有自己的看法。我们收到的信里，很少有不欲抑先扬绵里藏针的，通常他们很快就会揭人之短。但是《文明》相关的来信就不一样了。

"亲爱的席德，"粉丝们会写道，"我玩了你的游戏《席德·梅尔的文明》，我认为这款游戏真的很不错。我很好奇你选择用青铜器工艺开启阿兹特克文明的原因是什么，明明那个时候的阿兹特克人更以陶器出名。另外，随着城市的发展，贸易商队的移动速度也应该随之提升，如果你能将之设置为自动运行，那就更好了。顺便说一句，我已经想出了一个策略，保证每次都能攻无不克，只用战车就行。工作原理是这样的……"

　　简而言之，我们的游戏口号是"当国王真好"，玩家对此深表赞同。

　　有些信件长达数页，里面还写了电话号码，希望我们能主动与他进行更深入的探讨。许多人要求到微散文公司工作，如此便能够亲自操刀他们想要的改进。我没有气馁，因为这些批评意味着我们让玩家从更深层次上进行了思考，我反而觉得有百利而无一害。他们将游戏视为一种工具，而不是一种体验。其他游戏提供了娱乐，但不知为何，《文明》授予了玩家权力（我还不太确定营造出这种效果的魔法成分都是些什么）。游戏的结果就握于粉丝股掌之间，在他们眼中，幻想和游戏之间已无界限。这一切都属于他们。

　　接下来的几个月既超现实又毫无新意，这款游戏像病毒一样传播开来，或者说"变得非常非常受欢迎"，正如我们那会儿说的那样。我们的游戏赢下第一个重大奖项的那个夜晚，比尔打电话向我表示祝贺，语气里带着雀跃和激动。不过，很快我们就获得了太多奖项，他会攒到下个周一再一股脑儿告知我们最新的获奖信息，或者，如果会议太多，还可能推迟到周二。与此同时，我受到了前所未有的关注，记者一遍又一遍地问着同样的问题，其中大部分问题我都没法用三言两语来回答。我无法用一句话解释清楚，我从哪里得到了这款游戏的灵感，或是这种游戏机制为何如此令人上瘾。我很感激，我很荣幸，我永远不会为自己的幸运而抱怨，但是我还不太习惯。就在四年前，汤姆·克兰西曾告诫我，随名气而来的或有许多隐患。当我独自在五里雾中茫然四顾之时，我竭力把他的忠告牢记在心。

我想我做得还不错。随着时间推移，我越来越清楚该说些什么了，但离我要谈论的体验也越来越远。每天都有发现这款游戏的新粉丝，但对我来说，它正逐渐成为过去，成为我六个月前、一年前、两年前做的那款游戏。我已经把我的一切都倾注到《文明》里，而且说实话，我真的是时候去想些别的事情了。

我为公司的一些项目提供了些许帮助，与其他程序员探讨了他们代码中的问题，也会在被问及最新飞行模拟游戏相关问题时给予建议。我盖章批准了再版发行《海盗! 黄金版》和《铁路大亨 豪华版》。我摆弄着持续收集来的半成品原型。我休息了一段时间。

但是，在大部分时间里，我只是在努力寻找前进的道路，偷偷担心着我这种倦怠的状态会不会永远持续下去。★

★ 解锁成就 ·································

中年危机——哇，我们已经读完半本书了。

13 如果不是巴洛克

《席德·梅尔的 C.P.U. 巴赫》Sid Meier's C.P.U. Bach　　　1994

"席德下一款游戏要做什么?"有史以来第一次,不仅仅是我的老板提出了这个问题,一些同事偶尔也会问及此事,玩家和记者——甚至那些通常不做游戏新闻报道的记者,他们在一年前都没听说过我这个人——都吵着要消息,在没有任何消息的情况下疯狂猜测。有传言是一款以外太空为背景的游戏续作,也有道听途说是一款以南北战争为背景的游戏原型,还有小道消息直接在各种行业名称最后加上"大亨"这个词,这些名字多得够写满一本电话簿。一些关于《文明》的粉丝来信精心为这些传说中的游戏项目出谋划策,另一些来信则恳求我们告知这个秘密。

他们谁也不会比我更想知道这个问题的答案。

被评论家奉为"比毒品更容易上瘾""逼真的演绎效果堪比我们见过的一切模拟游戏",这样的作品,你还能如何超越?在你担心自己江郎才尽之前，还能获得多少次年度最佳游戏奖呢？

不难看出，这样下去我会疯的。我不能画地为牢，总是试图超越上一款游戏，否则我在殚精竭虑直至筋疲力尽后会丧失仅存的最后一丝理智。我意识到，对我来说，仅仅跳脱出策略游戏的范畴还不够。我必须做一些（即使是我自己也）没法拿来与《文明》做比较的事情。

通常情况下，我会从自己的爱好里挖掘灵感，但《铁路大亨》让我知道，即使是一项轻松的消遣，也可能在不经意间化身为一款严肃的游戏。当你只有一个操纵杆的时候，整个世界看起来都像游戏。每一个可能成形的项目背后都隐约可见这种危险的精神拉锯战，最后，我只想到了一个我确信肯定做不成策略游戏的主题。

我打小就对音乐感兴趣，考虑到我还热爱数学，这可能没什么奇怪的。两者在神经学上的联系是有据可查的。纵观历史，许多数学天才至少擅长演奏一种乐器。我不敢自诩数学天才或是艺术大师，但也许可以说，"数学天才"之于"艺术大师"，就像"数学爱好者"之于"地下室乐队键盘手"。不过，我接触钢琴的时间较晚。我的第一件乐器是小提琴。

我父亲除了在木工和绘画方面表现出了艺术才能，还有很强的音乐天赋。我记得他在家里弹过吉他，拉过小提琴，演奏过尤克里里，吹过口琴和直笛。他可能还知道如何演奏其他乐器，只是我们家里碰巧没有。他的孩子会额外学点音乐显然合乎逻辑。但当时我们家没有汽车，所以课外活动必须安排在公共汽车线路上或步行范围之内。我们在底特律市区的联排式住宅周边几个街区的范围内，有超市、药店、肯德基和相机专卖店，但是很不巧，并没有音乐学校。

搬进这个街区几年后，我母亲恰好遇到了一名保加利亚移民，名叫卢本·哈拉德约夫。他在当地一所高中教管弦乐，就住在我们家附近。他私下不怎么收学生，但是母亲说服了他，每周我和多萝西会去他家上一节小提琴课。小提琴也是我父亲会的乐器之一，这多半是巧合，如果哈拉德约夫先生是小号手，我们要学的毫无疑问就是小号了。我们只有五岁和六岁，他的学生中少有这个年纪的，哈拉德约夫先生甚至一度安排我们到高中的正式音乐会上担任表演嘉宾。不幸的是，演奏途中发生了一些意外，我们与高年级孩子的节奏合不上了，这首曲子剩下的部分就是一场灾难。我们再也没有被邀请过。

　　尽管我表现得相当客气，默然接受了这些课程安排，但起初，我对此意兴阑珊。母亲决定让我们接受一些文化熏陶，我知道，就算不是小提琴也会是别的什么。随着时间推移，我逐渐爱上了拉小提琴。在哈拉德约夫先生的学校出丑后，我们暂时没机会上音乐会献演了，但是我和多萝西会为父母和他们的朋友拉二重奏。几年后我加入了一支社区小型管弦乐队。最后，哈拉德约夫先生建议我去参加青年管弦乐团的面试，这是底特律交响乐团主办的项目，旨在培养未来的演奏家。

　　我准备演奏的曲子是约翰·塞巴斯蒂安·巴赫的《D 小调双小提琴协奏曲》，自此我便长久地爱上巴赫。这首作品通常被称作《双小提琴协奏曲》，其精妙程度比我以前演奏过的任何乐曲都更上一层楼。这首曲子的美吸引了我。我会为巴赫的音乐着迷既出乎意料又似乎命中注定。他的音乐里显然暗藏着秘密，而我想要把它弄明白。

　　大约在同一时期，我在家里找到了一本题为《和声》的音乐理论教科书。该书由哈佛大学教授沃尔特·皮斯顿撰写。作者本人还是一位著名的作曲家，虽说我当时不知道这一点。这本书作为一位家族朋友处理掉的收藏品的一部分出现在了书架上。我不确定父亲在抢救下这些书之前是否翻阅过它们。他相信无论什么主题的书，都有其固有的价值。

皮斯顿的《和声》开雾睹天，随着一页又一页解释如何用数学思维理解音乐，我的两个世界合二为一。当然，我很早就明白，节奏相对于整体的音乐而言，只是微不足道的一小部分，但是《和声》告诉我，悦耳的和弦组合就像计算比率一样简单。这些概念都以 18 世纪和 19 世纪作曲家的真实作品为例来说明，其中就包括许多巴赫的作品。看到书中内容与我对巴赫的直觉不谋而合，我心下欢喜。巴赫的和声是所有音乐中最扣人心弦的。

然而，小提琴不是一种以和弦为基础的乐器。用多根琴弦或许可以演奏出两个音的组合，或者从一对音快速过渡到另一串音，但要同时精确地拉出三个音，需要对琴弦施以极大的压力，乐声才会动听，而皮斯顿的许多和弦例子使用了四个乃至更多的音。因此，为了验证一番我正在学习的乐理，我从学校的一个朋友那里买了一架沃立舍电子钢琴。200 美元对一个十几岁的孩子来说不是一笔小钱，但是我倾向于把钱花在刀刃上，就像我买下我的第一台雅达利计算机那样。

接下来的几年里，在《和声》教科书和我既有的小提琴音乐知识的帮助下，我通过自学熟练地掌握了钢琴演奏技巧。我甚至设法把沃立舍电子钢琴装进了我在密歇根大学的宿舍，不过，那里薄薄的墙壁让我无法尽兴弹奏。不久之后，我的学习内容就充满了电路板和穿孔卡片，我的音乐品味也随之明显偏向现代。如同我重视编程一样，我也非常看重借助编程打造娱乐项目。我痴迷于解读巴赫的才华，恰恰是这些知识渐渐引领着我进入了美妙的多声部合成器新世界。

在毕业前几个月，我用沃立舍电子钢琴换了一台宝利穆格电子合成器。从阿巴乐队到忧郁蓝调乐队，都在使用宝利穆格模拟合成器，它配备了音调控制带、三波段均衡器、自激振荡器和适用于键盘不同部分的独立音量控制器。最重要的是，它具备"变化"功能，允许音乐家将其预设的八种声音手动修改成几乎任何可以想象得到的声音。这不仅仅是用来制作优美音乐的一件工具，还是一种创造前所未有的新式音乐的方法。学习这套系统，有朝一日会助力我在雅达利的波基芯片和柯摩多尔64 的 SID 芯片上进行音频编程；不过现在，我将之运用于传统用途——与我的新同事安迪·霍利斯和格兰特·艾拉尼一起搞摇滚乐。

我和地下室乐队混了几个月之后，安迪找到我，邀请我加入他的另一支专业乐队。他们自称"脆弱"（Fragile），为夜总会、婚礼，偶尔还会有成年礼，演奏各种流行的翻唱曲目。他们甚至经常在当地的慈善兄弟会组织"驼鹿会"演出。我带着一张写着《庆祝》和其他大约二十首广播名曲的和弦小抄，继成为专业程序员几个月后，又切切实实成为一名专业音乐家。当然，其中一份活计的收入比另一份要丰厚得多。

乐队解散后，我对音乐的兴趣重新回归到游戏配乐创作上，直到音效设计的活儿从我手中被礼貌地撬走——没错，正如之前所说，我依旧很怀念它。现在，当我茫然无助试图探索出一款不是游戏的游戏时，音乐再次成为我的避风港。

巴赫的作品之所以如此不凡，是因为它们在某种程度上做到了既惊才绝艳，又不卜可知，就像雪花的图案。他经常使用一种叫作"可转位对位法"[1]的方式，音符可以逆转位成一种悦耳的全新音调。他还喜欢"猜谜卡农"[2]游戏，交替写下几行音乐，将其他部分留白，让学生（通常是他自己的孩子）填补出两行音乐之间最适合的曲调。

巴赫甚至在自己的许多作品中隐藏了密码。用音值[3]代替组成他姓氏的字母，构成了总数值14[4]，这个数字以某种形式反复出现在他的作品中，就像这个数字倒过来的41一样，41恰好又是他的姓氏加上名字的两个首字母 J（Johann）和 S（Sebastian）的数值[5]。他的代表作《赋格的艺术》就将他名字字母所代表的音值放进了曲谱里（在德语记谱法中，字母 B 指的是如今的降 B 调[6]，H 则是指还原 B[7]）。巴赫在其著名作品《平均律钢琴曲集》的曲谱顶部，画了一条奇怪的环状花纹。学者们现在认为这是一组编码过的指令，指示如何为钢琴调律以适应弹奏各种调子，为变奏和转调提供新的可能性。

今天，巴赫的天纵之才已被世人认可，但在他去世那会儿，他没能

....

1. 可转位对位法（invertible counterpoint），也被译为"复对位法""可逆对位法"。——译注
2. 巴洛克时期的一种作曲游戏。——译注
3. 又称时值，是乐音的四种物理属性之一，另外三种分别为音高、音强和音色。——译注
4. 巴赫的姓氏 BACH 在字母表中对应的位置顺序，加起来就是 14：2+1+3+8=14。——译注
5. 巴洛克时期，德语 J 和 I 相同，因此 J 的位置顺序为 9，S 的位置顺序也往前一位，为18，J. S. BACH 在字母表中的位置数值加起来就是 9+18+14=41。——译注
6. 即符号♭。——译注
7. 即符号♮。——译注

得到多少尊崇。在生命的最后 27 年里，他在莱比锡的圣托马斯教堂担任唱诗班领唱。那间教堂每周只有几百名教友参加礼拜，他则为这样的仪式创作音乐。他的手写原稿（在当时）有一定的音乐价值，但其价钱不过就是同时代任一教堂唱诗班领唱的均价。非常不幸，他的后人更需要的是钱，而非这些文化遗产。

巴赫的遗孀安娜·玛格达莱娜还需要照料几个年幼的孩子，她将丈夫的一部分音乐作品拿给圣托马斯教堂，换取在唱诗班领唱居所多住六个月。教堂为再版事宜，重新规整誊抄了这些原稿，大多数曲谱得以保存下来，但原稿于他们而言无甚用处，最终他们将这些原稿当成废纸出售，用来包裹鱼和其他市场商品。

另外一部分巴赫的音乐集传到了他已成年的儿子卡尔·菲利普·埃马努埃尔·巴赫（Carl Philipp Emanuel Bach，简称 C. P. E. Bach）手里。他当时已经是小有名气的演奏家了，比其父声名更显。众所周知，C. P. E. 巴赫是腓特烈二世的私人宫廷乐师，其作品得到了不亚于莫扎特、贝多芬和海顿的赞誉。他有足够的经济实力来保护所得到的一切，也有足够的智慧在无人发现父亲这块无名之璞时觉察到父亲的伟大。几乎所有遗赠给 C. P. E. 巴赫的手稿，如今都完好保存在博物馆里。

然而，巴赫最后一叠作品却留给了最声名狼藉的长子。威廉·弗里德曼·巴赫和他的弟弟一样，也是一位才华横溢的音乐家，他教导了许多学生，这些学生后来都凭自身实力成为著名的作曲家。但是他与雇主之间多次起冲突，外加所谓的酗酒问题，使得他永远负债累累，四处漂泊。他变卖继承的一些手稿，又丢失一些，意外损毁一些，再送给学生一些。没人确切知道他抛弃了多少手稿，但巴赫的讣告中提及圣托马斯教堂的五个节期，这意味着，在他的任期内总共有四百首清唱曲。如今只有大约两百首存世。同时，其他记录表明，巴赫尚有一些弥撒曲、协奏曲、赋格曲和其他作品未被发现。

当我知道这段历史的时候，我真的很受打击。巴洛克时期全欧洲最伟大的作曲家，有数百首音乐作品永远地消失了。光是想象一下《勃兰登堡协奏曲·第 7 号》听起来会是什么样子，同时又清楚地知道我们永远无法听到它，就会感到深深的痛苦。

很难解释清楚为何我会觉得巴赫的音乐超凡脱俗。当我聆听他的作品时，我觉得他讲述的不是他的故事，而是人类的故事。他在用一种更通俗的方式分享他生活中的喜怒哀乐，这种语言不需要我理解他的处境。我若是读一本 18 世纪德国的书，也会对书中的历史人物产生一定程度的共鸣，但总有一些被强行翻译的文化、社会以及千百处其他细节是我永远无法真正理解的。巴赫不会受这些困扰，他能直捣黄龙，抓住我们的共同点。他可以跨越三百年，让我这个用指尖敲击键盘来摆弄电磁线路的人，与身处一场传统乡村庆祝活动中的贫穷农民有同样的深刻感受。他把我写进了故事里，就像我想把玩家纳入我的游戏之中，我们一起创作了这个故事。巴赫的音乐完美地诠释了这样一个观点：重要的不是艺术家，而是我们之间的联结。

我不能把巴赫带回来。但我是否可以利用人工智能，生成更多与他的作品一样的音乐呢? 遵循与他相同的规则集合，计算和声、节奏和对位乐句。如果他能创作出一段只有一个正确答案的"猜谜卡农"，那么计算机也能。

诚然，这是个危险的领域。当你提出计算机可以创造艺术，且其作品能与我们人类最好的艺术作品媲美，人们会感觉受到冒犯。他们会认为，这是对人性的削弱，而不是技术的进步。但是，加里·卡斯帕罗夫并没有因为在国际象棋中落败于深蓝计算机★而被开除出人类族群，同样，就算我真的成功用计算机模仿了巴赫的风格，亦无损巴赫作品之美分毫。

此外，我认为时间已经证明，觉得"人类很特别"的那群人根本不足为虑。在过去 25 年里，我们在艺术和技术的融合方面取得了非常多的进展，但仍远未完成。每当我们用技术解决了一个国际象棋这类的问题时，就会再发现三个含糊不清，需仰赖人类解决的问题，比如幽默、爱情或如何用双腿奔跑而不摔倒。所以，我认为根本无须忧虑艺术或者人性会遭到淘汰。事实上，我想说，建造一台能创造艺术的计算机，本身就是一种艺术表达方式。这是参与，而不是狂妄。我的音乐实验是否成功，甚至是否合格，这无关紧要，没什么能比率先尝试的行为更符合人类本性了。

还有，这是我能做出的与《文明》为"正交"[1] 关系的游戏。

★ 解锁成就 ···

华生[2]（Watson）的好朋友——讨论深蓝计算机和夏洛克·福尔摩斯。

·····························

1. 正交（orthogonal），线性代数的概念，可以直观理解为垂直关系，垂直关系夹角最大，在这里引申为"最不具相关性"。——编注

2. Watson 是 IBM 公司采用认知计算系统的商业人工智能，以 IBM 创始人名字命名。深蓝计算机也是 IBM 公司的作品。因此称两者是好朋友，Watson 也与柯南·道尔名作中福尔摩斯的搭档同名，故译为"华生"。——译注

我从赋格开始，因为它是巴赫写出的较为严谨的曲式之一，就像诗歌中的十四行诗。无论由谁来作曲，赋格都遵循着一定的规则。这种曲式给我设定了一个良好的基准，我能借此衡量自己离目标是否越来越接近，首先得像赋格，然后希望能像巴赫的赋格。

我征求了同事杰夫·布里格斯的意见。他是微散文公司为游戏《武士之剑》（*Sword of the Samurai*，"类似《海盗!》，但主角是武士。"）聘请的作曲家，是我们日益壮大的音效部门的第三位成员。不过，他也曾从事桌游设计，参与过许多项目。他为包括《F-15 战鹰 2》在内的多款游戏做过测试和文书工作，并且是《海盗!》和《秘密行动》多个平台移植项目的负责人。他为《铁路大亨》和《秘密行动》等游戏创作过音乐，近期还和我合作制作了《文明》，不但为之作曲，还为布鲁斯创建的参考工具——鸿篇巨制《文明百科》做出过贡献。

虽然我算是读完了沃尔特·皮斯顿的教程，但杰夫或许可以自己写出一版教程来。他帮助我拆解了巴赫音乐里的规律，将之划分为显而易见的规则、暗藏不显的规则和被打破的规则。我们探讨了是什么让巴赫的音乐在风格上独树一帜，区别于其他作曲家。杰夫试图说服我，其他作曲家的作品也各有千秋，他们可能也有不逊色于巴赫的才华，而我不愿赞同这种观点。也许事实确实如此，我想，但我对别人的音乐不感兴趣。

杰夫还帮助我申请了游戏算法的专利，当律师们完成申请时，这项专利已经长达 1.2 万字。利用计算机生成音乐的想法当然并不新鲜：我们的专利参考了 15 项类似的权利要求声明，以及最早可以追溯到 1956

年的若干技术图书；后续又有 117 项专利主张提及我们的专利，最近的一次是 2016 年，来自雅马哈公司的申请。但我们做这件事的方式太过与众不同，所以我们觉得这可能是一件值得纪念的好事。我们附上了一份三页的详细流程图以说明程序的逻辑树，并概述了主要的录用规则，比如"超过五度的跳进后总是要退回一个音级"和"如果起头的音符是十六分音符，那么一个音级之后不能跟上同向跳进"。我还编写了统计倾向性[1]的程序，尽量减少不协和音的出现，但这并不会完全杜绝不协和音，换言之，这是在制定"在何时以何种方式打破规则"的规则，就像巴赫作曲时那样。

我把我的作品命名为《C.P.U. 巴赫》，这是他最有担当的一个儿子和计算机中央处理器两个名字的合成词。这些旋律可能不是有感而发或出自命理学的推演，但足以糊弄外行。就连康奈尔大学的一位音乐教授也承认，至少在某些时候，这些音乐"出乎意料地唬人"。微散文公司同意发行这款游戏，但我不完全确定缘由。我想主要是因为我刚刚凭借《文明》为他们大赚了一笔，为自己赢得了一张免试通行证。而且，他们之前也没想到《文明》会大获成功，所以谁知道呢？也许我又要证明他们都错了。

可惜，我错了。

主题晦涩以及欠缺互动性肯定是《C.P.U. 巴赫》商业上一败涂地的原因，但并不是唯一的原因。另一个主要缺陷是我们选择发布这款游戏

---

1. 乐理中的倾向指音阶与音阶之间的关系的属性，衡量了一个音向另一个音的倾向程度、和谐程度。——译注

的主机平台——一款名叫 3DO 的新机器。

在很大程度上，3DO 只是走在了时代的前面。20 世纪 90 年代初，世纪之交将近，所有人都觉得一旦进入新世纪，就会生活在一个如同科幻小说一般的天堂。受此推动，技术乐观主义盛行。像虚拟现实和互联网连接这样的东西才刚刚起步，但广告和新闻报道已经向我们保证，这些技术随时都会侵入我们生活的方方面面。从前就知道有些事情终究会来，但没想到来得这么快、这么突然。每个人都认为，一个综合性的媒体中心是最重要的创新。音乐、电影、游戏、电话等等，都将来自同一个通用的盒子。如果你相信广告的话，那么这个盒子还有一个"螺旋桨"功能，每个人都可以用这个功能将头发向后吹。

艺电的创始人特里普·霍金斯是"多功能一体机"的铁杆拥趸，这个梦想不是要实现"多功能的"，而是要打造出"一体机"。当公司董事会就进入硬件市场一事犹豫不决之时，他辞职独自追求这个梦想。据称，他为机器起的名字 3DO 涵盖了念起来押韵的三大新媒体：音频（audio）、视频（video）和三维数字化功能（3D-o）。它将满足你所有的需求，取代你所有的设备，图像效果比你的个人计算机更优越，拥有的扬声器比你的立体声音响更好。3DO 甚至不能读取普通的软盘，只有只读存储光盘（CD-ROM）。这样的设计迫使开发人员要么充分利用其电影性能，要么浪费 99% 的磁盘空间。

3DO 主机与《C.P.U. 巴赫》殊途同归，定价高昂、制造质量不稳定和缺乏游戏开发商的支持等多方面的因素，最终导致其在市场上折戟沉沙。如果没有游戏，即使是世界上最好的游戏主机，也没有任何存在的意义。但所有这些都是事后诸葛亮，而且，截至 1993 年，一点儿不好的苗头都还没有。所有人都觉得 3DO 的影响力无与伦比，一位股票分析师对《纽约时报》表示，3DO 是"生死局"，要么赢者通吃，成为业界有史以来最叫座的游戏机；要么满盘皆输，成为业界有史以来最大规模的滑铁卢。

我一如既往，试图在做出决定时尽量不受金钱因素影响，只考虑提供给玩家最好的作品。《C.P.U. 巴赫》是一款音乐生成器，找一家音频输出质量不达标的平台发布这款游戏是毫无意义的，不幸的是，绝大多数消费者的个人计算机都是这样的平台。高质量的音频卡确实存在，但并不常见，我不希望人们用 8 位单声道听我们的音乐，然后认为这是我们所能呈现的最佳效果。

所有的证据都显示，3DO 是我们这类以媒体为中心的艺术项目的最优选择，遑论铺天盖地的市场营销广告。此外，3DO 还自带了一个算法，可以随着节拍生成丰富多彩的抽象视觉效果，以防用户看腻了我们的动画版小巴赫准确无误地弹奏羽管键琴。我的朋友诺亚·法尔斯坦当时任职于 3DO 公司，可怜兮兮地承认是他和特里普·霍金斯"说服"了我在他们的平台上发布游戏。不过，我不记得有谁对我强买强卖。我选择了 3DO，因为它似乎是这款游戏的最佳运行平台。而且据我所知，就算《C.P.U. 巴赫》找另外的平台发行，销量也不会有很大差异。我唯一感到遗憾的是，因为实体主机 3DO 如今已是失落的遗迹，这款游戏基本上没法再玩了。

但我家里仍有一台 3DO。

14 有关续作 ————————————————

▼

　　《文明》也许让我力倦神疲了好些年，但是这栋楼里的其他设计师正摩拳擦掌，想要大干一场。我们已经为策略游戏打开了局面，还有很多点子没来得及想出办法整合到我们的游戏里。一位名叫布赖恩·雷诺兹的年轻设计师就想出了其中最好的一批点子。他受雇于一个名为《雷克斯星云和宇宙性别扭变机》(*Rex Nebular and the Cosmic Gender Bender*) 的奇怪项目，这款游戏显然是微散文公司为应对"花花公子拉瑞"(*Leisure Suit Larry*) 系列成人喜剧冒险游戏而推出的。虽然我没有亲自参与这个项目的开发，但是一顶顶来自这款游戏的红色棒球帽花哨艳丽地散落在办公室各处。20 世纪 90 年代早期不像今天有闪存盘、解压玩具、旅行杯和可重复使用的购物袋等琳琅满目的促销品，那时候的促销品几乎都是服饰。当项目进入最后测试阶段时，我们会穿戴它们祈求好运。我不知道为何这种来自过去时代的营销宣传品会被视为幸运之物，也许与这样的想法有关：如果我们发行了那个游戏，那么我们啥东西都能发行。

布赖恩的心思在策略游戏类型上，他既然迈出了第一步，自然渴望继续证明这一点。这对所有人来说都是一桩幸事。在没人要求的情况下，他创作了一款名为《殖民帝国》（*Colonization*）的游戏原型，他向执行团队推介道，这款游戏是更小范围、更加深刻版本的《文明》。游戏背景设定在 1492 年欧洲人发现美洲的时期，游戏的重点不在于扩张，而是落脚于玩家所在社会中的资源收集，主要通过那个时代的经济难题来测试其稳健性。例如，任何殖民者都可以种植烟草，但烟草种植大师能以两倍的速度种植烟草，尤其是当和你的殖民地相接的草原适合作物生长时。同时，另一个独立的殖民者可能会接受培训，将烟草加工成可出口的雪茄，而一个专业农民可以种植出足以养活他们三个人的烟草来。一旦玩家的殖民地发展出足够的人口并确立对其他殖民者的优势地位，就会上演另一场美国独立战争，玩家可以反叛最初选择效忠的任何一国国王，确保自己领地的独立性，以此宣告游戏结束。

至少在某种程度上，公司的这些人已经意识到了之前的误判，他们愿意支持一款可能延续《文明》近期销量神话的策略游戏。我想，大家都希望我能够帮助布赖恩完成他刚刚起步的项目，如果发现他贪多嚼不烂，搞不定这么大一个项目的话，甚至直接接手这个项目。但是布赖恩不需要我的帮助。这对他来说很幸运，因为无论是否有人知晓此事，他此举都冒着巨大的风险。我刚制作完《文明》，并不打算这么快就编写另

微散文公司商品广告　1987 年
微散文公司　WWW.MICROPROSE.COM.

装在你身体上的软件
T 恤只要 8.95 美元
　　你现在可以在我们的高质量、100% 纯棉 T 恤衫系列中看到我们最畅销的游戏《F-15 战鹰》、《海军潜艇部队》和《武装直升机》里的那些艺术作品。每件 T 恤的正面都有彩色图案设计，背面为纯白色。请按照游戏名和成人尺寸订购。
100% 棉
　　可选小、中、大、特大号。
　　微散文公司出品

一款策略游戏。我只在项目早期给予了他一些指导，大部分都是"这样你就能自己解决这个问题"之类的话，又在项目收尾时帮他调整了一些最后的细节，但在这 18 个月里，我一门心思扑在巴赫上。

实际上，《殖民帝国》和《C.P.U. 巴赫》是在同一时间发行的。不过，一位名叫凯里·威尔金森的程序员在最后几个月接管了我的游戏，他负责将这款游戏已完成的适用个人计算机的代码转换成适配 3DO 主机的代码。这两款游戏都要在当年的国际消费电子展上展出，但是，当布赖恩的游戏已经进入最后的几乎无错误阶段时，《C.P.U. 巴赫》的代码转换工作还是个非此即彼的问题：要么完成了，要么没有完成。展出当天，这项工作仍未完成。因此我们展示了一台 3DO 主机，但在主机下的柜子里藏了一台个人计算机，用来实际运行这款游戏。如果有人问，我们会实话实说，但我们希望不会有太多人问起。

即使是我开始为《殖民帝国》的结局提供更加具体的指导时，我也极力避免改变布赖恩所创造的游戏精神。例如，我想建议布赖恩将城市的半径减半，如此便能进一步突出布赖恩开发的职业专业化机制，我们直到最后一刻才完成此事，就像我们在《文明》里对世界地图做的改动。但是我并不反对美国独立战争式的游戏结局，尽管这是一个事关胜负的宏大命题，很可能让玩家数小时过关斩将的游戏过程化为乌有。一般来说，我不会顶着赶客的风险把事情做到这种地步。然而，从历史的角度来看，这么做是对的，布赖恩认为这是一场酣畅淋漓的首领之战，而非在最后一刻挂羊头卖狗肉的做法，因此我顺应了他的想法。好游戏可不是由委员会做出来的。

我对游戏的影响力到底有多大，这个问题让我们走到了一处十字路口。无论是对微散文公司还是我未来的职业生涯而言，这都很关键。我不确定他们是一开始就计划好了，还是一直拖到我在这个项目上花费的时间超过了某个假定的门槛才做出的决定。从某个时候起，市场营销方面开始流传出《席德·梅尔的殖民帝国》这个标题。

说实话，我的名字已经出现在了一款我并没有做出什么贡献的游戏包装盒上了，也就是《铁路大亨 豪华版》。但一方面，那版游戏只是对我的原始代码进行表面升级，不存在什么被抹杀贡献的新晋设计师；另一方面，《殖民帝国》并不是《文明 豪华版》。《殖民帝国》是一个独一无二的世界，从我这里只获得了少许零散的灵感，而且我确信每一行代码都是布赖恩写的。是的，我在项目过程中提出了一些建议，但是否接受这些建议取决于布赖恩。《殖民帝国》不是席德·梅尔的游戏作品。

然而，从市场营销的角度来看，这些都不重要。我的名字在历经五款原创游戏和一款重制版游戏后，不知不觉成为一个品牌。我的整套游戏制作原则就是，玩家应该是明星，设计师不应该获得太多关注，然而我却是那个一直出现在包装盒上的家伙。我应该澄清一下，没有人出于恶意占我便宜——营销团队纯粹是出于功利目的。我不能否认，更高的销量意味着一家更强大的公司，我仍然关心这家公司，即使确切来说，它已经不再是我的公司了。

归根结底，决定权在我手中。他们本身没有征求我的意见，但我本可以坚决反对这种做法。我联系了布赖恩，想了解他对此的感受，出乎我的意料，他强烈支持把我的名字写到包装盒上。毕竟，这是他作为首席设计师的第一个重大项目，无论包装上写了什么，如果游戏卖得不好，他可能就没有机会再做下一个项目了。布赖恩和我一样，不太看重虚名，他只想选择一条阻力最小的道路，把他的想法变成现实。

他指出，我已经帮了他很多。他来我办公室问问题的次数已经多到我俩都记不清。我不得不承认，这款游戏没有什么需要我改动的地方——虽然其结局可能不符合我的个人品位，但却是一个合理的设计选择，而且布赖恩完美地做出了这个结局。《殖民帝国》是一款伟大的产品，这款作品在制作时，遵循了换作是我也一样会遵循的一切规则。

所以我妥协了。"席德·梅尔的"现在意味着"经席德·梅尔指导和批准"，而不是"席德·梅尔亲自编写代码"。我想我内心深处其实早就知道这是不可避免的。如今，我看过了足够多的促销决策，已经知道只要你放任姑息，他们必然得寸进尺。到这个时候才否决这个提法，意味着公然否决布赖恩的工作，这么做是不对的，也不公平。这种做法对他有利，对公司有利，对我有利，可以说对消费者也有利，他们在《文明》大获成功后遭遇了各类策略游戏跟风之作的狂轰滥炸，理应得到一些内容质量方面的保障。

但我也知道，是时候在我的心里划出一条红线了，对未来我能接受什么，不能接受什么，我要做出强硬的表态。首先，我永远不会把我的名字放到我不认可的东西上；其次，如果首席设计师不希望我这样做，我绝不会在游戏上署名；最后，我的名字也绝不会让他们搞价高者得那一套。我希望我永远不必与这个问题做斗争，但是我下定决心，若有一天真的陷入如此境地，那我必然砥锋挺锷。

媒体也注意到了冠名问题，但只有少数对此持批评态度。有人认为，既然我开辟了一种新的游戏类型，那这种类型的游戏就应该以我的名字冠名，就像我发现了一个物种或一种新的疾病似的（一些沉迷于

《文明》的玩家认为这样的类比非常贴切）。好在游戏作家艾伦·埃姆里克很快就为这一类型的游戏起了一个影响更加深远持久的名字"4X"，代表探索（exploration）、扩张（expansion）、开发（exploitation）和消灭（extermination）这四个主要目标。我的名字万一成为所有策略游戏的通用代名词，我都不知道该怎么办了，我很感激艾伦躬身入局。不仅是因为这个名称巧妙简洁地总结了策略游戏的基本元素，还因为我是一名来自磁盘空间有限的那个年代的程序员，忍不住欣赏可以缩短为两个字符的描述词。

在《殖民帝国》开发完成（也就是最终产品得到认可，并在最后版本的副本上盖章以供分销发行）的第二天，布赖恩就登上了飞往英格兰的飞机。他的妻子获得了约克郡的富布赖特奖学金，学期一开学就出国求学了，而他却被这款游戏的最终测试和审批程序绊住了脚，困在美国好几个月。据我所知，《殖民帝国》开发完成那天正好也是他的生日，所以是双喜临门。现在他自由了，他只恨自己收拾行李的速度还不够快。

我们庆幸布赖恩的休假只是暂时的，他也庆幸我们有一个项目可以让他在接下来的九个月里相对不受打扰地独立作业。如果你年龄足够大，你可能会记得，在 1994 年，你必须通过 CompuServe[1] 或 Prodigy（神童）[2] 这样的供应商购买一个账户，才能访问他们操持的"计算机信息

----

1. CompuServe 是首家互联网服务提供商，最早向个人计算机用户提供电子邮件及在线聊天室服务，GIF 格式也是该公司开发的。——编注
2. Prodigy 是 20 世纪 90 年代主要的互联网服务提供商之一，率先尝试了内容门户的形式，通过提供新闻、天气、聊天室、购物等内容，获得广告收入和产品销售分成。——编注

服务"，即互联网。如果你年龄没那么大，就想象一下那种恐怖的场景吧！《大众科学》杂志的一则广告罗列了 CompuServe 会员享有的众多诱人服务，比如每月六十封电子邮件，以及能够与"两倍多的人"谈论平行宇宙，在"永远够用"的标题之下，所有这些项目被囊括在无所不包的服务之中。

如果布赖恩跨越大西洋直连我们的办公室，就要支付按分钟计费的国际电话费了。因此，他的计划是，先以一个本地号码拨入我们的英国办公室，再通过英国办公室的公司网络，用电子邮件发送游戏的更新版本。虽然附件有大小限制，但是话又说回来，最后的游戏成品也有大小限制。英国硬件市场上的计算机机型与美国不大相同，所以微散文公司还斥资为布赖恩购入一台最先进的"便携式"康柏计算机，由他个人携带到海外使用。它的大小和重量大约相当于一个装满砖头的公文包，他向海关申报价格所用的收据显示，此物零售价为 8 700 美元，按今天的价值超过 14 000 美元。

当然，这个游戏项目就是《文明 2》。管理层再度认为我会参与其中，有一小段时间我确实也参与了。当布赖恩埋头更新游戏主体时，我制作了一款新的战斗系统原型，即在冲突期间将玩家角色单独置于一块细节详尽的战场界面里，一旦决出输赢，就让他们返回主世界地图界面。但我对结果并不满意，几个月后我给布赖恩发电子邮件，告知他不会采用这套新系统，他应该继续沿用当前的战斗系统。我认为这对该系列游戏而言是正确之举，绝不仅仅是因为我还没度过倦怠期。成为国王是《文明》的核心，而扮演一位卑微的将军会让玩家置身于一个完全不同的故事中（更不必说这种做法违背了"《秘密行动》规则"）。设计一款优秀的游戏，有趣的选择很多，只简略展示输赢结果的战斗系统并不是唯一选择，但这却是《文明》唯一的选择。

不过，布赖恩肯定改变了很多东西。说实话，我没有一直密切关注，或者说，根本就没有留意他每周从英国发送回来的作品。由于已经有了《殖民帝国》的经验，我比以前更信任布赖恩，认为这些尚未完工的交付版本主要是为了方便美术和音效人员开工。但我知道，他一回来就会问我的意见，所以我赶在他回来之前，坐了下来，点开这款游戏的最新版本。

我最先注意到的，就是他增加了第六个难度等级"神"，以及调整野蛮部落侵略性的功能。很好。然后，我被赋予了选择性别的权利。我在心里记下，以后要多注意个性化的文字和图形。

是时候选择我的部落了，哇，有 21 个选项。《文明》的最初版本最多也就提供了 14 个选项。由于技术进步，从编程的角度来看，添加这些选项已经不再困难，但是布赖恩为此花费了一些时间研究相关历史。我非常佩服。

还多了一个对话框来选择我的城市的美学风格，然后，终于进入了主界面。

我心下一沉。这肯定是个玩笑。

《文明 2》创建在名为 Windows 3.1 的高档全新操作系统上，该系统在每个程序的顶部都保留了一个永久的菜单选项。游戏、王国、视图、命令——这些都很有意义。但是倒数第二个单词是"作弊"。

现如今，作弊已经是游戏固有的组成部分了吗？还是在主界面上？这可不太好。首先，修改规则不再被视为作弊，反而成了一种可以接受的新玩法。但是游戏进度越快，玩法越简单，就越不能算作游戏。就像讲故事一样，游戏的过程很重要，如果你在主动寻找跳到最后的办法，那就意味着我们构建的幻想世界还不够吸引人。一本扣人心弦的小说绝不会以一张标记着"最后一页在这里，万一你现在就想读"的插页开篇。那些想要作弊的玩家会本能地想办法作弊，我们不该助长这种苗头。

事实上，我们的工作就是不让他们得逞。大部分漏洞修复工作都不是针对不完善的代码，而是为了堵住玩家不愿意忽略的设计漏洞。在发现有人可以纵横交错地排列一个个小城市，覆盖整片土地以抵消道路交通和农业灌溉的成本之后，我就为《文明》发布了首个修订版本。你也可以选择正确的玩法，但是诱惑就在那里，而玩家的怨言清楚地表明，希望我们保护他们免受作弊戕害。因而我们引入了腐败概念，这个概念通过给每座城市组织一批新的地方政客来加深人民的苦难，如此便有利于引导玩家减少城市数量。正常的游戏设定基本上没有受到影响，但是现在，滥建城市的策略导致民众非常不满，以至于他们几乎懒得为自己种植粮食。不久之后，玩家发现了一种更复杂的游戏破解方法，这一次涉及蒙古人和战车。《文明》不得不推出第二个修订版本。在这种情况下，原来那些作弊者需要在公告栏里写上一页半来解释这种策略，他们的创造力和决心可见一斑。因此，我们没必要亲手把饭喂到他们嘴边。★

★ 解锁成就 ···

这若是推特，就太长了——阅读完24万个字符。

席德·梅尔的回忆录！

但是布赖恩依然故我，不动声色，无视我的建议。《文明2》配了一份作弊菜单。玩家可以直接从敌方国库偷钱，只需点击一下就能消灭各种文明，重塑他们脚下的土地，等等。这本身并没有破坏核心游戏的任何内容，我只是觉得这是自掘坟墓，葬送了玩家再次玩这款游戏的兴致。玩家一旦得到万无一失的必胜之法，就没有理由再尝试这款游戏了。就我个人而言，我可以选择忽略面前的作弊选项以提升游戏体验，但我不确定玩家是否也能做到这一点。我们之所以是设计师是有原因的。

几年后，我碰巧站在儿子瑞安身后，看到他兴高采烈，组建了一支坦克大军，冲进中世纪去压制几名长枪兵。我意识到，作弊可能还是颇有几分乐趣，尤其在可以无脑爽玩的时候。我仍然希望作弊选项能隐藏到菜单下面两到三层，就为了让玩家玩游戏时更努力些，但我终究还是看到了其中的吸引力。

另一件我不得不承认的事是，作弊功能直接激活了《文明2》最重要的部分，即修改（或者"模改"）功能。游戏行业发展初期，我们游戏的内部结构是完全开放的，任何人都可以在磁盘上鼓捣着玩。程序一般都很小，杂志经常会刊登几页代码供读者手工复制到自己的计算机里。不过，最终，编译的程序语言会将各个行的命令进行绑定，使得用户无法访问，知识渊博的黑客或许可以从中切割掉某些代码块，例如事后复制保护程序。但是现在，游戏内容受到了保护——玩家无法进入游戏改变地图，或者用自己的照片替换主角形象。

但是像 C 和 C++ 这样的现代计算机语言，可以实现程序从编译代码之外的文本文件中提取运行中的游戏数据。从本质上讲，这意味着即使是在程序完成之后，你也可以将某些数值设置为非固定的形式。很少有设计师觉得有必要这么做，但是当布赖恩初次上手制作《殖民帝国》时，他就决定将许多主要参数开放给有经验的玩家。削弱你的敌人，降低建筑成本，迫使国王与你进行有利的交易——所有这些，只需打开一个简单易懂的文本文件，简单敲击几下键盘即可实现。

现在回想起来，布赖恩那些可编辑文本文件，显然是他那个作弊菜单有迹可循的哲学先驱，但当时它们只是埋藏在《殖民帝国》磁盘深处的一个小后门，而非一块树立在游戏界面闪烁的电子广告牌。现在，《文明2》公然把作弊选项摆到明面上，布赖恩还进一步解锁了后台，让玩家能够改变图像，替换音效，修改规则，基本上，可以用我们的代码框架创作出一款全新的游戏。

我不认为这是个好主意。就像我之前说的，我们创作的游戏非常棒，我也很乐意将自己的名字印在上面，布赖恩也再次对此表示支持。但这种将一切都交给玩家的想法实在太令人费解。我想，玩家可能会把游戏搞得一团糟，然后把他们毫无灵气的创作怪到我们头上；要是碰巧他们在这方面真的很擅长，那我们的所作所为又是在给自己掘墓。无论哪种情况，我都知道，要是想确保《文明》永远看不到第三部，那允许模改是个好办法。

我错了。彻头彻尾地错了。相反，模改爱好者社群是这个系列得以生存的重要原因。从第一封粉丝来信开始，我们的用户就一直吵着要修改游戏，但我的保护意识很强——不是为了保护游戏，而是为了保护他们，担心他们会破坏自己的游戏体验。他们的故事很重要，而唯一能保障这一点的方法，就是让游戏场景也显得重要且真实。

我当时没有明白一点——想象力永远不会减损现实感，它只会强化现实感。就像幻想可以引发你在现实世界里的新可能一样，让粉丝和我们一起玩沙盒，只会让他们更加靠近那个由我们创造的宇宙，那个让他们幻想成真的世界。每一处改动，从最细微的人工智能调整，到最狂野的喜剧戏仿，都不会让《文明》黯然失色，而是维持了《文明》鲜活的特色。我以为他们要拆掉房子，但事实上，他们只是在改造房屋。因为他们喜欢这个街区，想要留下来。幸运的是，布赖恩拥有赠予建筑材料的智慧。

若只说粉丝们充分发掘了这一功能，未免太轻描淡写。在游戏发行几周之内，网上就开始出现《文明2》惊世骇俗的创意模组了。最简单的模组就只是改动一些表面的东西：添加我们遗漏的领袖，或是根据喜好重新命名军事组织和建筑物。更复杂的模组包括一组进度数据，可以让玩家像是玩已经保存过进度的游戏一样，半路杀到一个复杂的场景里。其中一些描绘了真实世界发生的冲突，如《征服不列颠》（"The Conquest of Britain"）和《海湾战争》（"Persian Gulf War"），精确地展现了历史上财富、人口和军事火力的分布情况；还有一些作品则异想天开，比如《性别之战》（"Battle of the Sexes"），将繁华富饶、经济发达的"女性"（Womyn）文明与武器过剩、好勇斗狠的"男性"（Manly Men）大陆对立起来，以及《圣诞老人来了》（"Santa Is Coming"），玩家在以玩具为基础的经济对抗中打倒敌对的精灵作坊。其中一些作品焕发的艺术性简直无法将之视为《文明》的模改之作。这些由粉丝创建的最佳场景脚本，最终与我们自己的内部脚本在《文明2》的官方扩充版里一起发布。一些创作者甚至凭借他们的模组作品集在业界找到了工作。

模组社群中的其他一些人采用了更加实验性的方法，并不追求创意，而是将游戏推向其技术所能达到的极限。当时很流行的做法是，设置超大地图，让玩家的计算机能够跟踪到尽可能多的文明，或者将它们全部塞进尽可能小的地图中，然后坐视局面乱成一团。这最终形成了一款《大逃杀》（"Battle Royale"）模组，里面同时出现了 61 个文明，这些文明的诞生之地在游戏里精确再现了其在现实中世界地图上的真实位置。可惜，该场景在几百个回合后会不断崩溃，因而无法决出最终的赢家。但是这勾起了其他爱好者的兴趣，他们主动编写自动化脚本和效率工具，以便进行可能的重新制作，这个团队时至今日仍然在为之努力。

与此同时，一名年轻人仅靠沉迷于游戏忽略了时间之举就登上了头条新闻。一般玩上一轮《文明2》游戏需要大约 10 个小时，如果运用大量外交策略，时间也许会达到 15 个小时。有经验的玩家有时可以在 20 世纪初吞并每一个竞争国家，但通常情况下，游戏进入现代之后，形势错综复杂，会在民主制超级大国之间形成制衡，陷入僵局。当这种情况发生时，玩家的成绩会被计算出来，到公元 2050 年，谁的分数最高，谁就能头戴冠冕。

不过，就像《海盗!》一样，这款游戏其实不会真的强迫你退出。无论是否在分数上取得胜利，只要棋盘上尚留对手，玩家就可以继续战斗下去。这种固执通常会让玩家铩羽而归，因为在一个以缔结和平条约为主流的世界中，宣战只会沦为众矢之的。但是，14 岁的詹姆斯·摩尔由于某些原因，启动了一轮特别的游戏，游戏中的世界从未逃脱剑拔弩张的核威胁时代。而维京人、美国人和詹姆斯自己的凯尔特文明，不知为何在完美的进攻性均势下崛起了，不断地互相投掷弹头攻击对方，却从未失去或获得实质性的领土。

多年来，詹姆斯受其他游戏吸引，又很快会玩腻这些游戏。但对自己无意间发现的这款奇怪的小乌托邦式游戏，詹姆斯深深着迷。当游戏宣布他成为名义上的赢家后，他将这款模拟游戏继续运行了很久。从他高中毕业，就读大学，大学辍学，到找到工作，找到更好的工作，又最终回到大学，詹姆斯将他保存的游戏文件从一个城市搬到另一个城市，从一台计算机转移到另一台计算机。他每个星期都会耗费几个小时来照料他的后末日世界。即使长达几个世纪的武装冲突杀死了90% 的人口，核辐射融化了二十多次极地冰盖，他仍然希望找到一个解决方案。（我们将这种情况编写成一个有抽象结果的程序，只要全球变暖达到一定程度，就会触发。没想到这会被触发不止一次。经过 1 700 年不间断的热核轰炸，詹姆斯的世界里不断上升的海平面将除了最高的山区以外的其他地区都覆盖上了一层沼泽。）

也许因为《文明 2》是他家买得起的第一款计算机游戏，或者因为反乌托邦的概念对我们每个人都有类似吸引力，他对这款游戏非常有感情。也许，《文明》之所以如此引人注目，是因为它揭示了我们对自己最深层的恐惧——在体验自己主宰世界的幻想过程中，总会不时地怀疑自己是否真的是那个最合适的领袖人选。

詹姆斯哀叹道："每次签署停火协议后，下一回合维京人就会偷袭我方文明或美国人……大约一千年前，由于威胁到了我的帝国统治，我被迫废除民主制度。"在这款游戏中，向平民引爆核弹通常是必败之路，因为其他国家会立即向你方宣战。"但你早已是众矢之的了，"他指出，"所以这一点对任何人都没有威慑力。包括我在内，都不会受此掣肘。"

2012年，詹姆斯公开了这场玩了10年之久的游戏，他将其昵称为"永恒的战争"，并在玩家社群寻求帮助。

"军事僵局无法可破，难以动摇，"詹姆斯警告他们，"你想要建造一处粮仓，以饱口腹？抱歉，我得再造一辆坦克。也许下次吧。"詹姆斯仍想着要取胜，但是他也厌倦了虚拟世界的苦难。"我想重建这个世界，"他说道，"但我不知道怎么做。"

詹姆斯将他当前保存文件的副本发布在网上，以便其他人进行尝试。出乎他的意料，这条消息一下子就传开了。他收到了成千上万封玩家回信，有些是提供建议，不过，许多人只是为游戏洞悉人性的推演表示惊叹。他们说，这与乔治·奥威尔的《1984》★ 存在诸多不容忽视的相似之处。人类注定会灭亡，《文明》已经证明了这一点。

由于整件事引发的关注，一位记者联系到我，想要就此事进行采

★ 解锁成就 ···

反乌托邦晚宴 —— 与奥森·斯科特·卡德、奥尔德斯·赫胥黎、罗伯特·海因莱因以及乔治·奥威尔一起出去玩。

访，我迅速澄清了游戏中"隐藏着某种社会评论"的误解。

我很肯定地对他们表示："我们不可能为此进行测试。绝大多数游戏都不会玩出这样的结果，这种完美平衡的战争状态就像一枚抛掷出的硬币，落下时正好立了起来。这非常惊人，但并非完全不可能，当然也不表明其间有什么更深层次的意义。"这场游戏只反映出一件事——詹姆斯一定玩得很开心，只要他愿意认输，他随时都可以终结战争。若是在现实世界里，早在极地冰盖再次融化之前，詹姆斯就会被暗杀或是寿终正寝。

虽然詹姆斯是自然而然地玩出这个结果的，但是他的游戏数据一经发布，就如同一款场景功能完备的模组。他创作了一个非常令人不快，但却很引人入胜的故事，且能够与成千上万人分享这段经历，因为他们都在努力寻找一条摆脱困境的道路。一位玩家最终想出了一条策略，在"仅仅"58 个回合内就击败了维京人，但是大多数人并没有兴趣按照他的指示行事。他们想以自己的方式赢得胜利，创作自己起死回生的戏剧性故事。

在詹姆斯以及其他所有爱好者制作并相互分享的模组之中，《文明》社群比一些算法的偶然所得揭示了更多人性。当有机会一次性解决所有困难时，大多数玩家反而选择为自己创造出无穷无尽、巧妙的新挑战，然后团结在一起互相鼓劲。他们比我最初认为的要厉害——我错了，但我从未这么庆幸自己错了。因为，那个时候的我们都还不知道，我们粉丝群体的力量和忠诚度即将受到前所未有的考验。

15 散场

▼

《万智牌》不仅仅是一款游戏，而且是影响一代人的现象级作品。就像《我的世界》影响了这一代人一样。设计师理查德·加菲尔德在1993年发行了他原创的纸牌游戏，远远早于《口袋妖怪》(*Pokémon*)、《游戏王》(*Yu-Gi-Oh!*) 及其后数百款纸牌游戏。这是第一款纸牌交易游戏，可以像棒球卡片一样以收藏包的形式购买，又能像金拉米[1]纸牌游戏或者打仗一样进行面对面交锋。

时值微散文公司与威世智（Wizards of the Coast）公司商谈要开发一个数字版本的《万智牌》，公司休息室里一时间都是玩《万智牌》的，几乎看不到其他桌面游戏。因为我把大部分时间花在测试我已经在设计

---

1. 金拉米（Gin Rummy），一种至少双人同玩的纸牌游戏，在 20 世纪 40 年代的美国风靡一时。——译注

的游戏上了，所以我还没怎么玩过《万智牌》。不过，我旁观多次别人玩它，知道这款游戏的规则很复杂，制胜之法并不总是那么显然。开发一套能够挑战认真玩家的人工智能程序将会非常有趣，而且，如今我已将《C.P.U. 巴赫》抛诸脑后，这套程序很可能为我回归更像游戏的游戏奠定牢固的基础。放纵自己脱离纯粹的策略游戏是值得的，而且我仍然在享受这种放纵。但我猜，我会同意接手这个项目，是因为办公室里的几个狂热粉丝也说服了管理层，制作一款《万智牌》计算机游戏会是个好主意。

基本上，这算是个好主意。

9 年前的《红色风暴》之后，我就再没有做过版权作品。不过，拜一些新的大财团所赐，这些天我们似乎接手了很多这样的游戏项目。正如我担心的那样，街机游戏大败亏输，比尔被迫在 1993 年将微散文公司卖给了一家名为光谱全字节（Spectrum HoloByte）的大型开发商。在那之后不久，也就是《殖民帝国》和《C.P.U. 巴赫》发行的时候，比尔卸任工作室主管一职。微散文公司真的不再属于我们了。

光谱全字节公司位于加利福尼亚州，似乎并不太关心我们的小办公室里发生的事情。他们当时的宠儿是电影《壮志凌云》的授权，该电影已经有四家不同公司制作发行的六款游戏。与此同时，尽管《文明 2》取得了破纪录的成功，但它并不受重视，官方对它预估的销量只有 3.8 万份。即使在布赖恩的游戏销量突破百万之后，我们也很难从西海岸的大人物那里得到任何支持。他们的风格是"主流和适销对路"，而非"有趣且细致入微"。接受授权项目也许是因为压力显而易见，要不就是因为剩下的微散文高管逢迎上意。无论如何，在他们指派给我们一款授权作品之前，先挑选一部我们喜欢的授权作品似乎是明智之举。

现在，《万智牌》已经默认是一款多人游戏了，只在你无法使用无线网络（Wi-Fi）时才会为你匹配人工智能对手。但是，在20世纪90年代中期，"无线网络"这个词甚至还没有被发明出来。硬核计算机迷有时会通过局域网直接互连，但普通用户并不愿意载着自己的计算机，开车到一个有一堆电缆的中央单元去。重点大学都有宽带连接，除此之外的所有人，都还在用拨号上网。

并不是说拨号上网就不能玩在线游戏了。在过去十年里，多人文本冒险游戏一直有一批小众拥趸，一些公告栏提供了简单的国际象棋回合制游戏和低分辨率的射击游戏。微散文公司在那会儿发行了一款名为《文明网游》的多人游戏《文明》版本（这款游戏故障、错误很多，运行速度也很慢）。在我们开发《万智牌》的时候，一位名叫理查德·加里奥特的年轻人，正在为革命性的大型多人游戏《线上创世纪》（*Ultima Online*）编写代码。他的游戏最终会和我们的游戏在同一年发行，所以，那时显然已经有现成的相关技术了。

我们的处境有两点不同。首先，加里奥特的公司已经投资搭建了相关基础设施以服务《线上创世纪》成千上万的活跃用户。他们有一排排每天24小时运行的服务器，由全职员工负责维护。或许那些未售出的街机硬件尚让微散文公司隐隐作痛，微散文公司不愿意托管专用服务器。《文明网游》用户不得不通过局域网或其他服务供应商建立自己的连接，即使这样，游戏的表现也往往不如粉丝编写的开源山寨版本游戏。更重要的是，一些《文明网游》用户没有意识到几个月后《文明2》就要发行了，他们觉得自己上当了，被欺骗连续购买两款产品。不消说，《文明网游》并不成功，也没有激起高管们对在线游戏的信心。

但更重要的是，《线上创世纪》的设计从一开始就为多人游戏量身定做。他们可以任意将5名乃至5 000名用户一起丢到一个世界里，而《万智牌》需要配对服务来匹配在线玩家。另外，《线上创世纪》是即时游戏，无须排队等待；《万智牌》则不仅基于回合制，[而且经常会让玩家选择是否出牌]，在线版本会不断弹出对话框，询问每位玩家是否打算放弃出牌。

一款实质上的多人游戏却不能提供多人模式，为了抵消玩家的失望情绪，我们精心打造出一个冒险游戏框架，这也能替代线下实体包的购买模式。收集稀有卡牌和创建你自己的卡牌组合，是构成游戏趣味的重要部分。我们用一处神秘领域量化了这些乐趣，你在那里可以猎取这些道具。这样一来，游戏就非常吸引人，很快我们就开始听到最棒的赞美：下班后走廊上此起彼伏地响起玩这款游戏的声音。

就是在那时，事情开始出岔子了，就像所有授权产品最终都会出现的问题一样，总的来说，威世智公司给予了极大的支持，但最终他们才是保障纸牌游戏成功的主要责任方。他们认为，我们在游戏中使用的一些稀有卡牌威力过大，而且，与它们在现实世界的使用频率相比，这些卡牌在计算机游戏中太容易获得了。为了保证纸牌游戏体验的完整性，他们告诉我们，计算机游戏版本必须删除这些特殊道具。

虽然从他们的角度来看，这确实是正确的做法，但这压抑了我们游戏里玩家的积极性。只是为了一般的奖励在地下城中奔波并不那么好玩。如果是在现实社交环境中，你认识的朋友里只有一人找到了一张极其罕见的纸牌，这没有问题；你会知道这种纸牌确实存在，并且兴致勃勃，想象自己有朝一日也找到一张。但是在计算机游戏中，玩家应该是明星，而且，单人模式必然影响"稀有"的意义。五位彼此陌生互不相联的玩家，只有一个人在自己的计算机游戏里找到了一张特定的卡牌，那对其他四人来说，这张卡等于不存在。

我很沮丧。《万智牌》是一款很好的计算机游戏，但它本可以做得更好。我不喜欢做授权作品，也不喜欢多年来围绕着我慢慢建立起来的公司架构。奇怪的是，光谱全字节认为微散文公司的品牌认可度比自己更高（实际上我们两者的市场地位与之相反），因此他们最近所有的业务都使用了微散文的名义。现在，微散文公司将会发行更多的授权作品。

我只想做有趣的游戏。比尔和我对于"有趣"可能有不同理解，但至少我们都认为应该制作特别的产品，也都很重视创作过程。我怀疑他曾不止一次在那些紧闭的门后为设计团队据理力争。现在他走了，管理层给予我们的支持比以前更少了。与此同时，布鲁斯·谢利跟随在芝加哥找到独特工作机会的妻子，也去了芝加哥；安迪·霍利斯去艺电开发一系列飞行模拟游戏；阿诺德·亨德里克加入了比尔新的创业公司"互动魔术"（Interactive Magic）；许多其他元老级员工也都换工作了。

我也该走了。

幸运的是，还有一些人和我一起，对设计制作小镇主题游戏抱有同样的愿景。如今"文明"系列已经出了两款游戏了，布赖恩·雷诺兹并不想知道光谱全字节会对《文明》做什么；杰夫·布里格斯想要创作原创音乐，而不是改编流行的电影原声炒冷饭。我们三个人决定成立自己的工作室，并按照我们想要的方式经营运作。

　　这次抽身并不容易，但我们尽可能让它不那么痛苦。我们每个人要履行的合同各不相同，所以，当杰夫在 1996 年 5 月着手建立我们新的创业公司时，布赖恩直到 6 月才能与他一道开工，而我到 7 月才赶过来。即便如此，我还在微散文公司做了好几个月的兼职顾问，帮助他们发行《万智牌》。我无意让游戏处于无法完成的状态，双方都已经够紧张了。一方面，积极招募以前的同事可能会给我们带来严重的法律问题；另一方面，高管们知道，只要我们想，完全可能一举带走他们所有的员工。当然，他们可以起诉我们，但等到他们打完官司，两家公司都得倒闭。把事情闹僵了对谁都不好。

　　于是我们举起双手，慢慢退出，他们也没有做出过激反应。我继续每周在微散文的办公室里待上几天，交出最后一部分代码，并解释应该如何执行这些代码。我甚至隐约记得，那时我应该是假装在休假，而不是开了一家新公司。对方投桃报李，允许我带走多年来编写的所有代码库和编程工具。严格来说，这些东西是微散文公司的财产，但是话又说回来，一场司法大战会让所有人都无法使用这些工具，直到把这事全部理清楚为止。双方为维持业务各取所需，各自偏安于市场一隅，相安无事。他们不想做精细的策略游戏，就像我们也不想做《壮志凌云》的飞行模拟游戏。好在，由于《万智牌》早已是别人的财产，因此他们不必再纠结是否可以把我的名字印到游戏包装盒上了。《席德·梅尔的威世智的万智牌》(*Sid Meier's Wizards of the Coast's Magic: The Gathering*)，听起来就非常荒谬。

我们把新公司命名为"火爆轴心"(Firaxis)，名字来源于杰夫曾经创作的一首音乐作品，这首曲子结合了"火爆"(fiery)和"轴心"(axis)两个词。这名字本来只是个权宜之计，但是我们喜欢，就继续用它。我们的办公室位于麦科米克香料公司旗下几家工厂中间，每天上班时，都能闻到工厂早上烘焙香料的气息，这颇有几分趣味。有一次，一些来自中国的客人造访我们的办公室，没有人向他们解释我们离香料厂有多近。我确信他们能自己发现这一点，但我更愿意想象他们回去时带上了这样的认知——美国人贪图享乐到无缘无故让外面的空气都染上肉桂的香味。

与此同时，我的个人生活也展开了新的篇章。我和吉吉在几年前和平分手。那段时间，我开始和妹妹的一位朋友苏珊约会。薇姬和苏珊最初结识于华盛顿特区附近的一个唱诗班，但妹妹换了工作搬回密歇根之后，她们就没怎么见过面了。我在巴尔的摩的住所距离华盛顿特区北部只有一个小时车程，因此，当薇姬和母亲碰巧来看我时，薇姬趁机邀请她的朋友过来一起吃饭。我不确定妹妹是否有撮合我俩的意图，也不知道母亲对此是否知情，有没有与之串通，我后来发现，苏珊显然在那天晚上得到了母亲的认可，十之八九是因为她热心帮忙洗碗。她惹人爱的幽默感和始终不渝的友好善良也把我给迷住了。

虽然我们有很多共同点，但苏珊并不特别关注计算机游戏。在交往的第一年，我们在巴尔的摩和华盛顿沿途发现了很多餐馆。有一次，一起吃晚饭的时候，我提到了一位粉丝来信的内容，她好奇地皱起眉头。

"他们怎么知道要给谁写信？"她问。

"嗯，我的名字就在包装盒上。"我说。

她上下打量了我一番。显然，我与她心目中在某些事物上留名的名人形象并不相符。

"哦，是吗？"她说。

"我可以证明给你看。"我向她保证。

一吃完饭，我就带她去了最近的电子游戏商店。不出所料，架子上摆着《席德·梅尔的文明》，历经三年这款游戏依然畅销。那里还有《殖民帝国》，可能还有《铁路大亨 豪华版》，不过我想可怜的《C.P.U. 巴赫》没能入选上架，至少没有被放在视线高度所及的地方。

好吧，她总算笑着承认我算是名人了。她被折服了。

我们创立火爆轴心之后，苏珊答应接手公司的行政管理工作，而她也是我们认识的少数几个与微散文公司没有关系的人之一。有些人可能不认同整天和伴侣一起工作，但是我们的工作各有侧重，都非常忙碌。与其说我们合作得很好，不如说我们把各自的工作做得很好。到目前为止，我们已经在同一间办公室里待了二十多年了。你猜怎么着，我们最终结婚了，穿着全套巴洛克风格的服装，背景放着巴赫的音乐。所以我想，可以毫不夸张地说，这个共同工作的尝试成功了。

说实话，分开独立工作，可能是我与所有人共事的最佳方式。我虽然内向，但是喜欢人。我希望在整体上进行合作，但可以单独做我自己的那部分工作。人各有所长，每次我遇到在自己的领域里专精覃思、有所建树之人都会感到惊喜。旁人的智慧与你自己的才思之间和而不同的

《席德·梅尔的铁路大亨》游戏截图　1990 年
微散文公司　WWW.MICROPROSE.COM.

碰撞值得庆祝，因为你们之间的分歧越大，彼此的收获就越多。反之亦然。我对自己有自知之明，我经常发现，与人分担我的工作不仅导致工作效率低下，还让人沮丧泄气。我与他人理应各司其职，各展所长，创作出任何人都无法单独完成的东西，而不是在同一任务上磨合妥协，直至产生一个一加一小于二的结果。我在微散文公司已经很久没有享受到这种灵活性了，但火爆轴心承诺，会给予我自由做我最擅长的工作，也承诺会聚集起一群人才进一步优化我的产品。

　　在某些方面，这感觉就像重新开始。不过，我们第一年发展迅猛，为了制作出我们所能制作的最佳产品，在更少的游戏项目中投入了更多的人力。《铁路大亨》的初始团队规模很小，因而我们能把肖像都放在制作人员界面上，布鲁斯·谢利穿着一身工程师工作服，马克斯·雷明

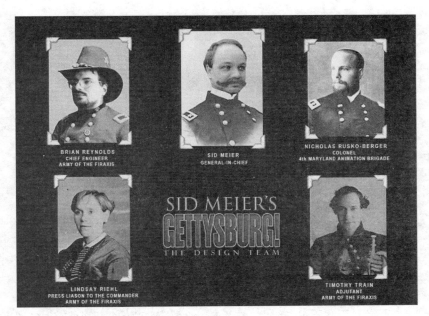

《席德·梅尔的葛底斯堡战役！》操作说明书　1997 年
戴夫·英斯科　火爆轴心游戏公司

顿三世手持铁路道钉锤，我则套着白手套、戴着礼帽，一副行业大佬形象。相比之下，我在火爆轴心制作的第一款游戏是《席德·梅尔的葛底斯堡战役！》（*Sid Meier's Gettysburg!*），这款游戏里的照片中，我们五个人都身穿南北战争时期那种禁欲气质的深褐色调服装，而且在传统的制作人员名单里列出了更多的名字。当然，随着游戏行业发展，玩家对游戏的期望也越来越高，尤其是在动画和美术方面。因此，如今在火爆轴心，每支团队都有 80 到 100 人。不过，团队的创造性依然很强，而且在大多数情况下，我还可以随时离开去做我想做的事情，没有后顾之忧，那些我信任的人会在需要时做好准备，尽一份力量。

16 有趣的决策

INTERESTING DECISIONS

▼

那年夏天我不想去瑞士，这不是什么秘密。我的父母可能有很多理由安排这次旅行（有些甚至互相矛盾），从开阔视野和家庭责任到情感保护和医疗需要，但是他们 8 岁的儿子是否愿意并不在他们的考虑范围之内。不过，父亲其实还是在意我的感受的，就在我们离开之前，他递给了我一份礼物。

"到飞机上再打开。"他说。

礼物的形状像是一本书。如果真的是书，那可能是我见过除了字典以外最有分量的书了。我前往机场，跟着父亲一起坐飞机去纽约，然后坐电车抵达瑞士航空公司的登机口。这一路上，即使在我没背着包的时候，我都能感觉到它坠在包里的重量。当父亲与我拥抱作别，送我走下狭窄的舷梯时，我的期待之情已经战胜了思乡之情。以后有的是时间流泪以及书写一篇篇日记抒发愤懑焦虑的情绪。但是在那一刻，我只想登上那架飞机。

我一坐到座位上，就撕开了包装，里面露出了一本《〈美国遗产〉南北战争图片史》。

导言中写道："当南北战争开始时，摄影术尚只有22年的历史。自拍摄在位美国总统的第一张照片出现，仅仅过去12年时间。自湿版摄影法发明，也只过去了10年。"这本书接着介绍了"战斗艺术家"（combat artist），他们不仅通过摄影记录了这场战争，还用"暮色中冰凉或因发烧而灼热的手指，穿过连天烽火，在枪林弹雨之下的救护车里、野战医院中、战壕里和甲板上绘图"。

这本书包含不少于630页的素描、照片、绘画、政治漫画、图表和地图，都是有关美国这段动荡历史时期的内容。书中有一张图描绘了1851年在波士顿公园举行的铁路禧年庆典，图中风度翩翩的米勒德·菲尔莫尔，满面笑意地迎接加拿大总督，总督乘坐在一辆由6匹白马拉着的马车里。书里有伊利诺伊州中央铁路沿线的农田广告，有描摹我的家乡底特律第一场选举的图片。有出版商威廉·劳埃德·加里森，这位标志性人物曾公开焚烧宪法，称宪法纵容奴隶制的存在是"与死神签订的盟约，与地狱达成的协议"。还有参议员安德鲁·巴特勒的表兄，为了给他的参议员亲戚出头，冲进国会大厅，用手杖殴打参议员查尔斯·萨姆纳。在林肯就职典礼的照片下方，有文字说明，"狙击手……在国会大厦窗口，和一支成楔形强攻队形的枪炮兵士"在维持秩序。当然，还有林肯本人的许多不朽名言：

"各位心怀不满的同胞，内战这个重大问题并不系于我手，而是掌握在你们手中。政府不会对你们发动攻击。你们不侵袭进犯，就不会发生冲突。上帝没有让你们来摧毁政府，而我却向上帝立下了最庄严的誓言：'坚守、维护和捍卫合众国政府。'"

书中照片拍下了一些神情羞怯的男孩，他们穿着尺寸过大的制服，还没有意识到即将发生什么。夏洛战役发生地旁的一个浅水池，两军伤员在那里并肩饮用淡水。书里甚至还有一些来自那个时代的黑色幽默，有一张滑稽的照片：一名士兵假装点燃"贵格会假炮"[1]——一节被雕刻成大炮形状并涂成黑色的树干，部队缺少真大炮时，有时会在远处架起这东西，以壮声势。

大多数图片都是 19 世纪末的原件，也有少数新画的插画，刻画了规模最大的几场战役中步兵的行动。其中一幅特别的画吸引了我的注意，它具体地描画了葛底斯堡战役第二天的情形。这是一张占据整整两个页面的俯瞰图，标注着一些听起来像是奇幻小说里的名字：斯潘格勒泉、李子溪、魔鬼之穴、西克尔斯突出区。地图上每一处主要的小规模遭遇战发生点，都画了数百个细小精致的人物，作交战状。仔细观察就会发现，地形也同样绘制得精细入微。栅栏上的木板被撬掉了，马车被掀翻了，树枝被扯断了。细致得令人震惊。我一直以为战斗都是在干净、宽阔的场地上进行的，双方全力以赴相对冲锋。但是这里的战场中间散

---

1. 贵格会假炮（Quaker gun），即瞒骗敌人用的木制假枪炮，这是 18 世纪和 19 世纪战争中经常使用的欺骗战术。这个名字来源于宗教团体"贵格会"，他们的教义传统上反对战争和暴力。——译注

布着农舍、小溪和果园，甚至还有一片墓地。一小股一小股的士兵从四面八方朝着对方推进，绕过天然岩石层结构，从对方背后现身，重新夺回失去的阵地。实际上，画面里的他们几乎是蜂拥而过，仿佛这场战斗是一个有生命的活物。

多年来，我经常翻阅这本书，一遍又一遍研究其中细节。我们家有一架望远镜，是我父亲用一套零配件组装起来的，我发现它的可拆卸目镜可用作放大镜观察日常用品。我会把镜片举在眼前，盯着书页看上好几个小时，就像一名珠宝商在检查稀有的钻石。南北战争对我而言是一个转折点，历史人物在我的认知里突然变成了真实的人，其他的战争只有日期和事实，但书页上的这些战士脆弱、勇敢、尽职，也有缺陷。《美国遗产》杂志收集的艺术作品，更不用说它激励着我去搜寻的那些遗留信件和第一手资料，为战士们的故事赋予了一种我从未感受过的即时性与人情味。

这个爱好就像我许多的童年爱好一样，以不同的形式延续下来，尤其是葛底斯堡的地图，伴随着我的事业蒸蒸日上，一直在我的脑海中占据着重要位置。这么多小规模遭遇战都是偶然发生的，任何一次冲突的改变都可能影响整场战争的进程。显然这很适合作为游戏制作的主题，我在微散文公司工作期间，大概做了二十个不同的南北战争游戏架构原型。这些原型都不差，但总觉得还缺了点什么。我可以在脑子里勾勒出我想要的东西，但还难以重现到屏幕上。把军事遭遇战的内容，精简到可以实现数字化，这是我早年的谋生之道。我不会抱怨我们做不到的事。我通常是以进步发展而非局限的视角看待技术，我几乎永远在为我们能够成就的事情热血沸腾。但是这一次，我与这个主题之间的情感联系使我无法满足于退而求其次，在技术发展跟得上我的想法之前，我只能一再搁置这个计划。

如今，15 年过去了，我总算可以好好运用这些美丽的插图了。《席德·梅尔的葛底斯堡战役！》重现了那场历时三天的战役里的每一次主要的小规模遭遇战。这款游戏允许玩家控制任何一方的军团，根据他们的技能特点，与历史上一些最伟大的将军对战。由于在真实的战斗中优势会多次易主，我们决定分开计算玩家每个阶段的输赢——事实上，一赢到底几乎不可能。相反，我们根据玩家军队的总体情况创造了分支场景，最优秀的玩家必须像真正的军事战略家一样，学会权衡取舍，懂得何时该暂避锋芒以赢得胜利。但对我来说，真正的关键是技术。除了每个士兵都具备平稳流畅的动作和独立的人工智能之外，这款游戏的俯视视图，也不再像我之前的策略游戏那样采用自上而下的扁平画面，而是等距的（isometric）——用游戏开发人员的话来说，是"2.5D"的，也就是二维，却是从倾斜的视角来看的，正方形会被拉伸成菱形。在细致的地形图中，小小的士兵行进、旋转、跪下、瞄准和重新装填弹药，玩家的视角，和我在飞往瑞士的飞机上第一次看到他们时的视角完全一致。

不过，在我们能够发布火爆轴心的第一款游戏之前，必须先厘清以谁的名义发行。分销和营销现在是一个完整的产业，我和杰夫、布赖恩深深感觉到，各部门缺乏独立性是微散文公司走下坡路的原因之一。商业性和创造性都是必要的组成部分，但两者应该保持距离。

在我们收到的众多公司的报价邀约中，艺电是规模最大、发展最稳定的一家。我们想要找的公司，财务须得安全（或者说，总归要尽可能安全），不会陷入无休止的破产、收购和财产转让的循环。即使在今天，这样的财务困境仍然困扰着部分行业。作为明讯（Maxis）通信公司及其旗舰游戏《模拟城市》的发行商，艺电也证明了他们理解我们的游戏理念，并且不会向我们施加压力，左右我们制作平台游戏或第一人称视角的射击游戏。比方说，让《铁路大亨》里的列车员在往来飞驰的火车上互相瞄准射击的想法，在我们听起来可能很荒谬，但世嘉（Sega）公司曾以未加入"枪支炸弹"元素为由，拒绝签下丹·邦滕的游戏《骡子》，所以，一切皆有可能。

我们喜欢艺电的另一层原因是，他们的高管玩过而且喜欢玩电子游戏。艺电负责与我们对接的联络人是宾·戈登，互动艺术与科学学会颁发给非开发者的奖项，只有两位美国人曾有幸获得，他将成为其中之一，[1] 他也是首位被大学授予游戏设计学教授职位的人。他在艺电成立之初就从事市场营销工作，早年还直接管理过一些开发团队，大多数时候，他都在四处奔走，为公司旗下几乎每个游戏项目提供简短又不失中肯的建议。除却他被正式列入制作人名单的作品，还有超过六十款游戏将他的名字写在了"特别感谢"部分，而在火爆轴心公司，我们也曾称

....

1. 宾·戈登获得的是 2011 年互动艺术与科学学院颁发的终身成就奖，该奖项获得者主要是以领导力推动整个游戏行业发生重大、积极变革的人，不一定参与游戏开发及创意过程。截至本书英文版出版的 2021 年，该奖项一共有 7 位获奖者，其中非日本人获奖者为霍华德·林肯（Howard Lincoln，2007 年与荒川实共同获奖）、道格·洛温斯坦（Doug Lowenstein，2010 年），应该都是美国人，席德·梅尔此处字面表述似指宾·戈登为两位美国人之一，与真实情况似有出入。——编注

他为我们的"艺电教父"。

《葛底斯堡战役!》取得成功之后,不久我们就推出了续作《安提塔姆战役!》。因为我们知道这个主题有销量保障,所以借机以一种不同的方式试探玩家的底线。到了1999年,互联网连接终于成为常态,艺电愿意让我们尝试通过网站实践"直接面向消费者销售"的革命性概念。

唉,我们走在了时代的前面。当时贝宝(PayPal)才刚刚成立几个月,沃尔玛要再过一年才会推出网站,而亚马逊(Amazon)还要过四年才会盈利。对大多数人来说,不去实体店反而上Firaxis.com网站购买游戏实在太奇怪了,尤其是该网站还不能下载游戏——等待一周或更长时间才能收到装着只读存储器的邮包磨灭了所有在线订购的便利。《安提塔姆战役!》得到了很好的评价,但几乎可以肯定的是,若是采用传统途径销售,将得到远比现在更大的销量。

尽管如此,我觉得这个系列还能再做一款游戏,这一回是讲述滑铁卢战役的。对我来说,法国大革命的吸引力还不如南北战争,但我认为,这场战斗有一些值得探索的独特军事战术,即骑兵和步兵编队之间的互动。在南北战争时期,步枪技术已经使骑兵在交战时失去了优势,因为子弹可以在马背上的士兵逼近到短兵相接的位置之前就干掉对方。但是在拿破仑统治时期,火器无法准确地击中100码(约91米)以外的目标,而且重新装填弹药至少需要半分钟时间,骑兵可以迅速缩小双方之间的差距。因此,虽然南北战争中多运用基于地形制定的战术——将枪炮移到高地,利用掩体发挥己方优势,但是像奥斯特利茨和滑铁卢之类的战役，是带着近身战斗的预期进行的，士兵们经过训练，会按照严密齐整的防御阵型来行军作战。

从游戏的角度来看，这一切都很有趣，因为枪炮、骑兵和步兵之间达成了一种典型的"石头剪刀布"式平衡。马匹转移位置的速度比大炮重新瞄准的速度快，所以骑兵能击败枪炮；人的移动速度没有马快，所以枪炮能够击败步兵；而步兵严格来说并不总比骑兵强，但若是采用恰当的阵型，步兵可以击败骑兵。这种三方对峙的结构是支起游戏设计框架的主要柱石之一，只要你能找到这种强弱均衡的布局，就有可能做出策略选择。

是的，滑铁卢战役确实也与我年轻时的一段经历有所关联。这就是当你内心还是个孩子的时候会发生的事情：有趣的事物纷至沓来。20世纪70年代，所有有创造力的已婚男性必须得有一台柯达超8毫米家用电影摄像机，我的父亲自然也有一台。虽然这台摄像机最出名的功用是为孩子们的生日聚会录制闪烁的小片段，但是，它还有一个一次曝光一帧画面的设置。因此，我为了完成学校作业，利用我的桌面游戏《大战役》里的地图和军队部分，创作出了一段颇具戏剧性的定格动画，描绘的是拿破仑那场功败垂成的战役。这部动画虽未能完全达到罗素·克劳在《怒海争锋》中的水准，但深切打动了整个班级的同学。

我用那台摄像机做的另一件有趣的事情，是拍摄电视上的足球比赛片段，然后用慢动作回放，直到我能够理解接球员所有跑动的不同模式。我喜欢足球，但我的父母不是球迷，很久之后我才被允许一次性看上三个小时的电视。因此，我在拥有的有限时间内利用摄像机提升我分析的效率。

我想，如果我成为一名电影制作人，或一名足球运动员，肯定会更着重讲述这些轶事，更少提及其他事。事实上，我甚至没有机会制作我的滑铁卢游戏——艺电想来点新鲜的内容，所以我们搁置这个计划，去制作别的游戏了。但是这一切记忆，包括确实影响了我游戏生涯的那些记忆，都有一个共同点，就是选择的复杂性。四分卫要在可能接到球的接球员之间做出选择，尤利西斯·S. 格兰特[1]要选择攻打哪座山头，拿破仑要恰当权衡马匹、大炮和士兵之间的部署。每一项选择都会改变他们后续的命运。甚至可以说，我童年的决定性主题并不是游戏，而是游戏的前身：有趣的决策。一直以来，我总是沉迷于各种有趣的决策，而游戏恰好是一连串有序规划的有趣决策。

我在整个职业生涯中一直换着法儿谈论这个主题。直到最近我才意识到，我已经因为对游戏的这条定义出了名。有时候我说的是"选择"而不是"决策"，有时候我说的是"有意义的"而不是"有趣的"。没人能说清我具体是怎么说的，更别提记住我第一次说出这句话的时间和地点了，可惜，我自己也记不清了。我对它最早的公开阐述可能是在1993年的计算机游戏开发者大会上，这是我从《文明》游戏里得出的十二个重要结论之一。没有人记录下那次演讲——它的正式题目是《我差点搞砸了〈文明〉》，但是《计算机游戏世界》的一位专职撰稿人将我当天讲的第二个要点进行了总结："梅尔更喜欢让玩家玩得尽兴的游戏（游戏里

----

1. 尤利西斯·S. 格兰特（Ulysses S. Grant），第18任美国总统（1869—1877），全程参与南北战争，因其赫赫战功晋升至美国陆军总司令。——编注

呈现了所有重要的信息，玩家可据此做出有意义的决策）。"

在《文明》之前，我受到的媒体关注很少，这个观点就算早已成形，恐怕也无人问津。话又说回来，我在 1990 年出版了《F-15 战鹰》的策略指南。该书前言中有一行吸引眼球的话："决策。决策。决策。就像在现实生活中一样。"因此，这个想法究竟是何时在我脑海中生长、成熟的，实在难以确定。

我发现，我因"一系列有趣的决策"闻名，部分原因在于许多人都不认同它，还有些人甚至相当激烈地反对。这个我从来没有详细阐释过的观点毁誉参半，着实让我有点诧异，因此，我在 2012 年的游戏开发者大会上，用了一个小时，就我在这方面的想法正式地、条分缕析地进行了演讲。那些想深入了解游戏理论的人可以在线观看整场演说。不过，总的来说，我对于"决策"和"有趣"的定义可能比人们预想的要更宽泛。

以热门游戏《吉他英雄》（*Guitar Hero*）为例，玩家使用一个特殊的吉他状控制器来应和喜欢的摇滚乐曲节奏。这可能是最常被提及的一个反例，用以驳斥我"好游戏就是一系列有趣的决策"的论断：《吉他英雄》似乎只需要玩家灵巧敏捷，对理性的人来说，这款游戏大受欢迎显然也证明了它是"一款好游戏"。也许，他们认为我的结论对标的只是优秀的策略游戏？但事实上，《吉他英雄》中巧妙地内置了多种有趣的决策。

首先，这款游戏有"星力值"的设定，部分音乐会给予额外奖励。玩家要么试着全程拼尽全力完美通关，要么抓大放小，略过次要音符，确保拿下难度更高的音符奖励。玩家填满星力值计量表之后，就有机会在这首曲子后面的部分"花费"他们的人气。一些玩家会选择在歌曲最简单的部分激活"星力"，获取双倍分值；另一些玩家则借助"星力值"提升的名气，顺利混过更难的那段音乐，那部分演奏得不好会被观众轰下台；还有些玩家会综合运用各种策略。所有这些都是有趣的决策，仰赖于思维的审度判断而非身体的灵活敏捷。一旦玩家进入职业模式，这样有趣的决策就会成倍增加，在这个模式中，四人乐队中的每件乐器都被赋予了独特的得分能力，各自可以应用不同的方式来实现团队胜利。

有趣的决策不在于给予玩家的具体选项是什么，而在于玩家是否能感觉到，这样的投入是出自玩家的个人选择，且对结果产生了重大影响。如果你给玩家提供了A、B和C三个选项，90%的人都选择了A，那么这样的设置就不是很均衡——一个有趣的决策，其答案没有明确的对错之分。如果玩家的选择均匀分布于A、B、C三个选项，但都在三秒之内做出，那么这个决策就不是非常有意义，因为选择任何一个答案都行得通。归根结底，一个有趣的决策，最基本的特征是能让玩家思考："我想知道，如果下回不这么做，会发生什么？"当然，若想知道，最好的方法就是再玩一次你的游戏。随着在游戏中决策情境的不断反复、增强，玩家甚至会发现，在现实世界中他们也同样会这样问自己，而现实中的选择要模棱两可得多。在恰当的情境下，游戏不只是一种娱乐工具，更是一种锻炼自主决定和习得自信的方式。优秀的游戏教会我们，任何事情都需要取舍，行动会有收获，而且，几乎总有再来一次的机会。

▼

《席德·梅尔的半人马座阿尔法星系》

Sid Meier's Alpha Centauri   1999

《席德·梅尔的文明3》*Sid Meier's Civilization III*   2001

在我制作《葛底斯堡战役！》的时候，布赖恩正在制作另一款名为《半人马座阿尔法星系》的游戏，它是玩家悬悬而望之作。在《文明》里，兵不血刃取得胜利的方法之一，就是赶在其他人之前，让一艘满载着殖民者的小型飞船抢先登陆最近的恒星系，赢得太空竞赛。在我个人看来，这与游戏开始时那名孤独的定居者有异曲同工之妙，而且这是故事最完满的结局。对于熟悉该系列的人来说，《半人马座阿尔法星系》显然是一部续作——由原班人马打造，采用同样的游戏机制，情节准确承接原作结尾的内容。这就是我们的粉丝在信中一直要求的"外太空《文明》！"游戏。

然而，从法律意义上讲，它并不属于"文明"系列。微散文公司仍然拥有《文明》的版权，而且火爆轴心不敢在标题或宣传材料的任何地方使用这个词。

　　《文明》游戏的版权历史漫长曲折。要从 1980 年的英国说起，当时一位名叫弗朗西斯·特雷瑟姆的设计师通过一家名为"哈特兰三叶草"（Hartland Trefoil）的公司发行了他的《文明》桌面游戏。特雷瑟姆的设计以玩家之间的贸易合作为基础，很快就和许多外国游戏一样，授权给了阿瓦隆山公司在美国发行。（特雷瑟姆的第一款作品是铁路桌面游戏《1829》，这款作品为阿瓦隆山公司的《1830》奠定了基础，布鲁斯·谢利转投微散文公司之前曾参与该项目的开发。）

　　几年后，我和布鲁斯着手开发我们的"人类的整个文明史"游戏原型时，我们随口称之为"文明"，但是，就像《葛底斯堡战役！》也曾被称为"南北战争游戏"，"文明"只是临时的叫法，我们预期后续会更改这个名字。市场营销部门肯定希望游戏的名字能叫《政府大亨》（Government Tycoon）或者是《席德·梅尔的最新力作：复仇》（Sid Meier's Latest: The Revenge），没必要在他们发表意见之前就给游戏确定正式的名字。布鲁斯曾受雇于阿瓦隆山公司，自然知晓该公司旗下的《文明》桌面游戏，我们甚至可能在微散文公司的"娱乐区"（也被称为休息室）的某个地方放有这款游戏。不过，在我们的项目启动之前，我没玩过这款游戏。

　　这并不是说我这个版本的《文明》没有受到过外界影响——事实绝非如此。撇开我在《模拟城市》里第一次接触到的"创造而非破坏"概念不谈，我还非常看重两款游戏，光明正大从其中汲取灵感为我所用。

第一款游戏是 1984 年由丹·邦滕编写的《黄金七城》(*The Seven Cities of Gold*)。这是一款探索海洋和陆地世界的游戏，非常明显，它深刻影响到《海盗!》(1987 年发布)包括菜单驱动界面在内的方方面面。但即使是在该游戏发布六年之后，丹的才华仍然迫使我站在巨人肩膀之上继续创作发展。《黄金七城》每一回合都会随机生成一块新大陆，你能够选择彬彬有礼或者冷酷残忍地对待当地居民。我以前从未在游戏里见识过这样的内容。《文明》后来因为粗浅涉猎历史，被归类为"寓教于乐型产品"(edutainment)，实际上，是特里普·霍金斯发明了这个词，这个词当初就是用来指《黄金七城》这款游戏的。对我来说，《黄金七城》是一部震撼人心的杰作，拨云见日，打破常规。此后我制作的每一款游戏里几乎都有它的影子。

另一款直接影响了《文明》的游戏，是沃尔特·布赖特和马克·鲍德温制作的《帝国：世纪战争游戏》(*Empire: Wargame of the Century*)。这款游戏也有一张随机生成的地图，会随着玩家的军队行进逐渐显现，但是与《黄金七城》以及那款名为《文明》的桌面游戏不同，《帝国》有重要的军事要素。其时间线纵贯古今，随着时间推移，可以使用的单位类型也会有所不同。好笑的是，沃尔特·布赖特早在 1985 年就向微散文公司投递过早期版本的《帝国》，但比尔显然回复了一封格式化信函拒绝了这个上门推销的项目，言明我们只想要"动作主导的实时策略模拟游戏"。我怀疑他甚至没有试玩过这款游戏的演示版本。我确信我没试玩过，否则我就会力主发行这款游戏了。《帝国》很吸引人，有一回我还让布鲁斯列出十处《帝国》的可改良之处，所以，《帝国》显然对我的思考产生过巨大影响。(顺便提一句，这也是开发中期修改自己游戏的上佳策略。后退一步，审视自己的作品，看看还有哪些具体的改进可能，这很重要。)

然而，随着我们游戏开发工作的逐步开展，我和布鲁斯越发喜爱"文明"这个译名，其他名字都不如它恰到好处。尽管我们的产品并不直接承袭自阿瓦隆山公司的《文明》，但他们拥有我们想要的名字，所以比尔找到他们，达成协议，双方同意分享这个名字的权利，换取一笔低廉的授权费用，并在每个游戏包装盒里放置一张交叉推广[1]传单。

在《文明》大卖几年之后，阿瓦隆山公司发行了他们那款桌面游戏的官方计算机版本，他们称之为《高级文明》(*Advanced Civilization*)。虽然我们两家的游戏以几乎相同的名字和相同的载体格式竞争，但所有人都非常注意区分两款游戏。《计算机游戏世界》在测评开篇直言："不，它不是那个《文明》。"阿瓦隆山公司在其自出版期刊《将军》(*The General*)中写道："微散文公司版本的《文明》除却主题和名字之外，与我们的桌面游戏毫无共同之处……贬低《席德·梅尔的文明》无异于侮辱圣杯。"不久之后，我们发布了《文明2》，那时候已经没有人对两者之间的承继关系感到困惑了。

但是在我和杰夫、布赖恩一起去了火爆轴心的几年后，事情变得有点棘手了。阿瓦隆山公司授权动视公司(Activision)开发一款"文明"同名游戏。同时，这两家公司联合起诉微散文公司侵犯版权。阿瓦隆山公司

---

1. 即互相宣传彼此有关联的产品的营销策略。——译注

自己负担不起这场诉讼的费用，而动视公司若没有阿瓦隆山公司，就没有法律上的诉讼主体资格，他们希望能够共同控制游戏史上最成功的名字之一。

微散文公司的高管们同样回以赢家通吃的态度。他们没有反诉，而是去海外找到并完全收购了那款英国桌面游戏的最初所有者哈特兰三叶草公司。微散文公司现在拥有了最初授予阿瓦隆山公司版权的许可协议，并颇有见地地将这份授权连同与阿瓦隆山公司的其他所有合同一并撤销了。

在随后的紧张谈判中，动视公司拿到了继续以当前名字完成游戏的权利，但是在未来制作《权倾天下》[1]（*Call to Power*）续作时不得再使用"文明"一词。阿瓦隆山公司则失去了一切，包括他们的"1830"系列铁路游戏，那时候这个系列已经成长为相当成功的版权项目了。阿瓦隆山公司为了避免破产，被迫将公司出售给了玩具制造商孩之宝（Hasbro）。

孩之宝公司收购阿瓦隆山八天之后，又买下了微散文公司。

我们安然待在火爆轴心的办公室里，怀着些许困惑旁观了这些公司之间手段频出的明争暗斗。要不是除诡计之外的其他方面实在无聊，商业操作也许能做成一款有趣的游戏原型。无论如何，这是他们自作自受，今后也怪不到我们头上。无论"文明"这个名字归属哪一方，反正都不属于我们。这个我们曾经热爱的游戏标题遭到了公开、缓慢的扼杀，我们平静地接受了这一事实。我们所能做的就是继续制作优秀的游

---

1. 动视公司 1999 年发行《文明：权倾天下》（*Civilization: Call to Power*），之后该系列游戏名不再带有"文明"字样，下文会提及该游戏。——编注

戏，相信游戏质量的重要性最终会盖过品牌效应。

孩之宝公司在 1999 年以微散文公司的名义发行了《文明 2：时间的考验》（*Civilization II: Test of Time*），动视公司的《文明：权倾天下》和我们的《半人马座阿尔法星系》也于同年发售了。同样，这没能愚弄得了粉丝们。我们的游戏是唯一一款标题里不包含"文明"的游戏，但是人们广泛认为，这款游戏反而比其他游戏更像是"文明"系列的游戏。它的全称叫《席德·梅尔的半人马座阿尔法星系》，这也没什么坏处，没有任何公司能够买下这个名字。

然后，真正的惊喜发生了。孩之宝公司收购微散文公司时，还将至少一名自"文明"系列诞生起就见证并参与其中的雇员收入麾下。现在，负责研究开发的高级副总裁托尼·帕克斯怀念起了早年那段时日，而且显然也如我们一般，为《文明》游戏在我们不在之时的遭遇感到难过。《时间的考验》发行后，市场表现不佳，托尼设法说服了孩之宝公司的高管们，不要倒行逆施。《文明》属于火爆轴心公司，它在其他人手里是赚不了钱的。在粉丝们的强烈要求之下，孩之宝公司能做出的最佳选择就是将"文明"这个名字授权给我们使用，然后尽可能收取他们能够收取的分成。

因此，在我们甚至没有提出过这类主张的情况下，制作《席德·梅尔的文明 3》的机会，就冲破了重重阻力落到了我们手中。

也许旁人难以理解我的心态。不过，之前 9 年里问世的所有版本的《文明》游戏，只要愿意坚持发扬其自身的优异之处，我的确都不反感。布鲁斯离开微散文公司后制作的第一款游戏叫《帝国时代》（*Age of*

Empires），基本上就是一款即时版本的《文明》，内容非常精彩！《国家的崛起》（*Rise of Nations*）、《奇迹时代》（*Age of Wonders*）、《欧陆风云》（*Europa Universalis*）、《帝国主义》（*Imperialism*），这些游戏都很优秀。这是我从最优秀的游戏设计师那里学来的理念：丹妮尔·邦滕·贝里后来告诉我，她很高兴我制作了《海盗！》，因为这款游戏做成了她在《黄金七城》里想做但在当时没能做成的一切。现在有人接过担子替她完成了使命，她就可以一身轻松地向前方进发，去捣鼓多人游戏了。丹妮尔明白，游戏设计是一个不断发展的过程，由我们共同参与。我们都会受益于这个行业的发展。这些创意灵感既不自我们而始，也必不至我们而终。

关于"窃取"创意的掌故之中，我最喜欢的一则来自我的朋友诺亚·法尔斯坦，他到 3DO 公司担任那个倒霉催的职位之前，曾在卢卡斯影业游戏[1]（Lucasfilm Games）公司任职。诺亚非常喜欢《海盗！》里的击剑战斗迷你游戏。他后来接到了为电影《夺宝奇兵 3：圣战奇兵》（*Indiana Jones and the Last Crusade*）创作一款拳击迷你游戏的任务，他想不出还有什么别的方式来完成它，于是，多年后他写道："我偷了……应该说是，充满爱意地致敬了梅尔的游戏界面。"说实话，在我看来两者并不十分相似，但显然他对此感到相当内疚。

《圣战奇兵》游戏发售后，诺亚接手了一个名叫《猴岛的秘密》（*The Secret of Monkey Island*）的新项目，这个项目将很快彻底变革冒险游戏这

---

1. 卢卡斯影业游戏，是卢卡斯影业的子公司，1990 年至 2021 年改称卢卡斯艺术。——编注

个品类。虽然他们的主角盖伯拉许·崔普伍德那些滑稽的闪失与我的游戏毫无共同之处，但是严格说来，他确实是一名海盗。与诺亚共同设计这款游戏的制作者，企图利用《圣战奇兵》里的拳击迷你游戏代码为《猴岛的秘密》制作一款新的击剑战斗迷你游戏，诺亚又一次面临"窃取"窘境。

"我不认为这是个好主意，"诺亚惊慌失措地告诉这位共事的设计师，"这是个搞笑游戏，而那个……可不大好笑。"

他承认，这是个"相当蹩脚的借口"。但是，把海盗角色放回到我的击剑战斗界面里，这种行为即使是在这个以借鉴起家的行业里，也有点过分了。他要么向团队承认当初的过失，要么想出一个更好的替代方案。但是，如何才能让一场击剑战斗好笑起来？这似乎是不可能的。不过，自我保护是一种伟大的驱动力。一些对此有所帮助的记忆，自诺亚潜意识深处浮涌上来。

"你这是在用博内蒂防卫术 [1] 对付我，啊？"一个带着浓重口音的声音说道，背景里有刀剑的铿锵声响。

"考虑到岩石地形，我认为这一招很合适。"回应游刃有余，温文尔雅。

---

1. 这段对话来自下文提及的海盗冒险电影《公主新娘》（*The Princess Bride*，1987），是一段双剑客悬崖对决的经典电影场景。博内蒂防卫术（Bonetti's Defense），是 16 世纪意大利剑术大师罗科·博内蒂（Rocco Bonetti）发明的剑术防御招数，具体形式已不可考。——编注

席德·梅尔的回忆录！

伊尼戈·蒙托亚[1]施展所长："你自然疑心我会用卡波费罗式[2]发起进攻。"

"自然！"黑衣人喊道，"但我发现蒂博式[3]能破卡波费罗式，不是吗？"

"除非敌人研究过他的阿格里帕式[4]……我研究过！"

"在《公主新娘》里，"诺亚解释道，"事实上，在很多可以追溯到埃罗尔·弗林时期的古老经典海盗作品里，持剑者的身体敏捷程度远远不及他们灌夫骂座和反唇相讥的本事。"诺亚借由这一点乍现的灵光，提议围绕着对决者的嘴皮子功夫来设计决斗，为每一次嘲讽性的格挡提供多种尖刻的言语回应。结果确实很搞笑，《猴岛的秘密》的"辱骂式击剑战斗"最终成为该游戏的知名特色之一。

. . . .

1. 伊尼戈·蒙托亚（Inigo Montoya），电影《公主新娘》的角色，是一名身负杀父之仇的西班牙剑客。——编注
2. 卡波费罗式（Capo Ferro）来自意大利击剑大师里多尔福·卡波·费罗（Ridolfo Capo Ferro），卡波·费罗以其 1610 年发表的剑术论文闻名。卡波费罗式是一种冲刺型强力攻击招式。——编注
3. 蒂博式（Thibault）来自吉拉尔·蒂博·丹弗斯（Girard Thibault d'Anvers），他是 16 至 17 世纪的荷兰击剑大师，写了一本剑术手册，书中附有大量精美插图，其剑术体系构建在几何学和严谨的逻辑之上。——编注
4. 阿格里帕式（Agrippa）来自卡米洛·阿格里帕（Camillo Agrippa），卡米洛·阿格里帕是米开朗琪罗同时代人，是意大利的短剑大师，同时也是建筑师、数学家、工程师和剑术理论家，他撰写了一部有关剑术的论文，简化击剑技术，重视防守，并应用几何理论解决战斗问题。——编注

我发现特别讽刺的是，诺亚会引用埃罗尔·弗林，而弗林的电影最初也启发过我。游戏可能偷自其他游戏，但我们制作的所有游戏，也是从偷取游戏之外的其他东西开始的。我的灵感来自历史、艺术和科学，这些人互相借鉴，就像我借鉴他们一样。只要下足够多功夫找，任何创意都能够找到前身。例如，有时候，《文明2》中的"后果，什么后果"（Consequences，shmonsequences）[1] 这句台词会被误认为是我们独创的，但实际上，这句话最初是 1957 年达菲鸭在一部动画片里说出口的，达菲鸭的创作者则从世纪之交的意第绪移民那里学到了"shm-"构词形式，用以表达嘲讽。这属于我们共有的人类文化，甚至我敢说，这属于人类文明的一部分。

若我们有幸，有朝一日，一个全新行业将会从我们这里借鉴内容，将我们的作品变成一种难以想象的不同之物，埃罗尔·弗林面对后来像素形态的自己时的感受，我们也能亲身体会到。创新与剽窃的区别在于创意的递增，每一次增加都创造出了前所未有的可能性。如果我们不分享想法，不帮助彼此打造游戏，我们就永远做不到登高望远，鉴往知来。

我从《黄金七城》学到了另一个更普适的理念，那就是要重视玩家对于每一条新故事线发展的期待，其重要程度起码堪比故事本身。丹不仅设计了玩家看得到、玩得着的游戏，还设计了只在玩家大脑中发生的

---

1. 原句是："后果，什么后果……只要我有钱。"（Consequences shmonsequences... As long as I'm rich.）shmonsequences 是生造词，将"后果"（consequences）的英文单词首字母 c 更换为 shm，表示轻蔑、不在意后果之意。——编注

席德·梅尔的回忆录！

那部分游戏。例如，计算机在生成玩家世界的那几分钟时间里，屏幕上会不停滚动一些用词巧妙的信息，比如"侵蚀峡谷中""正在创造可爱的河流"，从而在玩家脑海里像放映电影一般，呈现出整个星球锻造成型的影像，且不必多占用哪怕 1 个字节的磁盘空间。丹教会我，对玩家来说，想象出来的比看到的更有力量。我的《文明》早期原型版本也一度内置了这类信息，一字不差，全盘照搬。

最终，真正的影片取代了我的这些信息。毕竟我比他那会儿多了 32 倍的内存空间可以好好利用。但是，这种实现抱负的渴望感仍然是《文明》著名的"再玩一回合"现象的核心。无论是探索一块新领域，与邻居争吵，开发一种新奇的技术，还是建造世界奇迹之一，你在同一时间总有不止一件事情要做。赢下这场战斗可能就是时候考虑收手了，但如此一来，只要再玩两个回合就能掌握化学技术，所以你想着，干脆都弄好了再结束。两回合后，成吉思汗 ★ 正向你方进军，你不能坐以待毙，所以你继续玩了下去，调动了你的军队。同时，你的"奇迹"工程已经建设过半，你真心想要将它好好建造完成，因为在那之后……

《文明》的很大一部分内容都发生在这个模糊的"在那之后"，将潜

★ 解锁成就 ···

愿我们都能真诚待人[1] —— 邂逅贝多芬、林肯、拿破仑和成吉思汗。

·························

1. 原文 "Be Excellent to Each Other"，是美国喜剧科幻电影《比尔和特德历险记》（*Bill and Ted's Excellent Adventure*）的台词。——译注

在的发展路径堆叠在实际发生的情节之上。一款糟糕的游戏会让玩家陷在过去无法自拔（比如，"刚刚发生了什么？"）；而一款平庸的游戏会让玩家停滞在当下（"当然，这很酷。"）；但是，一款真正的好游戏，会让玩家的注意力投放到即将发生的事情上。这是那种难以捉摸的"学会一瞬间，精通一世功"品质的根本基础。就像国际象棋一样，你可以教会一名年轻人如何看穿前面的一两步棋，她会觉得很有趣；然而，一名经验老到的棋手可以全身心投入这个游戏，因为游戏里有足够多的变量，可用来预测未来十步、十五步，甚至二十步棋。一款基于推测运行的游戏可以扩张或者收缩规模，以适应各个玩家不同水平的舒适度需求。

不过，玩家一旦开始"想再玩一回合"，就很难"不再玩一回合"了。关于《文明》的第一篇评论，称它为"那种'令人欲罢不能'的游戏，很容易让人们熬夜玩到凌晨4点"。1992年，《计算机游戏世界》举办过一场诗歌比赛，其中四成参赛作品都与我的游戏有关，包括"无心瞥出电脑屏，惊觉赤子已成丁"之类押韵的句子。游戏设计师同行彼得·莫利纽克斯曾告诉记者，他玩《文明》的时候，膀胱几乎都要憋爆炸了。在后来的日子里，营销部门制作了一支假广告，以十二步戒掉《文明》游戏的"戒《文明》互助小组"（CivAnon）为主角，让我在这支广告里客串了一名一无所知的看门人，无意中透露了新版《文明》的发售日期，害得大家全部破戒。《文明》甚至让我自己在《文明》相关的会议上迟到，我也无法抵御《文明》的魅力。但我从来都不太担心所谓的一玩起来就停不住手的问题。从有趣，到吸引人，再到令人上瘾之间，有很微妙的差别，也有很长的距离。

俄罗斯方块的创造者阿列克谢·帕吉特诺夫，曾被问到他的游戏会让人成瘾是否会困扰他。他嗤之以鼻："不会，不然人们还能做什么？他们是会拿一本愚蠢的书来读，还是找一场电影来看？不，玩游戏是件好事。"

当然，他的意思只是"碰巧选到了一本愚蠢的书"，而不是指"所有的书都是愚蠢的"，但事实上，书的价值并不总是理所当然被认同的。这一代人焦心于游戏的危害，而从前的孩子们在成长过程中的娱乐，只有不时举行的县城集市，那一代人认为书籍对他们的孩子来说也是一种真正的危险。

18 世纪的历史学家约翰·戈特弗里德·霍赫写道："一本书引得人们手不释卷地阅读，是在滥用一件原本美好的事情，愚蠢且有害。这确实是一种大恶，就像费城的黄热病一般具有传染性。"

后来，从小上公共图书馆看书的那代人长大了，又被普及泛滥的电影给吓坏了，吓得基督教妇女禁酒联盟的"净化部门"撰写了措辞严厉的社论，反对这种所谓的"成瘾性"活动。然后，奥斯卡奖诞生了，人们开始将电影认作一种艺术形式。如今，抗拒变革的守旧本能使得所有人将矛头指向了游戏。

在过去几年里，我以为我们可以扬眉吐气了，这是一个好消息。但我也知道，终有一天，我的孙辈也会嘲讽未来那些吸引年轻人目光的新事物，也会控诉这些新玩意儿容易让人上瘾，也会发牢骚抱怨孩子们都不玩优秀的电子游戏，反倒把时间都浪费在那些新奇的精神鸦片或其他什么事物上。

没有哪种媒介产品是完美的，也没有哪种媒介产品可以让所有人一直上瘾下去。关键在于你会选择用你的创作载体传达什么。不论我们用何种形式表达，想象力、引人入胜的叙事和同理心，总是好的。成瘾性是一个问题，但是任何形式的逃避现实行为（包括休闲、药物、活动、食物，甚至是寻求社会的认可）都可能产生这样的问题。我们应该根据个人情况因地制宜、因人而异地解决这个问题，而不是什么东西优秀就禁止什么。我们不应该害怕那些让我们着迷的东西，相反，我们应该认识到，我们可负起责任，将它们作为一种工具掌握在手中，考虑能利用它们来做些什么好事，并为之作出决断。

工作场所的午休时间每延长三个小时，就有一人通过在《文明》里制定经济战略、进行政治谈判，学会了相关的职业技能。每出现一名因为天天熬夜与蒙提祖马[1]作战而挂科的学生，我敢说就有一名学生受游戏影响，对蒙提祖马感到好奇，去阅读一本与之相关的书。每有一名因为另一半沉迷《文明》而被忽视的"《文明》寡妇"，嗯……我有一个绝对的王牌故事。

初始版本《文明》上市几年后，微散文公司办公室收到了一封来信。从信上的用词和笔迹来看，这封信出自一位约莫十岁的小男孩之手。当时是粉丝来信的高峰期，每天都有人告诉我们，《文明》改变了他们的人

---

1. 蒙提祖马（Montezuma），阿兹特克帝国最后一位统治者，在位期间扩大了国土面积。——编注

生，而我们对此已经习以为常。不过这一回，《文明》是实实在在救了命。

这个男孩告诉我们，他的母亲是一位狂热的《文明》玩家。其他家人安寝良久，她时常还在熬夜征服世界。有一晚，烟味打断了她在游戏里的征程，她跑上楼，发现屋里有烈焰燃起。男孩说，多亏了《文明》，她及时赶到叫醒了家人，把所有人都救了出来。

这个故事当中，除了"万岁，没有死人"之外，我最喜欢的部分是，玩游戏的那个人是妈妈而不是爸爸。游戏是为每个人准备的，不仅是为个体层面上的每个人，也是为整体意义上的所有人。人人都可以一起玩游戏。对于除了自己以外的人，我并不都清楚是什么能够勾起他们的兴趣，但我一直很想找到答案。而且，当说到游戏时，我认为"上瘾"通常只是我们受到一件艺术品强烈感召的另一种说法。作为一名艺术家，我的工作就是有效构建出这种感召力。如果我幸运的话，还可以借由共同经历让人与人手拉手、心连心。如果逃避现实的方式对路，逃避现实者也能形成一个群体，这是前所未有的。此外唯一的选项就是蓄意创造一些不那么强大的东西，出于恐惧去削弱人与人之间的联结，可这太疯狂了。团结使得我们更加强大，我们的游戏，玩的人越多，引发的共鸣越强烈，我们就能传播更多的知识，激发更多的同理心，鼓动更多的雄心壮志。

18 灭绝

EXTINCTION

《恐龙游戏》*The Dinosaur Game*   公元前 6600 万年

如果有一个典型的席德·梅尔式游戏主题存在，那么也许就是恐龙。这些生物身上有着我们再熟悉不过的童年魅力，还具备足够多的科学信息吸引成年人的关注。捕食者和猎物之间很容易建立叙事冲突，时间和情感上的距离又使得游戏不会让人有暴力的观感。人类通过演化实现进步的内在机制，一旦碰到奔流逝去的时间洪流，就会让一次巨大的流星撞击产生极致的刺激感。这应该很容易实现！

然而，事实上这个项目举步维艰。

尽管，我记得自己埋头制作这款恐龙游戏多是在 21 世纪初那段时间，但事实证明，我至少从 1991 年就开始捣鼓这款游戏的原型了。多年来我一直保留着自己大部分的计算机，不久前，有人说服我从仓库拖出几台年代最久远的机型，并启动它们（fire them up）。很不幸，一字成谶，打开第一台计算机时，火花四溅，整台机器在短路的光辉中轰轰烈烈地倒下。尝试启动的第二台机器幸运地没有冒出火花，那是因为它根本无法开机。不过，我们火爆轴心的技术人员喜欢挑战，定位到一个古老的启动盘之后，我们终于能够挖掘出里面的化石了。

里面果然有一个恐龙文件夹，还有十几个其他文件夹。其中有些是我们最终制作的游戏的前身，包括一款间谍游戏、一款太空游戏，当然还有一款以南北战争为主题的游戏。它们更像是后来那些成品游戏不太完美的手足，而非父母。这些游戏创意随着技术的革新更替，像是被凝结了时光，困在了琥珀里。实际上，这些数据放到任何一台其他型号的计算机上都没有用了，但这不是多大的损失，因为无论如何，我对游戏进行重大改动后，大多都要从头开始编码。编码是简单的部分，这就像你在挖掘出东西之后，又照着实物的样子画成画，汗水是流在挖掘的过程中，随后的文档工作并不太累人。

在这台老得可以进博物馆的计算机上，还有其他一些游戏原型，比如一款悬疑游戏和西部拓荒游戏，这些原型至少到目前为止都被证明没有做下去的必要。事实上，我从未真的放弃过任何主题。这些项目只是无法推进，有时候，一个项目会停滞长达数十年，直到我想出办法实现这些想法。我可能不得不尝试一百种不同的方式拨弄探究，一旦找对了路，其余问题很快都会迎刃而解。纵观我整个职业生涯，恐龙游戏是唯一让我黯然神伤，不得不彻底宣告不复存在的游戏。

起先几个版本的恐龙游戏都做成了回合制游戏，我亲切地称之为"恐龙文明"（DinoCiv）。你的小恐龙群会游荡在网格之间，耕种被觅食取代，建造城市被筑造巢穴取代。有时会遇上其他族群发生冲突。

如果你赢了，你的兽群就会吸纳这些族群加入，增加你方族群的基因多样性。这就是有趣之处，或者说我是这么想的：繁殖季来临时，玩家会突然化身成一名胚胎专家，从选出进行强制婚配的两只族群成员身上看到可结合的基因。母亲要选头大的，父亲要选尾巴长的，如此小家伙就有望青出于蓝而胜于蓝，拥有更加聪慧的头脑和更加优越的平衡性。如果世世代代都这样延续繁衍，也许其后裔有朝一日能够统治整片大草原。

随着游戏难度增加，显性和隐性基因序列开始发挥作用，随机突变的概率也成为影响因素。起初这看起来很好玩，但最终不过是恐龙版的薯蛋头先生[1]★罢了——这种作品很快就会丧失新鲜感。我添加了一个一键实现自动优化繁殖育种的按键，但是，如果你非要丢开这款游戏理应好玩的部分，那就基本表明你不太明白这游戏好玩在哪里。即使往好里说，这个游戏版本也有违"《秘密行动》规则"，毕竟，玩家若是需要花时间弄懂基因机制，就会跟不上主要故事情节。雪上加霜的是，随机生成的恐龙特征断绝了所有明星恐龙（比如霸王龙和剑龙）出场的可能。让玩家认得出这些恐龙，这是构建情感联结的关键，如果没有这些

★ 解锁成就 ···

超越无限[2]—— 集齐小猪存钱罐、玩具士兵、霸王龙和薯蛋头先生。

························

1. 薯蛋头先生（Mr. Potato Head），在马铃薯形状的塑料模型上随意搭配五官的经典玩具，也是系列电影《玩具总动员》（*Toy Story*）里的常驻角色。——译注
2. 电影《玩具总动员》中主角巴斯光年的名言，下文小猪存钱罐、玩具士兵、霸王龙、薯蛋头先生均为《玩具总动员》系列电影常驻角色。——译注

有名的恐龙，那就只是一群蜥蜴。

　　没问题，我想，这就是原型的作用——找到不好的地方，然后对症下药，刮骨疗伤。于是我开始制作恐龙游戏的第二个重要版本，我在心里管它叫"恐龙纪"（DinoAge）。这个名字参考了几款《文明》的竞品游戏，这些游戏的视角只拘囿于一个时代。现在，玩家的恐龙会沿着一条既定道路进化成已知的恐龙类别，只有几个大类的选项，如食肉动物或食草动物，冷血动物或温血动物，等等。这个版本更简单，更便捷，但也非常无聊。在特定情况下，无论做出什么选择，通常都会得出同一个明确的正确答案。好像不是你在玩计算机，而是计算机在玩你。如果游戏要一下子表达太多东西，那简化游戏设计会有帮助；但如果你在一款回合制游戏上投入了足够多的时间，你就会希望能够控制所有有趣的决策。

　　好吧，那如果这游戏不是回合制的呢？《葛底斯堡战役！》作为一款即时游戏非常成功。也许你真正想要的是带领你的迅猛龙群对抗重兵列阵的雷龙，还要时刻警惕翼龙从空中发起袭击，当心火山地矿。我再次重写代码，将新版本命名为"恐龙争霸"（DinoCraft），这个名字源自当时流行的即时游戏《星际争霸》。然而，同名不同命，第三版原型和前两版一样完犊子。

　　原因不难推导。实时策略游戏的一大关键在于远程武器的使用：有些战士速度缓慢但力量强大，会在前线压制敌方推进战线；另一些战士很弱小却很灵活，多在战场边缘辗转腾挪，进行远距离攻击。后者可以射箭、发射巡航导弹、施展魔法咒语，或者进行其他贴合游戏主题的攻击——只是他们必须散开一些来做这些事。否则，如果所有兵力单元都是平等的，就会在屏幕中心毫无规则地乱战成一团，就像一群五岁的小孩在踢足球。把队伍散开，才能制定出好策略，而朝着混战的人群扔出某种远程武器，就能迫使玩家把队伍散开。

但根本没有"远程恐龙"这种东西。你至多也就能找到一些弹跳距离远得出奇的物种，但当它们下颌紧咬之时，它们仍得置身于肉搏战中央。我发现自己对古生物的构建越来越随心所欲了，最终甚至放弃了现实主义的做法，创造了一种能够喷射毒液的恐龙。作为对艺电制作人宾·戈登的友好致意，我把我的新物种命名为"宾龙"。在游戏发行时，我可能得给它改个名字，但因为游戏永远无法完成，我避免了这个麻烦，妙哉。

如果我只需要制造一种恐龙，那还好说。但是根据"石头剪刀布"原理，远程攻击的战斗者必须占大约三分之一，这意味着要么需要更多喷毒液的恐龙，要么得大幅降低物种多样性。与此同时，按照恐龙物种真实的分布情况，草食动物应当占据了很大的比例。如果将群体进化定为目标，这种设定还能凑合成立，但现在是"恐龙争霸"，所有性情温和的物种都只能无所事事坐在一旁，看着少数几只食肉物种互相啃咬厮杀。我们所谓的"建造者与战斗者比例"已经严重失衡了。

再见了，三号原型。

到现在，我已经狗急跳墙了。关于这款游戏的新闻报道已经铺天盖地。粉丝们在留言板上积极讨论着我们可能在游戏里加入哪些功能。我甚至为一些面试候选人启动了游戏原型，以期尽可能获得更多新的反馈。我们为这个项目配备了一个完整的团队，干了至少六个月，而我甚至还没弄清楚该拿这个主题做成什么类型的游戏。

我无法解答的一大问题是："在恐龙世界里，谁获得了最大的乐趣？"我希望我的玩家可以成为游戏世界里权力最大的人，过上最刺激、潇洒的生活。在文明史上，这样的人是国王；在西属美洲大陆沿岸，这样的人是海盗船船长；在战争时期，这样的人是将军；在交通运输业，这样的人是企业大亨。但是单头恐龙其实并没有很大的权力。霸王龙可以吃掉所有的小型恐龙，但它不会建立一支军队。进化机制有效，但个人是无法体验这个过程的——玩家必须退居恐龙之神的角色才能玩转这套机制。但是哪个神会微观管理某个特定物种的日常进食和搏杀战斗呢？似乎没有一个统一的视角可以整合统揽恐龙世界所有好玩的部分。

我操控游戏朝向左，朝向右，朝向介乎左右之间的每一个角度，都是徒劳，仅剩一个选择——彻底偏离道路。因此，有了第四个，也是最后一个恐龙游戏原型。由于这一版本是一款卡牌游戏，就像当年风靡全国的《口袋妖怪》，我们暂且叫这个版本"恐龙怪兽"（DinoMon）。实际上，这个版本更接近《恐龙万智牌》，而不是《口袋妖怪》，但在分析这个项目为何会一败涂地时，我们实在不好意思提起这一点。

客观地讲，卡牌游戏的版本不算太差劲。它按照不同的功能，划分出恐龙卡和变异卡两种卡牌，巧妙化解了要辨识度还是要进化的矛盾。例如，你可以从一张完全符合科学事实的腔骨龙卡牌开始，然后出一张角卡或者羽毛卡，增强其在某场特定决斗中的战斗力。感觉就像看到最喜欢的名流扮演不同角色。每次决斗之后，卡牌都会回到你手中那副牌里，这也意味着"下次我要用不同的方法试试"，这种冲动可以更快得到满足。同时，卡牌形式充分利用了玩家的想象力，让他们在自己的脑海中创造出尘暴飞旋或泥浆飞溅的场面，而不是消耗屏幕资源来呈现这些效果。甚至连这种收集卡牌的感觉似乎也与游戏主题相呼应。一个孩子能说出的恐龙名字越多，他就越厉害，就好像儿童时期的根本本能，就是在脑海中集齐所有不同种类的恐龙。

但说到底，这没什么新意。首先，这些卡牌的互动方式与《万智牌》太像了。如果你能加入自己的想法，那借鉴一点创意是可以的，但我从来不觉得恐龙游戏有足够多的新元素可自证清白。其次，我能感觉到整个团队（包括我自己）都被笼罩在一种焦虑情绪之下。花了这么多时间和精力在这款所谓典型的席德·梅尔游戏上，最终却选择了一种平平无奇的卡牌形式……只是感觉很失望。

同样，放弃这款游戏也令人失望。付出努力却无法获得想要的结果，此时不强求自己，这不难做到，但是让其他人也放手就不太容易了。我们已经为这款游戏投入了大量资金，艺电能同意我们终止开发吗？我的团队里有多少人会感到失望，又有多少人会暗自松一口气？哪一种情况更加糟糕？我甚至不敢去想那些大书特书"席德取消游戏！"的新闻报道，这些报道肯定比原先热切期待这款游戏上市的文章还要多。

我带着这种与日俱增的恐惧前往洛杉矶，参加了第六届电子娱乐展（Electronic Entertainment Expo，又称 E3）。对于游戏行业来说，那是个不寻常的时期——电子游戏每年的销售额已经超过了 350 亿美元，而美国人在索尼游戏主机 PS2（PlayStation 2）连一台都还没下线出厂时，就已经预订了 50 万台。显然，人们非常支持我们的工作。然而，哥伦拜恩校园枪击案 [1] 受害者家属刚刚起诉了 25 家不同的游戏制造商，指控他们助推了袭击者的行为。而且，美国参议院正在举行"交互式媒体 [2] 中的暴力内容对儿童的影响"正式听证会。同年晚些时候，有望当选总统的阿尔·戈尔选择了乔·利伯曼作为竞选搭档，一部分原因就是利伯曼长期以来为促成两党合作共同监管游戏业所付出的努力。

那一年电子娱乐展的气氛就像是《双城记》。一边是任天堂《塞尔达传说：姆吉拉的假面》（*The Legend of Zelda: Majora's Mask*）精彩的预告片让粉丝们热泪盈眶；另一边则是印第安纳波利斯市正在考虑制定一项法律，要求街机放置的位置不能直接暴露在公众视野范围内。这边在世嘉公司的展位上，与会者兴高采烈随着《朋友桑巴舞》（*Samba de Amigo*）的节奏摇晃电子沙槌 [3]；那边在外面的街道上，抗议者对着会议大厅挥舞拳头宣泄着愤怒，以示强烈反对。这些公开谴责的声浪没有真正伤害到我们，证据是九年后，其中一些抗议者被发现是艺电为了宣传，雇来虚张声势的假抗议者。但在当时，我们不知道政治局势会如何发展、演变，更别提那些官司了，每个人都有点紧张不安。

....

1. 1999 年 4 月 20 日发生于美国科罗拉多州利特尔顿哥伦拜恩（Columbine）高中的校园枪击事件，两名中学生携带枪械和炸药，杀害了 12 名学生和 1 名教师，另有 24 人受伤，随后两人自杀。这起被视为"美国史上最血腥"的校园枪击事件，引发了美国社会对摇滚乐、电影、电子游戏可能对青少年产生的负面影响的广泛讨论。——编注

2. 指电子游戏、互联网和其他数字媒体。——译注

3. 沙槌（maracas），拉丁乐常用的一种乐器，也称"沙球""沙铃""马拉卡斯"。——译注

这种氛围并无益于我对恐龙游戏重燃希望。我和苏珊赶在周末结束前歇了歇，去好莱坞市中心参观了著名的格劳曼中国剧院。说来也奇怪，那年我的家乡巴尔的摩遭受热浪侵袭，洛杉矶的天气却宜人得多。正当我慢慢放松下来的时候，突然，人行道上的一大群人拦住了我们的去路，他们都伸长脖子朝着警戒线的另一侧看去。我辨认出前方有豪华轿车、泛光灯，还有一只像是肉食牛龙的巨大怪兽站立在人行道上。有那么一刻，我以为自己终于疯了。

然而，这只冷血杀手（但那也可能是温血动物）似乎没有困扰到在场的其他人。警察也毫无紧迫感，不仅背对着这一奇观，为了维持现场人群秩序，还皱着眉头转向我们。无论这是在进行什么奇怪的庆祝活动，我们都没法穿过去。因此，我们赶紧避入迪士尼商店，想着可以穿过商店，再从大楼的南侧出去，那里与人群聚集的区域隔了一条街的距离。

"对不起，先生，"一名身穿印着字母图案马球衫的年轻人友好地对我说道，"你现在不能走这条道。"

"棒极了！"我嘀咕道，我也许不该对他那么凶，"这到底是怎么回事？"

他笑了，显然我的提问正中他的下怀。"我们今天在为迪士尼工作室的新电影《恐龙》办电影首映式，这是迪士尼工作室的最新力作。"

"好极了！"我这回几乎是真心实意地回答道。这至少解释了为什么有一只与实物一样大小的肉食牛龙模型。"我们只是想去好莱坞大道。"

"你们是哪里人？"

作为一个经常需要与人闲聊的人，我知道对方什么时候是真的感兴趣，什么时候只是出于工作需要而询问。"巴尔的摩。"我礼貌地回答，又把话题转回到现下我们面临的问题，"那么，我们怎样才能过去呢？"

"巴尔的摩，嗯？那里每年这会儿的天气怎么样？"

"还行。我们是必须绕路，还是怎样？"

"巴尔的摩金莺队你觉得怎么样？"

"啊，不错。"我随意附和，措辞尽可能含糊。无论对方怎么想，我对巴尔的摩金莺队一无所知，也不想谈论他们。

一阵漫长难堪的沉默之后，这位员工似乎突然想起了什么："嘿，我正好有几张首映式的票，你们有兴趣吗？"

我叹了口气："我们真的想找到那个有明星水泥脚印的剧院。这个首映式什么时候开始？"我的语气清楚地表明，除非这鬼活动会在五分钟内开始，否则我们不会等下去。

"电影大约五分钟后就开场了。"他说。

"哦。"

"有免费的爆米花和苏打水，这些票可以让你们参加隔壁的首映后派对，有更多的免费食物和饮料，还有机会见到电影中的一些明星。此外，还能拿到一件免费的 T 恤！"

好吧，有谁拒绝得了免费的 T 恤呢？片刻之后，我和苏珊来到了埃尔卡皮坦剧院的上层露台。在观看一部恐龙电影的全球首映时，我也悄然经历着自己的恐龙主题存在危机。当下欢快宜人的氛围让我感觉有些离奇，我胡乱琢磨着这是不是某种预兆，或者我是否应该像这部电影一样，采用三维数字化技术来制作游戏。或许，我要学习的是这部电影积极向上的正面情节，我应该接着捣鼓早前某个不过于注重战斗的原型。在"恐龙争霸"版本里，我最喜欢的部分就是那些跟在成年恐龙身后转悠的幼年恐龙了，也许这种代际成长的感觉才是正确的推进角度。又或许，这只是进一步证明了策略游戏终究没法抓住恐龙主题的精髓。

不过，还没等我弄清楚这一整个奇怪的巧合意味着什么，我就碰上了一个更加奇怪的巧合。参加完首映式后的聚会，我们终于设法穿过街道，抵达了原来的目的地——格劳曼中国剧院。顾名思义，这座建于1927年的好莱坞地标是一处颇为华丽张扬的人造亚洲风情胜景。精心雕琢的方形塔楼矗立于庭院两侧，庭院向后头远离街道的方向延伸开去，直到院中竖起一座三层楼高的红色宝塔。入口处守着一对石狮子，几乎所有东西上都有龙的图案。如果今天造出这样一座建筑，公众可能会认为它既俗气又令人反感，但它是电影黄金时代的遗迹，因而我们有幸继续欣赏它。

多年来，格劳曼中国剧院举办过数百场大片首映式，从《绿野仙踪》到《星球大战》，但它最吸引人的还是中央的院子。传说有一位著名的女演员，或者那是剧院的联合创始人之一，在施工过程中不小心踩到了潮湿的水泥，这启发了他们，在入口处的地板上辟出一块地方，让电影偶像留下永久的手印和脚印。经过近一个世纪的运作，只有不到250个人蒙恩在此留印。一些人认为，这些不起眼的混凝土块是好莱坞能够提供的最负盛名的奖项。许多手印、脚印旁会刻下鼓舞人心或表示感谢的小段文字，还有一些演员把标志性物品也压进了水泥块，比如格劳乔·马克思的雪茄，或者丹尼尔·拉德克利夫在"哈利·波特"系列电影中使用的魔杖。

当我和苏珊跨过门槛，想看一眼这些电影历史时，我碰巧低头看了看自己的脚。"亲爱的席德，"人行道上写着，"我祝你成功。"

我又一次怀疑起自己的精神状态了，但是路面上真的写了这些话。一位名叫诺玛·塔尔梅奇的人在 1927 年 5 月给我写了一条简讯。她也不是唯一一个这么做的人，玛丽·皮克福德和塞西尔·德米尔分别在诺玛的那块印记两侧写下了"向席德问好"，就在其上方，道格拉斯·费尔班克斯也祝我好运。在他的印记对面，比比·丹尼尔斯甚至称我为"我们的表演之王"，而芭芭拉·斯坦威克公开表达了她对我的真爱。整个院子似乎都在给我鼓劲。

多亏了一些历史小册子，我们很快就发现格劳曼中国剧院是由一位名叫席德·格劳曼的人建造的，他是一名企业家，与早期许多明星都交往密切。尽管如此，我还是把这些信息当作是写给我的。我是说，这个世界上叫席德的人并不多，我相信他不会介意与我共享祝福。

克拉克·盖博称我是一个伟大的人，罗伊·罗杰斯和他的马"扳机"都在祝我旅途愉快[1]。汉弗莱·博加特写道："在我没杀死你之前愿你永远活着。"而约翰·韦恩坚持说："言语不足以表达。"吉米·斯图尔特、鲍勃·霍普、弗雷德·阿斯泰尔、金杰·罗杰斯，还有无数人都提到了我的名字，我把他们的鼓励之词铭记于心。

....

1. 罗伊·罗杰斯的代表作就是《旅途愉快》(*Happy Trails*)。——译注我花了大半个周末来消化心爱的恐龙游戏必然会被放弃的事实，这些颇具历史感的"加油"，也没能改变这一现实。一旦我们回到巴尔的摩，我就必须终止这个项目，面对我的团队、我的发行商的失望，以及我最不愿意面对的——我的粉丝的失望。这种感觉一点也不好。但在那一刻，我走出格劳曼中国剧院，沐浴在加利福尼亚州明媚的阳光下，坚信一切都会好起来的。如果行业维持其创造力的时长，能够超过这个院子里供奉的任何一位明星的寿命，那么它显然也能超越单一游戏项目的寿命。时间一直在前进，未来总会有更多酷炫的想法和有趣的冒险。

19 人造草皮

《席德·梅尔的模拟高尔夫球场》*Sid Meier's SimGolf*　　　　　2002

　　我的同事杰克·所罗门曾经直截了当地问我："你有何种带来负罪感的乐趣？"值得一提的是，他是在面对着几百人的舞台上问出这个问题的，这通常不是放飞自我、畅所欲言的理想场所，好在我能轻松告知答案。

　　"毫无节制。"我苦笑着告诉他。我能够从任何给定的事物中分离出其中有趣的部分，这个能力的缺陷在于，给你什么你就会对什么感兴趣。我经常发现自己在偶然的情况下产生了新爱好，就像我的工作、生活一样，我做任何事情似乎都必须投入全部身心。

　　例如，我喜欢弹吉他。我知道相当多的和弦，和朋友一起玩音乐时，我会不时把键盘乐器交给别人来演奏，这样我就可以短暂地假装成一个摇滚明星。但我不认为自己在弹奏吉他方面有过人的天赋，也并不痴迷于弹吉他。我只是对此感兴趣。因此，我拥有大约二十把吉他。

容我辩解一下，其中一些吉他是为了方便。我在办公室里放了两把，在我们的教会里放了两把，因为你永远不知道什么时候想要弹几下民谣吉他或者电吉他，而且我不想一直来回拖着它们奔走。其余的吉他要么挂在家里展示，要么以各种各样的方式储存着，但是，就像我总跟苏珊强调的那样，我确实弹过每一把吉他。

然后是无线电遥控飞机，还有历史纪念品，以及高尔夫球杆……正如我所言，吉他只是我的一个爱好。我是个怪咖，怪咖总想拥有最时新的小玩意。至少，我可以证明，我收集大量的游戏机是为了工作，但是在大多数情况下，我必须有意识地努力克制这种收集癖，不让它陷入病态的程度。我曾经参观过乔治·卢卡斯在天行者牧场的图书馆，爬上通往二楼阳台的楼梯，你可以看到另外还有几千本书。还好我从来没有住过能放那么多书的房子，否则我肯定要先修一间宽敞宏伟的图书室。

我学到的一个重要的克制手段，就是限制自己接收的信息量，每次只接收零星的信息。因为我只要看上几分钟杂志，就会开始想，这套钛合金高尔夫球杆终于可以让我的高尔夫成绩更上一层楼了，那台性能卓越的数字吉他音箱绝对能让我的保罗·里德·史密斯（Paul Reed Smith，简称 PRS）空心吉他发出应有的天籁。数年前，我为自身着想，曾取消订阅所有杂志，自那以后"病情"改善很多。但是直到 2000 年末，恐龙游戏项目终止之时，我还能够收到两到三份不同的高尔夫杂志，而我甚至不会定期去打高尔夫球。

我就是在其中一本杂志里发现了一个设计高尔夫球洞的比赛，它夹藏在球场评论和如何改善高尔夫球手挥杆后摆动作的文章之间。显然，这不是先铺设长条形果岭[1]，再挖掘一两个沙坑就能搞定的事。有一些球场设计师甚至和职业巡回赛选手一样声名赫赫，那些选手所站之处，就是这些设计师的作品。

有趣！

如同《铁路大亨》，我制作的高尔夫游戏原型起初也是个模型构建器而不是竞技模拟游戏。我在度假时再次进行了开发，以便让自己清空思绪，从之前那个胎死腹中的项目中解脱出来。当然，现在人们对原型的期望值要高得多，而假期还是这么短，所以一样东西在 1990 年能让人眼前一亮，拿到 2000 年应该就泯然于众了。但一名游戏设计师的秘诀之一，就是可以重复利用自己的作品。作家不能大段引用自己的段落，艺术家不能在肖像画上添几笔就称其为新作，我却可以在几个小时内重新排列现有的代码片段，创作出一款全然不同的游戏。《葛底斯堡战役！》里本就有大面积的草场和可以四处走动的士兵。只需要将那些联邦军的灰色制服换成菱形格纹针织背心，高尔夫游戏原型就做成了一半。

如今，互联网也提供了大量可用素材。我的恐龙游戏无意中借用了约翰·威廉姆斯的《侏罗纪公园》原声配乐，美术部分则来自一系列史前主题的邮票。《葛底斯堡战役！》使用了我自己那些南北战争相关图书里的图片，直到后来我们的艺术家替换下它们。只要你说的是仅供办公室内部使用的临时模型，取用任何能找到的素材都可以。游戏原型的意

1. 高尔夫球专业术语。果岭是高尔夫球场上的一个区域，通常被修剪得很短，用于放置球洞。球员在挥杆把球打进球洞之前，必须将球打到果岭上，然后在果岭上尽可能地将球推入球洞。——译注

义在于，如果我们愿意花时间去制作，就能以最快的速度呈现产品可能带来的体验感。

度假归来，我向宾·戈登展示了最新的高尔夫游戏原型，宾告诉我："这感觉就像是《模拟人生》世界观的一部分。我们应该让你接触一下明讯通信公司。"

威尔·赖特在制作了《模拟城市》之后的几年里，又通过他的工作室制作了几款续作和衍生作品，包括《模拟城市 2000》(*SimCity 2000*，1993 年发布) 和《模拟城市 3000》(*SimCity 3000*，1999 年发布)。事实上，《文明 2》一度计划命名为《文明 2000》，以此间接致敬威尔的游戏，但我们认为，没有必要让《文明》的续作听起来不那么像一部续作。明讯通信公司最终也做出了同样的决定，将他们的下一款游戏名字截短了，命名为《模拟城市 4》(*SimCity 4*)。不过，威尔当时和我一样，已把他的系列作品交托给年轻新秀，他在 2000 年推出了最新力作《模拟人生》(*The Sims*)。当然，这款游戏是一部里程碑式的成功之作，艺电作为我们两家工作室的发行商，也非常希望我们能够合作开发一款游戏。

因此，经过多次与威尔商谈，我们最终敲定、制作出了《模拟高尔夫球场》。这款游戏巧妙融合了《模拟人生》和《铁路大亨》两种风格元素。菜单采用《模拟人生》的传统界面，高尔夫球手说的是一串奇怪的无意义音节，明讯通信公司将其称为"模拟语"(Simlish)。(历经几个月开发工作，我们几乎都能说一口流利的模拟语了，经常在办公室里大喊"米舒诺!"[myshuno!] 以期引起对方注意。) 但是，在《模拟高尔夫球场》中，取悦角色的方式是环境设计，而不是操纵角色的行为，而且，无论角色们有多高兴，你仍然要留意查看你的银行对账单。

有了这些基础构架，现在再回望杂志上这场竞赛引发的核心问题：一个"好的"高尔夫球洞应该是什么样的？你要如何为娱乐美学打分？如果巴赫的美可以被分析，可以用数学进行描述，那么高尔夫的心理吸引力肯定也可以。然而，与音乐不同的是，我于推杆果岭一事上没有多年经验，无法自己总结出规律。我必须与一些真正的高尔夫球手谈谈。

幸运的是，火爆轴心联合创始人杰夫·布里格斯的姐夫乔纳森，是纽约一家著名高尔夫俱乐部的成员。也不知道杰夫用什么办法说服了姐夫和一位职业高尔夫球手朋友一起来到马里兰州。据推测，他们此行的重点是在洞穴谷高尔夫俱乐部或贝塞斯达的一家乡村俱乐部打几场球，但他们抽出了宝贵的时间与我们共进午餐，讨论这些球场的优越之处。

"球场得简单。"餐桌上，某人表示，"实际上，没人会喜欢难度太大的球场。"

"那为什么不把果岭做成一个巨大的漏斗呢？"我问道，"不管你把球打到哪里，都能进洞。"

"对，"他若有所思地说道，"嗯，好吧。所以，你希望球场看起来有难度，但是真打起球来又比较轻松。"

在接下来的一个小时里，我们进一步缩小了范围。事实证明，这些人真正喜欢的是对他们来说很容易，但对其他人来说很难的球洞。例如，如果乔纳森特别擅长切球，那么他最喜欢那些靠切球才能进洞的球洞。高尔夫球手和游戏玩家一样，都想成为他们世界中的明星。

我的脑海里渐渐浮现出一套评分体系。其中一个是彻头彻尾的平庸型选手，另外三个都在某方面（精准度、距离或弧度）有特殊的技巧打法。在一轮一洞比赛结束时，我们会比较这三位各有所长的选手与普通选手的表现，并根据差异对你设计的球洞进行评分。因此，如果普通选手可以打出 200 码（183 米）左右的球，而擅长打远球的长距离选手通常能打出 250 码（229 米）的球，那么你最好在 225 码（206 米）外建一座山丘。长距离选手会把球打到丘顶，普通选手则只能看着他的球向后滚回来，两者偏差越大，意味着你设计的球洞评分越高。

这套体系的有趣之处在于，它基本上没有人工智能的参与。我们必须制定复杂的评估算法，但是我们没有要求计算机自己创造出一个上佳的高尔夫球洞。没有竞争对手会来侵占你的土地，也不会遭遇经过计算的天气或财务方面的打击。这是我自《单人飞行》以来第一个不涉及任何对抗元素的游戏项目。即使是《单人飞行》也有一个演示模式，无需用户输入指令，就能自动驾驶飞机，尽管游戏主体没有这个功能。

《铁路大亨》的最终版本也差点在没有用到人工智能的情况下完成，但是在开发的最后阶段，我们决定做一点改进，给游戏增加一些紧迫感，也大概是在这会儿，我们将开发期间使用的临时名字"铁路的黄金时代"变更为更具侵略性的"某某大亨"式名字。不幸的是，我们在游戏发布前不到一个月才将编写好的代码加入到程序中，所以我没有时间充分完善这段代码。因此，我们创造的人工智能，看似能随难度等级同步进阶，其实是通过判断计算机被允许作弊的程度来确定相应难度的。科尔内留斯·范德比尔特和 J. P. 摩根等强盗大亨的名号真不是吹的，不但可以承担远超玩家的债务，在不适宜的地形上建造火车站，当玩家被上游的洪水直接淹没时，他们显然还能胁迫河流乖乖就范。不过，这款游戏也提供了一个选项，可以关闭竞争模式，很少有玩家对此表示不满。一般来说，喜欢火车的人真的很喜欢火车，所以他们中的大多数人只会为自己的爱好得到认可而高兴激动。

事实是，即使我们花时间创建更细致的算法，也不会改变什么大局。比起不诚实的人类，高度逼真的人工智能往往更容易被指责作弊，因为，在某种程度上，所有玩家都对计算机可能比他们更聪明的想法感到不安。游戏的一部分趣味来自观察总结人工智能的行为模式，并成功预测它们的下一步，当计算机的行为不像计算机时，在心理层面上唯一安全的假设，就是人工智能一定访问了它们不应该访问的信息。赌博、无章法地行事或是碰运气，这些事情尽管人类每天都在做，但是人类不允许人工智能做。我们能编写出这样的人工智能程序，但经验告诉我们，玩家会被这种人工智能打击到沮丧地退出游戏。当双方都是人类时，就不会出现这种现象，人类玩家会预先做好对手可能是疯子的心理准备。计算机太聪明了，不会发疯，倘若它们开始做出癫狂之举，人们就会怀疑人工智能掌握了不为人知的信息。因此，从设计师的角度来看，优秀的人工智能通常并非我们的首选之项。

《文明》里人工智能的参与度高过大多数游戏，但即便如此，相较于真正的人工智能所能完成之事，它的作为微不足道。2011年，麻省理工学院的一位教授使用机器学习算法，在不用任何底层指令的情况下，教一台计算机玩《文明2》。从随机点击和游戏中关于行动是否成功的反馈开始，计算机最终掌握了足够多的规律，取胜概率达到了46%。一旦为其提供文本版的字词联想（word association）手册，计算机可在文档搜索包含屏幕上显示的相同字词的段落，根据上下文推测下一步该做什么，胜率就提高到了79%。虽然我在职业生涯早期就梦想过做出这样的东西，但是坦率地说，如今这种东西真的出现了，我反而觉得有点吓人，我很庆幸我们继续坚持着眼于满足玩家更简单的期望。

《模拟高尔夫球场》很受欢迎，尽管几乎每个评论家都震惊于它的古怪离奇。有人评价这款游戏"仿佛径直从杰西潘尼百货公司商品目录里跳出来的世界，那么温暖、毛茸茸且色彩柔和"。我怀疑他们产生这种印象并非基于任何用于衡量可爱的客观指数，而是因为游戏带有我的名字，形成了预期上的反差。尽管我制作过各种类型的游戏，但用户还是倾向于把我归为硬核策略类型游戏制作者。不过，《模拟高尔夫球场》只要能比之前的几款游戏好玩一点点，那也会是我制作这款游戏的最佳理由。新事物永远比已经尝试过的事物更有趣。

事实上，这款游戏完成之时，我就转投新的爱好。多年后才意外重新玩起现实版的高尔夫球。苏珊参加一个筹款活动后回到家，带回来她所谓的"好消息"。

"我给你买了一场高尔夫四人小组赛！"她自豪地宣布。

"什么？"我问道，我觉得自己肯定是听错了。这些话听起来简直让人摸不着头脑。

"今年的职业高尔夫冠军巡回赛会在巴尔的摩举行，"她说道，"开赛前一天他们会举办一场职业高尔夫球员和业余高尔夫球员一起参加的锦标赛。我参加了一个拍卖，出价成功，现在，你可以邀请两个朋友，和一位著名的职业高尔夫选手一起打一轮高尔夫球。"

"但是我已经好几年没打球了，"我抗议道，说这番话时也许正放下手中的一本高尔夫杂志，"你晓得那里会有很多人，对吧？"先别管公开出丑的问题，我能预见自己把球打偏到观众席上。"我可能会杀死个把人！"

不过，见她这么开心地把这份礼物送给我，我不想辜负这份好意，所以我开始每周上高尔夫球课，以免丢人，杜绝被指控过失杀人的潜在可能，等到锦标赛快开始的时候，高尔夫球对我而言，已经从一种可有可无的消遣，变成了一项全身心投入的爱好。然而，上天在比赛前几周和我开了一个玩笑，我拉伤了肌肉，最终无法上场比赛。我们把票送给了高尔夫球友乔纳森和他的儿子，还有曾在微散文公司任职的艺术家默里·泰勒。他们赛得很尽兴。我则在伤愈之后，立马带上一套最新高科技的高尔夫球杆回到了球场，继续推杆。

虽然这确实意味着我的衣橱空间总是不够用，但我认为，个性里带点强迫症倾向不是什么坏事。一方面，这会使我更加关注自己的作品质量；另一方面，也为我提供了重要的外部灵感来源，这些灵感往往会对我的工作做出惊人的贡献。举例来说，我那款完全以巴赫音乐为主题的游戏，可能太过超前，知音难觅；但是巴赫的作品影响了其他几个游戏项目，甚至在《模拟高尔夫球场》也能明显看到它的影子。测试发现，在铺设球道瓷砖时，每一方瓷砖的确认声效很快就会让玩家从感觉有帮助变成觉得烦人。所以我用著名的巴赫清唱曲《耶稣，人心之欢乐》

的调子替换了普通的咔嗒声（该曲目的名字你可能不知道，但你几乎肯定在一两场婚礼上听过这首曲子）。借由这处小小的改动，游戏中重复最多的无聊部分摇身一变，成为最可爱的部分之一。听出这首曲子的粉丝，会觉得自己很聪明。这首曲子的存在让他们觉得好玩，不着痕迹地怂恿他们继续铺设球道，如此就能铺设出一首完整的曲子。如果我没有一直抱持着对音乐的热爱，《模拟高尔夫球场》就不会这么精良；如果我没有一直抱持着对高尔夫球的热爱，《模拟高尔夫球场》就根本不会存在。一个只对游戏感兴趣的设计师很难做出原创作品，我相信在其他领域也是如此。无论你想在哪一方面有所长，你都必须确保自己继续阅读、学习，向别处寻找乐趣，因为你永远不知道灵感会从哪里冒出来。

20 迎风前进

▼

《席德·梅尔的海盗! 活在当下》

Sid Meier's Pirates! Live the Life   2004

《席德·梅尔的铁路!》*Sid Meier's Railroads!*   2006

　　《文明 3》就像一张倒下的多米诺骨牌，在接下来几年里，微散文公司零零散散地把几乎所有的版权逐一还给我们。下一个回家的是《海盗!》，孩之宝将其出售给法国公司英宝格（Infogrames），后者挂牌出售这些冠名权之后，开始自称雅达利。我确信这大体上应是雅达利方面出于财务考量做出的决定，就像孩之宝让我们制作《文明 3》一样。不过，能被认定为《海盗!》版权的合法代理，感觉真的很好。

　　时隔十七年，全新的《海盗!》无论是看起来还是感觉上，都与原版有很大的不同，我发现这种转变居然让我有点招架不住。《文明》是逐步完善发展起来的，但将一款老旧的游戏进行现代化改造，需要彻底推翻原有的技术，切割旧有的情感。我特别抗拒采用三维数字化图形的

257

想法，这东西又一次成为热门的新兴事物。

"这只是昙花一现，"我告诉制作团队，"不会一直火下去的。"三维数字化留给我的唯一印象就是笨重的老式飞行模拟游戏和随之而来的编码困境。且不论三维数字化会占用很多资源，多年来成功的二维游戏使我相信三维数字化不过是种营销噱头。将这么多的处理能力投入美丽的三维数字画面，游戏的其他部分必然会受到影响。如果没有足够的实质内容让人继续玩下去，那在游戏的头三十秒里，无论人们有多么赞不绝口都无关紧要。不，二维对我来说已经足够了。

团队成员的抗议清楚地表明，只有我一个人是这么想的，但是我坚持自己的立场。我们谈论的是《海盗！》——我的第一款冒险游戏，我对公司传统的第一次颠覆，第一款以我的名字冠名的游戏，必须得把它做好了！

项目不可能一帆风顺，总会起起伏伏。大多数项目都会在某个时刻遭遇瓶颈或陷入低谷。那些时候，似乎万事不顺，什么都行不通，没有人理解你的愿景。界面是丑陋的，游戏设定是无聊的，你想象不出自己要如何完成这个项目。通常在项目进行到一半的时候会发生这种情形，因为这时游戏往往已经大到你的脑子一下子处理不过来了。那段时日，会议填满了你的日程，每次对游戏做出调整都牵一发而动全身。不过，当你发现固执己见的结果并不如你所愿，这种低潮时刻偶尔也会提前到来。

"好吧，"我悲哀地想，"让我们看看三维数字化会成什么样子，纯粹是胡闹。"

我们办公室里最新的工具一应俱全，但是到目前为止，用上了这些制作技术的只有《文明3》的一些介绍性影片和火爆轴心的一款标志性动画效果：看起来像一艘巨型软式飞艇飞过。我没怎么研究过这项技术，但是，由他人的技术成果来决定我想看到的东西，这不是我的行事风格。因此，美国独立纪念日那天周末，我一整天都待在公司办公室里，自学如何使用我们的新式三维数字化引擎来创建一场海上作战原型。

小时候，我和父亲经常在卡斯湖上航行，密歇根州的地形呈连指手套状，卡斯湖就位于拇指关节处。虽然湖岸大部分都属于私人财产，但北岸位于风景优美的道奇4号州立公园内（很奇怪，实际上并不存在道奇1号、2号和3号）。除了沙滩和一些钓鱼点外，还有一处宽阔的公共船坞，在天气不错的周末，你能在这里看到沿着浅浅的混凝土坡道缓缓入水的各种船只，从独木舟到小游艇不一而足。

我们的船很简单，也很便捷，很容易就绑在我们新近购买的金色旅行车车顶。父亲订购了一套名为"去吧"（Go）的自行组装套件，内含预制的船体、桅杆和船帆，只要花些功夫找几张胶合板拼接成甲板，再做一下防水处理就大功告成。那时候，这类小船组装套件相当普遍，但我们的这一艘不太寻常，因为它没有船舵。当我们把它抬到岸边时，经常会有其他来消遣的水手叫住我们。

"嘿，啊……伙计，你们的船有问题。"

"不，这船没问题。"父亲会说，欢快地挥手回应。为了证实这一点，我和他会爬上我们的小舢板艇，仅凭风力和下苦功夫学来的航海物理学知识，灵巧地行驶在开阔的水面上。

这艘船真不适合乘坐两个人，尤其是其中一人需要不断地来回移动以保持索具指向最佳方向。因此，一旦父亲觉得我的航海技术已能够独当一面，就让我自己把船驶出去，他双手叉腰，站在斜坡上，时不时扯着嗓子给我一些建议，直到我驶得太远，听不到他的声音。由于我不想靠岸停船，父亲很快不再为我这个儿子感到自豪，他觉得无聊，不得不为自己打造了第二艘船，这次不是组装，是完全从零开始。我们会并排航行几个小时，短距离赛舟竞渡，欣赏对岸漂亮的房屋，直到我对风向的感知如呼吸一般自然。

我曾试图在原版《海盗！》中带入一点这种体验，让玩家在战斗过程中应付风向变化。迎风前进的方法是改变航向或者来回急剧调整船只角度，就像一条蜿蜒的山路爬上陡峭的山峰。我曾以为每个人都知道这一点，但许多玩家发现，这个过程是违反直觉的，他们普遍认为这是游戏的一大败笔。然而，有了三维数字技术加持，我就能够加入更多差异性细节。船只随着转向倾斜，从舵轮处以贴近真实的弧度转弯，而不是像个刻度盘一样以中央为原点旋转。船帆兜住风时会鼓起翻腾，直面迎风时则只是无助地颤动。这使得船只的航行状态第一次显得那么真实自然，即使不是水手也能理解正在发生的事情。

另外，将小海盗赶在敌船沉没之前全部跳船的场景制作成动画，也是一件非常有趣的事情。这些年来，我们已经多次违背"不死人"原则了，但我还是希望《海盗！》不失纯粹，抱持初心。如果三维数字化能帮助我们做到这一点，那就更好了。

当然，现在回想起来，即使没有那些游泳的恶棍，《海盗！》也是完美的三维数字化工具。这是我制作的最有故事性的游戏，非常适合如画的场景和完整的影片效果。原版的主要突破是在屏幕上展示了海量静态图像，而重制版可以再次呈现当下最新的图形技术。

我终于认识到三维数字化技术的重要性了，团队也重新振作起来，游戏的其余部分于是水到渠成。但说实话，即使到现在，我仍然对三维数字影片保持审慎的态度。当然，三维数字化技术有其可为之处，但也让游戏设计师产生错觉，以为自己是电影制作人。史蒂文·斯皮尔伯格 ★ 可不会因为你轻轻动一下手腕就即时做出反应，也不能根据你的心情改变结局。尽管他与你的互动交流可能很深刻，但严格来说是单向的。若是我们将自己独特的双向交互能力束之高阁，反而出于嫉妒去模仿他，这才是糟糕至极。美丽的画面很好，前提是你能左右这种美丽。不过，在当下，游戏设定独立于精美画面的价值无须多言，《我的世界》

★ 解锁成就 ···

这属于博物馆！[1] —— 和印第安纳·琼斯[2]、乔治·卢卡斯[3]、约翰·威廉姆斯[4]、史蒂文·斯皮尔伯格一起发起突袭。

···························

1. 这句台词出自史蒂文·斯皮尔伯格执导的系列影片《夺宝奇兵》。——译注
2. 印第安纳·琼斯是游戏《圣战奇兵》和系列影片《夺宝奇兵》中的主角。——译注
3. 乔治·卢卡斯与史蒂文·斯皮尔伯格合作过多部影片。——译注
4. 约翰·威廉姆斯与史蒂文·斯皮尔伯格在影片《侏罗纪公园》中有过合作，负责该片原声创作。——译注

足以证明这一点。

即使我们确定了以游戏设定为重，新版《海盗！》也不得不一次次为新增图像的局限苦恼。例如，在三维开场影片里，我们引入了一位终极劲敌，玩家可以在整场游戏猎杀这个角色。为了保留原版的精髓，玩家仍然可以选择蒙塔尔万侯爵险恶的故事线，但仅仅是给这个角色指定国籍——为了让他的服饰和口音更加生动，我们必须这么做——都会给那些想和西班牙人维持良好关系的玩家造成麻烦。在盟友的领地内打击犯罪分子并非不可能，我们不会让此事太过伤及你们的友谊。但是，如果玩家在哈瓦那[1]追求州长的女儿，蒙塔尔万的部下很快就会绑架她并迅速将她转移至蒙塔尔万的家乡（也就是州长家隔壁的小酒馆里）。我们会用一段幽默的对话坐实这个情节上的漏洞，然后让故事继续发展，但是，这说明即使只加入单一的影片剧情转场画面，也会使故事结构变得僵硬，结果是损失的情节比新增的还要多。

新升级版《海盗！》发布后不久，我去了德国。趁着媒体采访的间隙，我们决定偷出几小时空闲，去参观汉堡一个名叫"微缩景观世界"的旅游景点，那里有世界上最大的火车模型。当时，展区的第五大分区刚刚建成，里面共有 560 列火车，后面拉着近 6 000 节车厢。隐藏在城市街道下的磁通道上，自由行驶着数百辆汽车。控制模型的 26 台计算机每小时会演绎出值得看上一整天的大戏：警察巡逻车拦截平民驾驶的超速车辆，消防车响应闪烁的窗户里泄出的几缕真实的烟雾，航天飞机

....

1. 哈瓦那曾是西班牙殖民地。——译注

定期起飞搜寻小小外星人。

这是一次时机恰到好处的讨喜经历。新版《海盗!》一上市，粉丝就要求重制其他经典游戏，此次汉堡之旅正好让我对更新、升级原版《铁路大亨》有了源源不断的灵感。

版权问题一如既往存在。在我离开微散文公司后不久，这款游戏的版权就卖给了顶流软件（PopTop Software）公司，后来拿双互动（Take-Two Interactive）公司又收购了顶流软件。凑巧的是，在拿双 2004 年底从英宝格购买《文明》授权之后，我们就开始和他们协商了。尽管为了《文明 4》开发项目的保密，买家的名字在几个月后才公之于众。火爆轴心仅用八年就与四家发行商达成了合作——艺电、孩之宝、英宝格和雅达利。虽然其中几家发行商实际上是同一套班子挂两块牌子，但我们总得向新的高管汇报项目情况，工作流程因此总是中断。与孩之宝的合作就是例子，我们甚至还没来得及发布任何一款游戏，公司名字就又变了。现在，我们正考虑第五次与拿双合作，而我们最看重的只不过是稳定性。

因此，我们没有再签署一份授权合同，而是达成了一项更大的协议。拿双首先从英宝格和其他公司手里买下微散文公司剩余的全部资产，然后彻底收购我们的工作室。这需要大量的文书工作，但律师们向我们保证，他们会让破镜重圆，覆水可收。

这是个夸张的决定，但做出这个决定并不困难。我们一直怀疑火爆轴心最后只会保留一家固定的发行商。如果这是大势所趋，当然最好的应对法子就是拿回我们所有的版权，不再为我们首创的版权零敲碎打地一次次谈判了。拿双认为我们的游戏很好地对冲了他们拥有的其他版权带来的不确定性，比如《侠盗猎车手》（*Grand Theft Auto*），他们很乐意放手，让我们发挥所长。因此，在 2005 年 1 月，他们公开宣布自己买下了《文明》的授权，透露了《文明 4》即将发行的消息，同时宣布收购火爆轴心。这份新闻稿可谓重磅来袭，信息量很大。两个月后，我们将《席德·梅尔的铁路！》也列入了发行名单。

经过这么多努力，我们最终也没能用上"大亨"这块金字招牌，这样的结果还真有点叫人啼笑皆非。因为我们的游戏内容显然是相关的，拥有版权仍然是必要的，但是我们不想再和这种类型的游戏扯上关系。顶流公司出品的续作一直以来都属上乘之作，但是在过去的十五年里，市面上带着"大亨"名头的游戏已然泛滥成灾，制作这些作品的各家工作室规模不一，游戏品质参差不齐。玩家可以成为鱼类大亨、厕所大亨、月亮大亨，这还只是 21 世纪初的情况。如今，我们三百六十行，行行都能出大亨——剃须刀、冰雪皇后冰激凌连锁店，甚至游戏开发工作室（他们很可能正在制作自己的"大亨"游戏，就像是俄罗斯套娃式创业）。并非所有"大亨"游戏都很糟糕，但有些"大亨"游戏真的糟糕透顶，而且这个游戏类型已经有所演变。我们正在制作的这个游戏项目，已经不属于这个类型了。

我知道，由于《文明 4》还有几个月就要上市，这段时间里，我得独自制作设计《铁路！》了。我没有坐等艺术家加入这个项目，而是在计算机上安装了一个我们自己的建模软件，开始学习使用。我在制作《海盗！》时已经掌握了我们的三维数字化物理工具，但是我早前的船舶模型是从别的地方顺来的，现在想想，很可能是从负责《文明 4》美术的艺术家那里弄来的，我料想他们那儿也没有用得上的火车图形可以偷。所以我得自己制作。

显然，我并不指望我的美术作品能够留在游戏的最终版本里，但我还是做了，因为作为一个设计师，得从各个方面考虑问题，什么都得懂一点才行。了解每个部门的需求并学习他们必备的工具，将提升自己的产出，与同事的沟通也将更加顺畅高效，还能从批判的角度看待自己的错误想法。但最重要的是，这将使你自立自足。

举个例子，当我想在新的《海盗!》中加入一个舞会主题的迷你游戏时，不是每个人都觉得这是个好主意。我必须演示给他们看，这就意味着除却其他工作之外，还要创建一个工具来标记音乐的节拍，这样计算机就能知道玩家是否掌握了节奏。如果我不得不仰仗别人来完成这个工作，这事很可能就永远做不成了。仍然有一些人认为这个方案不妥，但这主要是由于出现了一个代码错误，使得计时比预想的更加困难。我仍然认为舞蹈游戏是重制版《海盗!》中最精妙的创意之一。

同样，我如果没有一个可以正常运行的原型，也无法说服发行商支持我制作一款高尔夫主题的策略游戏，你差不多可以忘掉我在 2000 年之前做的所有东西了。想法不值钱，执行才有价值。过去，人们时常会问我要如何进入这个行业，我会回答："搞个 DPaint[1] 和一个 C++ 编译器。"而现在，我的回答更可能是："搞一份 Photoshop 和 Unity 教程。"

....

1. 全称为 Deluxe Paint，最早发布于 1985 年的图形编辑器，在视频游戏行业被广泛使用。——编注但是规则并没有改变——金子不一定会发光，但如果金子从未做出过任何作品，肯定不会有人发现那是块金子。证明你的想法是好想法的最佳方式，就是用行动，而不靠动嘴皮子。先做程序员的工作，直到做出一些可以玩的东西；然后做艺术家的活，直到得到一些大致认得出的东西；之后做测试人员，诚实地面对自己，辨别出什么是有趣的，什么不是。你无须将每项工作做到极致，做到足以证明你的观点，足以吸引旁人加入的程度即可。

21 高等教育

▼

《席德·梅尔的文明4》*Sid Meier's Civilization IV* 2005

《席德·梅尔的文明4：殖民》

Sid Meier's Civilization IV: Colonization 2008

《席德·梅尔的文明5》*Sid Meier's Civilization V* 2010

《文明》这款游戏让我学到了很多，不过我从未想过它能让我对政治家产生同情。批评领导者很容易，但是经过几轮国家建设，你就会开始意识到，这一切并不如看起来那么容易。任何事情都是有代价的。如果说玩《文明》游戏能让你从一些新的角度看待问题，那么设计《文明》就能让你对此有一肚子的新看法。

这也是每个版本的游戏都会任命一名新首席设计师的一部分原因。继布赖恩的《文明2》、杰夫·布里格斯接手设计的《文明3》之后，程序员索伦·约翰逊将开始负责《文明4》的开发，一位名叫乔恩·谢弗的设计师则接下了主持开发《文明5》的重担。对这个系列来说，持续转换设计思路是桩好事，这也是面对令人招架不住却也让人心生欢喜的疲惫时的一种自我保护机制。从前的《文明》设计师就像祖父母，我们在年轻和精力充沛时做出了重大牺牲，现在我们可以享受抚养后代的所有乐趣；新一代设计师则像父母，负责处理所有烂摊子，无论是尿布，还是坏脾气。

除了每一个新技术周期都会全面更新的美术和音频之外，"文明"系列的设计师会例行遵循三分法则。也就是之前版本的三分之一保持原状不变，三分之一改进更新，剩下三分之一则焕然一新。如今，"更新"也就相当于"缩减规模，为新事物腾出空间"。因为，一方面，我们不希望游戏让从未玩过的人觉得过于复杂；另一方面，我们也不希望千篇一律的续作让老粉丝腻烦，失去兴趣。而且，我们的设计师本身就是游戏粉丝，所以一直有很强的驱动力去添加更多的功能。《文明 3》尝试了一套新的间谍系统；《文明 4》增加了重要的宗教和文化机制；《文明 5》通过采用"一格一单位"原则，将地形布局从正方形改为六边形，彻底改变了棋盘本身。

这些想法大多是我在制作该系列第一款游戏时就考虑过的，但要么受限于当时的技术水平，要么对当时的玩家而言有些不合时宜。例如，六边形网格棋盘几十年来一直是桌面游戏的主流，而且明显比方形棋盘优越，因为六边形的棋盘杜绝了棋子对角线移动的可能。从视觉上看，对角线移动似乎没什么；但是从数学角度看，对角线移动一步，覆盖的面积明显多于直线移动的一步，会破坏游戏的平衡。设计师要么适应棋子不规则移动的速度，要么就得设置一些看起来专横武断又会让玩家抓狂的移动方向限制——没有人喜欢在一步之遥的地方被截断去路。遗憾的是，若是正面较量，数学很少能战胜人气。尽管从设计角度来看，六边形更好，但在《文明》刚问世时，人们认为六边形对普通计算机用户来说太过怪异，所以我们不得不改回熟悉的方块棋盘，让他们为这款策略游戏买单。就像我说的，任何事情都是有代价的。

由于如奴隶制之类的新内容可能会冒犯某些群体，所以原版游戏没有出现这类元素。此刻，我再次意识到，我们作为公众人物，无论怎么做都注定遭殃。《文明》大卖使之受到专业学者关注，没过多久，同行评议的期刊就指责我"卖弄陈词滥调"，淡化西方扩张的罪行。然而，当《文明4》首度尝试解决奴隶制问题时，不满的声音更加响亮了。此后不久，我们又重新制作了一版《殖民帝国》，这个版本再次删除了奴隶制相关内容，此举直接让舆论炸了锅。

封印一旦打破，这种条分缕析的哲学分析很快就殃及我之前制作的游戏——也许正如一篇文章对这些游戏的看法，按照"阿尔都塞¹的理论"，它们是我"无意识表现出的文化主张"，其中"暗藏着一种教化众生的欲望"。"事实证明"，《海盗！》并不是在宣扬传奇历险，而是在说教"实力不平等和非法的活动看起来似乎会破坏现有的等级秩序，但实际上会强化这种秩序"。甚至《C.P.U. 巴赫》也被人说揭露了"在无厘头的游戏技巧背后，一股意识形态力量潜移默化起着作用，这股力量有其黑暗的一面"。

----

1. 路易·阿尔都塞（Louis Althusser），法国马克思主义哲学家。——译注

奇怪的是，我的那几款军事游戏没有遭到此类极深研几的审查，尽管它们充斥着"霸权主义假设"，我怀疑这与它们坦荡地表明了意图有关。《F-15战鹰》只是为了展示军事优势，而《文明》显然想要完成更多的事情。只有当你开始以一个普遍的非政治性主题为目标时，你才会受这个度量标准裹挟，最终必然壮志难酬。

我只能说，我们的动机纯粹真诚，也许这些人是太闲了。我不否认最早一版的《文明》是以西方视角为主的。时值冷战言论盛行，这类言论倾向于将所有叙事过度简化，将人划分为非黑即白的好人、坏人，没有其他可能，非常遗憾。游戏里的国际多样性对20世纪90年代初的美国人来说是全新的概念，至少我们可以说自己站在了潮流的最前沿，但此多元化之路仍路漫漫其修远兮。随着该系列游戏渐趋成熟，我们在南美、亚洲和非洲的文化之间做出了很好的平衡，每一款游戏都努力做到比上一款更具包容性。事实上，我们为此付出了很多心血，不料却弄巧成拙，导致了截然相反的极端结果：由于摄影和偶像方面的禁忌，新墨西哥州的普韦布洛印第安部落全体酋长理事会反对在《文明5》内加入古代普韦布洛领袖波佩。好在我们在开发过程中即得知此事，乐意尊重他们的意愿，用北肖肖尼部落的波卡特罗酋长代替了这个人物。我们可能偶尔会忽视其他视角，但一旦注意到，我们绝不会轻忽以待。

批评我们拥护文明的"进步"模式，也是合情合理的。从现实角度来看，我们不会改变这种模式。游戏必须有成就感。这当然不是看待世界的唯一方式，但这是在我们试图创造的世界当中唯一行得通的方式。同样，发现我们的历史人物和事件在某种程度上被夸张化处理，也并不值得大惊小怪。所有的游戏在本质上都是删繁就简的。不过，我们尽力以平衡且得体的方式进行简化，并始终以改善玩家的整体体验为目标。如埃默里大学的欧阳泰[1]博士所说："历史不仅仅是过去，还是现在对于过去的反思。"他与约翰·哈尼博士在《历史重生》播客对谈，嘉宾们会在这个播客中剖析各种电子游戏在文化及历史方面的影响。欧阳泰博士评价最新版《文明》时说："游戏里有一些也许并不完全现实的假设，但这些才是其可贵之处。我们作为历史学家，无论研究了多少文献资料，多么严谨审慎，仍然需要建立模型，做出假设……而这就是一种有趣的具象型模型。"

在我们这一行，一切都必须为乐趣服务，碰巧的是，学习历史往往有很多乐趣，但有时这也非常令人沮丧。因为游戏与其他形式的故事不同，玩家是亲身代入我们的主要角色里去的，所以我们必须为玩家提供明确的道德立场，避免玩家陷入痛苦的境地。他们的自尊心受到了威胁，而我们必须温柔以待。我们游戏里的那个成吉思汗就算即将被玩家击败也不会跪地求饶，因为那会令玩家不适，他们会质疑为了胜利是否有必要做到这种地步，实际上相当于质疑游戏本身是否有必要做到这种地步。我们应为玩家保留在下一轮游戏里扮演成吉思汗的可能。比起羞辱玩家直到他们完全放弃游戏，更加行之有效的方式，是让玩家身临其境地比较两种积极但又截然相反的游戏体验。

不过，一般来说，我并不介意拘泥于小节的理念碰撞和建设性的反

....

1. 欧阳泰（Tonio Andrade），汉学家及东亚史学家，其代表著作之一《从丹药到枪炮：世界史上的中国军事格局》2019 年由中信出版社出版。——编注

馈意见。批评我们的人，帮助我们找到一些受限于知识储备而未曾注意到的缺失，最终成就了一款更好的游戏。即使他们错得离谱，这也是好事，因为这会提醒我们众口难调，让所有人都满意是不可能的，我们做事必须先讲良心。例如，并不是每个人都欣赏得了原版《文明》里全球变暖的设计，早前一位评论家称我们在游戏中实现妇女选举权的做法是"为政治正确添砖加瓦"。因此，我可以自信地说，至少在某些时候，我们不受欢迎只是因为我们太过超前。

我甚至敢说，整段对话都是在说我们。早年关于电子游戏的学术评论非常少见，而且在思想上与实际玩游戏的人有隔阂。几乎所有的讨论都提到了年龄：1997 年，一位作者创造了"屏幕青少年"（screenager）一词来形容我们的用户；在 2002 年，一个人类学家嘲弄了《文明》游戏中的（所谓的象征性）非军事胜利，将之比作"五人男团"，旨在令天真的年轻女孩们为之倾倒。这个行业的年轻化，无论被人们视作消极一面还是有希望的一面，始终都在暗示着这个行业不够成熟。

这些批评者似乎都没有意识到，青少年是我们的游戏受众里最没有定性的群体。游戏一开始只是成年的活动，与儿童完全没有关系。1980 年，当我带着《人质营救》回到密歇根州时，我母亲是唯一试图打败阿亚图拉的人。当时，我的弟弟布鲁斯大概 10 岁，妹妹薇姬大概 8 岁，也就是我们今天认为的最适合玩电子游戏的黄金年龄，然而并没有人想过要把他们叫过来。因此，计算机，以及在计算机上进行的所有活动，都是为成年人准备的。

不过，到了 1994 年，迪士尼进入了这个市场，4 岁的瑞安坐在我腿上玩《迪克·特雷西：破案历险记》（*Dick Tracy: The Crime-Solving Adventure*）成了稀松平常的事。同年，娱乐软件评级委员会成立。该组织之所以成立，部分原因是家长误会所有的游戏都是针对幼儿设计制作的。幼儿在玩家群体中并不完全占优，但是，在娱乐软件评级委员会首轮评级中，被标记为"幼儿阶段"和"全年龄段"的游戏数量，大约是"青少年"和"成人"的两倍。这个比例一直保持到了 2000 年，也就是在游戏的陪伴下长大的那一代人开始离家远行的时候。游戏市场很快就形成了新的平衡，到 2003 年，幼儿游戏已经彻底不是市场上的主流产品了。

从那时起，两类游戏的数量大致维持着一比一的均衡，这情形与电影及图书领域一样。但是那些踩在青春期尾巴上的新生代玩家不会就此远离游戏。他们在读大学本科期间一直在玩游戏，攻读硕士学位期间也在玩游戏，最后，到了 2010 年左右，他们作为第一批玩了一辈子电子游戏的玩家都开始收获博士学位了。就在差不多同一时间，细致、深入剖析游戏之于社会的影响（以及，是的，我们能做得更好的具体方法）的学术辩论才多了起来，开始真正进入主流视野。

因为学者知道我们，所以才会谈论我们，批判我们。游戏玩家不会无端端获得学界信任；他们会长大，自己成为学者。我们创造了自己的监督者，我明白，他们抱怨只是因为他们很在乎。

几年前，我们在巴尔的摩举办了名为 Firaxicon 的小型游戏大会，我着实没想到会有那么多家长带着孩子来参加。这些成年人并非不情不愿的陪护者，而是孩子们在大会上的本地向导。母亲和儿子，父亲和女儿，甚至一些祖父母和孙辈，都想通过传承传统来表达他们对游戏的热爱。他们并不为此感到尴尬，而是深感自豪。更重要的是，他们是活生生的证据，证明游戏玩家不仅仅是内心封闭的青少年。他们有事业，有朋友，有家庭，在《文明》之后还有生活！这足以让人热泪盈眶。

如今，我们被主流文化认可的迹象已随处可见。《文明4》的主题曲《我们的天父》赢得了格莱美奖。"电玩交响音乐会"演奏完整的管弦乐版本游戏音乐，在全世界巡回演出，首演当晚卖出了 11 000 张票，此后举办了超过 400 场音乐会。我接到过《华尔街日报》的电话，他们想知道我们是如何完美抓住了税收政策的本质，以及在我们看来，亚当·斯密的经济理论中哪些部分与之相关性最强。（我的回答是没有，因为我从来没有读过他的作品，而且我不认为《文明》里的税收制度如记者所言那般深奥。）2016 年，美国退休人员协会的网站出现了一篇文章，赞扬了游戏对老年人的好处。尽管仍有教授不喜欢我们简化历史的做法，但也有为数不少的教授，出于学术目的，将《文明》作为作业布置给学生，相对平衡了那些心怀不忿的教授。威斯康星、宾夕法尼亚、肯塔基、俄勒冈、马萨诸塞、科罗拉多和佐治亚等地的大学课程正式收录了我们的游戏。

我们的游戏也进入了高中。早在 2007 年，一家加拿大公司制作了名为《历史加拿大》（HistoriCanada）的《文明3》模组，其中包含了额外的《文明百科》条目、精确的地图以及原住民的艺术和音乐。这版模组被免费分发给了 2 万所学校和另外 8 万名学生，帮助他们亲自体验国家诞生的历程。

虽然我们的游戏与教育有所交集完全合乎逻辑，但我一直不太喜欢"教育软件"这个标签。我自己总是更喜欢用"学习"这个词。"教育"是别人告诉你该怎么想，"学习"则是自己敞开胸怀接纳新的可能性，且由于个人有所领悟而掌握了一个概念。从教育的角度指责我们的游戏缺乏历史准确性，是说得通的；但站在学习的角度这么说我们的游戏，就非常不公平了。难道因为真正的老鼠不会说话，《伊索寓言》就毫无意义吗？我们鼓励求知，拥有自己的信仰。我们希望你明白，选择是有代价的，一次外交行为可能会决定一个国家的命运，历史人物不是非黑即白、善恶分明的完人——这些不是我们告诉玩家的，而是玩家自己面对那些错综复杂的局面，领悟出来的。

如果游戏设计得当，玩家甚至不会意识到他们在学习。当然，你也可以反驳说，如果教学方式得当，学生也不会意识到他们享受到了多大的乐趣。正如马歇尔·麦克卢汉的名言："任何试图区分教育和娱乐的人，他们既不懂教育，也不懂娱乐。"但是，与传统教学相比，技术给予我们一个不可否认的优势——比起单一的课堂，我们能够接触到更多的学生，提供更广泛的主题。

一对已婚夫妇说，根据《文明》的经济体系制定的家庭预算，让他们得以控制每月的财务状况。科罗拉多大学的一位教授称赞《铁路大亨》在级别三就教会了他关于债务和破产的陷阱，不止一位《海盗！》粉丝告诉我，由于对加勒比海沿岸城镇有百科全书式的了解，他们在地理考试中取得了好成绩。（但我想，老师如果听到他们在讨论哪个城镇便于洗劫，可能就不会那么激动了）。小宅（Kotaku）网的一名记者认为，他小时候能掌握一些较为高级的词语，得归功于游戏，他从游戏里学会了 ziggurat（古代美索不达米亚金字塔庙）、aileron（飞机侧翼）、épée（重剑）、polytheism（多神信仰）等词语，他的读者纷纷加入这个话题，补充了几十个词语。我自己的儿子几乎完全是通过计算机游戏的提示手册学会阅读的。

综上所述，我们的游戏既不能说是为儿童设计的，也不能说不是为儿童设计的。我们相信，一款真正的好游戏会考虑到方方面面。布鲁斯·谢利曾经开玩笑说，我们在图书馆的儿童区做研究。这不完全是比喻。儿童书籍会跳过细节，直接切入重要的主题。书中简单的插画通常能在当时有限的显卡性能下很好地实现转化。童书提供坚实可靠的知识基础，玩家在玩游戏前就已知晓。我们可以在此基础之上，铺一层我们自己的幻想、幽默和戏剧性，同时依旧坚信其下的一切会与欢愉构成的基础产生共鸣，而成年人往往忘记了这般快乐就藏在自己内心深处。当然，对成年人而言，这个世界更加复杂，但是孩子们并不笨，如果一个创意的根本特质不足以引起孩子的兴趣，那么在我看来，它根本就没有你想的那么有趣。

22 失真的数学

《席德·梅尔的文明变革》

Sid Meier's Civilization Revolution   2008

和大多数同龄人一样，我接触到的第一款电子游戏，是历史悠久的知名黑白乒乓球游戏《乓》（*Pong*）。通用仪器公司所在的那条街道边，有一家小餐馆，我们有些人下班后会结伴去那里消遣，吃个晚饭。他们后来在休息室安装了一种奇怪的小桌子，有机玻璃表面下有一块面朝上的电视屏幕。这东西本来的用意是让你在玩打球游戏时把饮料和酒吧小吃放在上面，但是在电视的表面上吃东西似乎不太礼貌，所以晚上大多数时候我们只是徘徊在那里打上几轮游戏，然后回到我们平平无奇的木桌前坐下。我对这东西印象最深刻的一点就是机柜的一边不知怎么就接反了，当玩家把旋钮转向右边时，反倒把那条小白线送到了屏幕的左边。因此，我们一直认为，技术更熟练的人必须坐那个坏掉的位置来缩小实力差距，这可能是我关于平衡游戏设定的最早经验了。

在街机硬件术语中，旋转拨盘控制器有时被称为"旋转器"；真正的铁杆怪咖玩家则按照其功能认为它们是电位器或变阻器；由于它们最初与乒乓球有关，普通大众会别扭地称之为"球拍"。在《乓》发行一年后，第一款四向游戏操纵杆（joystick，这个怪词来源于早期的飞机控制装置）在街机游戏《天体竞赛》（Astro Race）中首度亮相，并很快流行起来。到了1977年，雅达利2600家用游戏机配备了一个标准化的插头，除了雅达利自己生产的五种不同风格的控制器外，还可以支持无数的第三方控制器。

市场做出了反应。1983年发行的《创意计算》杂志刊登了一篇1.5万字的硬件评测，比较了16个不同的操纵杆品牌和8种独特的球拍套装，以及由于这些配件适配的插头不太常见，为此需要安装的8款转换器。其中有些产品出人意料地具有前瞻性，比如数据软件（Datasoft）公司出品的Le Stick操纵杆，该产品通过一组液态水银开关来探测操作动作，只要独立的圆柱杆体向任何方向倾斜超过20度，开关就会触发。可以想见，这款产品没能在市面上存在多久。但撇开内含有毒金属这一点不谈，数据软件公司做出这款产品的时间，比运动传感器热潮早了四分之一个世纪，这一点颇值得称道。

然而，很快，第三方制造商就销声匿迹了，市场也渐趋两极分化。一方面，街机柜的传统旋钮、按钮和操纵杆整合成了每种主机系统单独专用的控制器。另一方面，个人计算机行业开始朝着更成熟的商业外围设备的方向发展，即鼠标和字母数字键盘。大型游戏公司尽可能尝试改弦易辙，但在1983年底，北美主机游戏市场崩溃，从之前32亿美元的年收入骤降到 1985 年的仅 1 亿美元。这对雅达利来说是毁灭性的打击，整个事件在日本被称为"雅达利大崩溃"（Atari shock）。由于种种原因，日本市场维持了稳定，美国的主机公司要么破产，要么迅速转向个人计算机业务，日本在接下来的 20 年里成为家用游戏机的霸主。

当然，日本也有常规的计算机。微散文公司自《F-15 战鹰》起已经在日本机器上发布了几乎所有游戏的翻译版本，如 MSX[1]、FM Towns[2] 和 PC-98[3]。同样，在美国也有主机游戏用户，他们玩的是《超级马里奥兄弟》（*Super Mario Bros*）和《塞尔达传说》等游戏的英文翻译版。但每种形式的文化都牢牢扎根于各自的国家，很少有游戏能成功跨越文化的藩篱。这就像棒球和板球，世界各地都有棒球和板球的球迷，但很少有球迷同时喜欢这两种球类运动，尽管棒球和板球打法相似，但也没有专业运动员会同时打这两种球。

至少从我们的角度来看，机器的差异确实是造成市面上产品分化的一部分原因。很难用主机的方向键和浮动光标复刻出计算机鼠标的微妙运动；主机游戏玩家通常坐在距离屏幕几尺远的地方，在这种情况

....

1. MSX 是 1983 年发布的一个个人计算机硬件架构标准，由微软日本公司构想，标准规定了处理器、存储器、显示器、内存、声音芯片、键盘等内容。包括索尼、松下、富士通、三洋等许多公司生产 MSX 标准的家用计算机。20 世纪 80 年代流行于日本、韩国、巴西、荷兰、西班牙等国。——编注

2. FM Towns 是日本富士通制造的 32 位计算机系统，1989 年仅在日本发布，是第一台配备光盘驱动器的个人计算机，因此游戏功能非常强大。——编注

3. PC-98 是日本电气公司自主研发的一系列 16 位个人计算机产品的简称。1982 年问世，在日本计算机市场占垄断地位约十年。——编注

下，也很难在屏幕上放置过多的文本内容。就我个人而言，我不觉得双方都存在这个问题，我们拥有的按键比他们拥有的按钮要多，但是考虑到我一直在那一半游戏行业[1]从业，这没什么好奇怪的。很多人认为，某些主机游戏在个人计算机上呈现出来的效果总是差了口气。考虑到当时我们在运行处理和图形方面的差异，也许他们是对的。两者各有其优缺点，我早已承认我拥有的游戏主机在数量上绝对不输我的计算机。

但是，这两种游戏格式之间无法转换不仅仅是因为控制器。即使接口简单的游戏也经常在对方市场上遭遇不利。直到 1989 年，微散文公司才首度尝试将《海军潜艇部队》移植到任天堂娱乐平台系统 NES（Nintendo Entertainment System）上（当时这款游戏有 13 种不同的计算机版本，均大获成功）。尽管这款游戏在 PC-98 上有现成的日文译文版，但是我们当时觉得，它连博得西方世界主机游戏用户的欢心都不太可能，就根本没考虑制作日文版。如果有日本粉丝足够胸怀宽阔，愿意在主机上玩我们的游戏，我们只能希望他们也懂英语了。

我不记得任天堂游戏机的版本有没有赚到钱，从我们接下来的几款游戏又绕过了这个平台来看，我想应该是没有。《武装直升机》仅仅在日本就成功移植到了五款不同的计算机机型上。不过，即使是这款游戏，也没有发行过任何语言版本的主机游戏版。我们最终又尝试了几次。《海盗!》转换成适配任天堂平台的代码后，反响不错，《F-15 战鹰

---

1. 即计算机游戏行业，电子游戏行业在这个阶段被分化成了主机游戏行业和计算机游戏行业。——译注

2》在世嘉创世（Sega Genesis）游戏机上的表现也相当亮眼。但与此同时，《铁路大亨》的超级任天堂（Super NES）版本开发被叫停了，《秘密行动》则走上了一条全然相反的道路，成为我们第一款移植到个人计算机 Linux 系统的游戏。

只有《文明》足够成功，能移植到包括超级任天堂、索尼 PS 和世嘉土星（Sega Saturn）等主机在内的各个平台上。然而，游戏的普适性仍难以捉摸，任天堂要求对游戏进行一些修改，以弥合我们两个世界间的分歧。我们现在已经知道，任天堂作为一个家族品牌，事关其严守的品牌声誉，定然会对游戏做出一些细微调整，比如他们把《海盗!》商人系统里的"烟草"改成了"农作物"。这样就不会产生争议；他们想要把日本加入可玩的文明选项，这种做法也非常合理。但是后来，事情变得有点古怪了。

在普通版本的《文明》游戏里，开场画面是天体运行和火山活动的旋涡动画。"起初，"上面写道，"地球没有形状，是空的。但太阳照耀着沉睡的地球，在脆弱的地壳深处，巨大的力量等待着被释放出来。"

史诗级开场，对吧? 可任天堂不同意。

"很久，很久以前，"超级任天堂版本是这么开场的，"人类被分成许多部落，他们在地球上游荡。"

好吧。我想这也不错。虽然轻快悠扬的梦幻音乐在节奏上不如我们原版主题曲动感紧张，但也许任天堂在为情节发展做铺垫。

"然而，在一个繁星满天的夜晚，一件非常奇怪的事情发生了。"

嗯……那是第一个到达 3×3 坐标网格的定居者吗?

"一位美丽的女神出现在日本年轻的领导人德川面前：'哦，德川，我有一个使命要交付予你。建造伟大的城市，使文明 ★ 在整个地球蓬勃发展……'"

哇哦。

其余的更改都无伤大雅，只是额外指点了一下玩家，告诉他们如何灌溉土地，种植出更多的食物，以及人民喜欢道路。但我很困惑，本地化团队为何坚持认为这名穿着晚礼服的金发女郎的奇怪动画在某种程度上改善了这款游戏。如果你开疆辟土、成就霸业只为听从天神旨意，那你如何能声称"当国王真好"？此外，我以为我把宗教元素排除在游戏之外是在避免争议，现在他们却试图人为添加。

最后，我们相信了他们的话（主要是因为我们别无选择）。果然，没有一个主机游戏测评者认为这个小插曲有什么不合适之处。如果三十秒的神秘主义包装能让游戏的其余部分更合特定用户的口味，那么我想我们可以忍受。但这一整个经历确实凸显了这样一个事实，即主机用户和个人计算机用户之间的文化差异不仅限于按钮和键盘。

因此，在 2007 年年中，当我宣布将设计一款只能在主机上运行的游戏《文明变革》时，我们的粉丝会强烈抗议也就不足为奇了。在我们离开微散文公司几年之后，《文明 2》曾登陆 PS 主机平台，但是火爆轴

★ 解锁成就 ⋯⋯⋯⋯⋯⋯⋯⋯⋯⋯⋯⋯⋯⋯⋯⋯⋯⋯⋯⋯⋯⋯⋯⋯⋯⋯

预期版图 —— 读到"文明"（civilization）这个词125次[1]。

⋯⋯⋯⋯⋯⋯⋯⋯⋯⋯⋯⋯⋯

1. 英文原文如此。中文版中，从序言至此，读到"文明"一词 254 次。——编注

席德·梅尔的回忆录！

心手里的每一款《文明》游戏——包括《半人马座阿尔法星系》、《文明3》、《文明4》、即将发布的《殖民帝国》重置版和早已在秘密开发中的《文明5》，都是专为个人计算机设计制作的。按照互联网上某些人的说法，我们背叛了粉丝，拉低了这个游戏系列的水准，以及/或者迎合了一个明显低级的平台，朝一群明显未开化的游戏玩家献媚。但其实他们大多只是害怕失去所爱的东西，这使得所有的纷纷扰扰都夹杂了一丝甜蜜的意味。

他们也习惯了自己的意见会受到重视，从最简单的粉丝来信到600页的"官方优化建议清单"，一群死忠玩家打印出了这份清单邮寄给我们，他们对《文明3》翘首以盼。我们的游戏性质激发了人们强烈的主人翁精神，所以当面对新事物时，我们的粉丝会毫不犹豫地发表意见，尤其是不满的意见。但是，一旦发现主机游戏版本只是《文明》的另一种形式，而不是《文明》的唯一形式时，所有人都偃旗息鼓了。

"事实上，"有人发表评论承认，"由于主机版游戏没有试图将笨重的个人计算机版硬生生移植进主机，而是直接迎合了主机平台的喜好，所以才在其他游戏失败的地方获得了成功。"

这正是我们一直以来的目标。正如我们当时对它的形容：一晚上建立起来的《文明》。不是每个人都有80个小时的时间来玩一款游戏，没有理由忽视那些承担着更多工作和家庭义务的人。城市更容易建造和扩张，技术发展更快，对手进攻得更早，战斗结束得更快。整个游戏实际上是在个人计算机上开发的，我们本可以轻松将这款游戏转到个人计算机市场，但这不会成功，因为这款游戏的玩法并不是为个人计算机而设计的，就像最初的原版游戏不是为主机设计的一样。面对一个全新的受众群体，我们比过去几年拥有了更多自由，去决定《文明》游戏中应该出现什么，不应该出现什么。玩家真的需要一个由贸易路线组成的完整经济体系来协调城市之间的关系，管理其他的东西吗？当然，一些玩家乐在其中，另一些玩家则被细节困扰。现在，这两类玩家都有了可以满足他们需求的《文明》游戏。

《文明变革》之所以与众不同，还有另外一个原因，我们最终实现了一个强大的功能——切实可行的多人游戏体验，这要归功于我们起初力求简化的做法。从官方层面而言，自《文明网游》以来，每个版本的《文明》游戏都提供了多人游戏选项，通常是在单人游戏版本发布几个月后作为扩充版发布。但事实上，它们在这方面都不太行。不同类型的个人计算机、不同的编码方法以及粉丝们通过不同的在线服务进行连接，凡此种种有太多的变数，以至于无法提供任何稳定一致的服务。早前有一则评论指出，他们在"大约 40 英里（约 64 公里）的距离"内进行多人游戏测试，因为那时候，线路的长度其实很重要。当玩家设法连接时，游戏的复杂性会拖慢节奏，特别是在只有相关各方可见的外交谈判磋商期间。我们提供多人游戏的选择，是因为如果不做这块功能的话，会显得我们偷懒，但我们从没打算让玩家优先体验这个功能。

然而，主机游戏机的世界是不同的。多人游戏不仅仅是主机游戏玩家需要的关键功能，也是制造商要求的必备功能。索尼和微软已经为 PS3 和 Xbox 360 投入重金，建设大量在线基础设施，它们希望游戏开发者能够使用这些服务。

如果不算上微散文公司出品的双人坦克游戏原型（因为我们不想托管服务器，所以这个项目未曾落地），那么我第一次真正尝试编写在线多人游戏的程序代码，是在制作《葛底斯堡战役！》期间，且成果尚佳。游戏设定采用即时制，所以玩家无须被迫等待对手完成他们那一轮的动作，而且根据历史定义，小规模冲突永远只涉及两名玩家。我们眼见办公室里的每个人都把工作扔到一边，一玩就是一下午，与玩我们的单人模式游戏别无二致，就知道《葛底斯堡战役！》的多人游戏模式相当不错。我自己的好胜心不是特别强。我说的最像废话的话就是礼貌地提醒他们，我是他们的老板，他们也许应该让我赢。但是当你听到大厅传来得意扬扬互相嘲笑的声音，办公室同事站在一旁为他们加油时，你就知道自己做出了一些特别的东西。不幸的是，这让我产生了一些不切实际的期望，居然认为为《文明变革》编写多人游戏程序会很容易。

　　谈到在线游戏，总是有两个问题需要考虑：延迟和同步。前者玩家更容易识别并诟病，而后者更具破坏性，试图改进其中任何一者往往都会导致另一者出现问题。为了保持游戏的同步性（也就是说，两台计算机在任何给定的时刻都对正在发生的事情达成一致），它们必须不断地来回传递数据。

　　"我已经开枪了，"一台计算机说。

　　"是的，你开枪了，"另一台回答，"你击中了我的目标。"

　　"是的，我击中了你的目标。"

　　如果这两场游戏不同步，这些数据就会立即变成年轻人之间的争吵——"我打中你了！""不，唔唔，你没打中！"然后游戏就崩溃了。

最简单的解决办法，就是把整个游戏状态从一台计算机传到另一台计算机上（我们在《葛底斯堡战役！》就能做到这一点）："我的士兵在这里，你的士兵在那里，我瞄准这边，你瞄准那边，我有这么多生命值，你有那么多生命值，我已经开枪了。"

"好吧，我相信你。"

任何分歧都会在下一次数据传输时被覆盖掉。当一名士兵的位置被纠正时，屏幕上可能会出现微小的跳动，或者有人死于一颗你从未看到的神秘子弹，但只要事情能被迅速解决，游戏就会显得流畅合理。

但即使简化了《文明变革》的游戏设定，这款游戏依旧包含了太多的数据，难以全部共享。军队的位置、经济数字、幸福水平、粮食储备、停战协议、地形改造……一次最多会同时传输达五个文明的数据。这就是为什么以前《文明》的多人游戏模式会被诟病迟滞且不公平。一支军团半秒之内无法动弹，又发生 45 度偏转之类的故障是可以原谅的；这支军团发生十秒钟的停顿和跨州瞬移就不能接受了。

然而，另一种选择是有风险的。

"我的士兵在这里，你的士兵在那里。"

"是的，我们已经向北移动了一步。"

"我们已经向东移动了一步。"

"我们失去了一单位的生命值。"

"我们获得了两单位的食物。"

"我们已经向西移动了一步。"

"等等，你们的人去哪儿了？"

只共享棋盘上的变化更有效率，并且能让游戏以可接受的速度运行。但即使最小的同步错误也是会造成一场游戏结束的灾祸。是的，因为没有办法从头开始恢复数小时逐步发生的变化。更糟糕的是，《文明》一直严重依赖随机数字生成器来决定一切，上至战斗结果下至微妙的图形变化。因此，我花了几个月的时间根除同步错误，确保能够在必要时共享或者隔离每个可能决定场景情况的随机数字生成器。这些努力终究是值得的，这款游戏出人意料地受到了在线平板玩家的长期追捧。但我仍然很庆幸自己不用再重复这种努力的过程了。我很想说这是因为一些杰出的程序员想出了一种更优雅的解决方案，但其实是因为数据传输的速度提高了，即使是大型游戏的整个模块，我们也可以发送了。

　　不过，关于随机数字的有趣之处在于，它们并不是真的随机，或者说，至少不是我们告诉你的那种随机。如果结果是真正随机的话，人们输的次数会比他们以为的多得多。我们大多数人显然都是普通人，但我们想要相信自己高人一等。这从我们会拿起电子游戏来玩这一简单事实就能看出来。成为国王、大亨、船长或其他任何我们所提供的伟大妄想都不寻常，但我们看到包装盒背面的介绍，还是会对自己说："是的，我可以做到。"几乎所有的娱乐形式都存在这种不切实际但又充满乐趣的例外主义叙事。兰博总是能干掉坏人，夏洛克·福尔摩斯总是能解开谜团。职业体育是唯一一个我们可以想见大多数人会输的领域，即便如此，表现最差的一队通常也会在下一年的选拔赛中获得一些优先权。无论是观看还是参与球赛，球迷都要求有一种公正感才能感到满意，而随机性恰恰是公正的反义词。

在我的整个职业生涯中，这类教训层出不穷，但是直到《文明变革》我才彻底看清楚，人们面对随机事件时会何等不理性。

我们决定还是在屏幕上显示每场战斗的胜率为好，一部分原因是统计数字很有趣，但主要是为了解决一个特殊的问题，这个问题已经变成留言板上流行的一个笑话。它源于这样一个事实：玩家在任何一场对决中都没有必胜的把握——胜算可能非常大，但弱者总是有赢的机会，这导致偶尔会爆出荒谬的冷门，比如一个欠发达国家的长矛手在战斗中击败了一辆军用坦克。我坚持认为，这在理论上是可能发生的，莫尔加滕战役中，1 500 名瑞士公民仅用棍棒和石头就击败了人数达两倍之多且训练有素的奥地利骑士；阿萨耶战役中，英国人以一比五的人数劣势，击溃了马拉塔军队；朝鲜水师主将李舜臣只用自己的 12 艘船就击败了 133 艘日本船；1 800 名克罗地亚人在武科瓦尔抵挡住 36 000 名塞尔维亚人将近三个月的时间。

这些都是真实发生的事。更何况，毫无悬念的必胜之局也无法平衡游戏。

不过，我们觉得，如果在战斗开始前告知玩家他们的胜率，也许会有所帮助，如此一来他们就能理解，这些看似毫无胜算的战斗背后有真实的数字依据，而不只是一个有报复心的小器量人工智能。

但是我们错了。他们不仅对那些胜率小的证据不以为意，而且更加激烈地抨击了那些十拿九稳的胜率。

"席德，这游戏一团糟。我和一个野蛮人打仗，对吧？胜负概率是三比一，我输了！"

"嗯，是的，"我同意，"这种事时有发生。"

"不，不，你不明白。三是大，一是小。我的胜率很高。"

"当然，"我会说，考虑到当前的情况，这是相当合理的，"但是看这里。另一场对决里，你获胜的概率是很小的一，而另一个人有很高的三，你打败了他。"

"那不一样! 我战术高明，战略可行，生活卫生，饮食健康——你知道，有很多复杂的变量需要考虑。"

这样的对话无论以多少种不同的形式进行多少次，我都无法说服我们的测试人员接受这样一个观念——在三比一胜负比的对决中，有大约四分之一的时间会输，这是合理的。一旦获胜的可能超过了一定的概率，玩家的预期就是无论如何都能赢；然而若他们处于同一胜负比下偶尔能获胜的弱势一方，玩家的预期同样是能赢。

尽管这可能不符合逻辑，但我们必须将玩家的直觉考虑在内。尼古拉斯·迈耶是《星际迷航》系列偶数序号电影的编剧（如果你关注《星际迷航》的粉丝动向，就会知道这个系列当中品质上佳的那些电影都是他写的），他曾经说过："尽管观众可能不太聪明，但他们总是正确的。"我们火爆轴心的办公室里也流传着类似说法：反馈就是事实。如果有人告诉我一款游戏令人沮丧，我不可能争辩："不，它没有。你只是没察觉到自己其实在享受它带来的乐趣! "既然他们觉得沮丧，那么我的游戏就是令人沮丧的。归根结底，无论《文明变革》玩家将难以接受的失败归咎于运气、技能还是设计师的恶意，这都无关紧要，由此造成的乐趣损失都是一样的，我们必须解决这个问题。

因此，我们改变了背后的实际胜负概率，确保玩家在任何胜负比等于或超过三比一的对决中取得胜利。这可能对人工智能不太公平，但我们从来没有听到任何怨言，而玩家一旦拥有这种优势，就反馈说得到了更多乐趣。

"席德，还有一个问题。"

"啊哦，怎么了？"

"我打了一场胜负概率二比一的对战，我输了。没关系，我知道我们讨论过这个问题了。但紧接着，我又进行了一场胜负概率二比一的对决，我又输了！"

"嗯，你每次抛硬币的结果都不受前一次的影响……"

"不，不，我说的不是抛硬币，是骑兵和步兵。"

"对，两者是完全不同的问题，明白了。"

情感又一次战胜了逻辑，我们不得不接受这一点。所以我们开始将之前的对战结果考虑在内，使得祸不单行或者好事成双的可能性变得特别小。我们让对决结果不那么随机，好让玩家的感受更随机。

"现在你满意了吗？还想改哪里吗？"

"嗯，现在，有一件非常奇怪的事情。我打了一场仗，胜负概率是二十比十，看到了吗？不知怎么的，我输了。"

"那就是……和胜负比二比一的情况一样。"

"不，二只比一多了一，但是二十比十多了十。拜托，你自己算算吧！"

于是我们又做出了一点"修正"。

等到《文明 5》上市的时候，我们已经认定，这个功能不值得这么折腾。（不过，这项功能在六年后的《文明变革 2》中短暂重现了一下，因为这游戏的代码基础主要来自前作《文明变革》。）自此之后，《文明6》采用了全新的战斗力系统，用数字而不是概率来比较军事单位，并允许军事单位在单次小规模遭遇战之外发起战斗。如若玩家要求知道长矛手与坦克之间的实力对比，不能只听他们的一面之词，我们必须凭直觉判断出他们真正想要什么，而不是他们要求什么就给什么。反馈就是事实，因为它揭示了我们的游戏给人的感觉，但是除此之外，我们有责任想出解决问题的正确方法。毕竟，有很多复杂的变量需要考虑。

23 社会流动性

SOCIAL MOBILITY

恐龙游戏的失败令人痛苦，社交媒体的诞生让这份痛苦雪上加霜。最初的许多"网络日志"来自游戏社群，始于1996 年，当时《毁灭战士》的开发者约翰·卡马克决定将他的 Unix 系统的计划文件（".plan"，大多数程序员用作公共待办事项列表的一个文件），转换成面向其粉丝的状态更新文件，使之更加贴近对话的形式。不久之后，罗伯·马尔达的科技博客"薯条与蘸酱"（Chips & Dips）更名为"斜线点"（Slashdot）。待到 1999 年底，我们已经清晰地意识到，这种新媒体可以在我们与用

席德·梅尔的回忆录！

户之间建立强有力的纽带。因此，火爆轴心开发者博客诞生了，事实上，我们当时还恰巧推出了那款典型的席德·梅尔式风格游戏（即恐龙游戏），这是上天给我们的一个信号，表明我们的决定绝对是正确的。

显然，结果不尽如人意。我的第一篇文章通篇满溢生机勃勃的乐观主义。我从儿时在展会上买蜡像恐龙的美好回忆写起，追忆当时的场景，我坚持要逐一参观每台投币机，亲眼见证恐龙注塑成型的过程。但到了第四篇，我就只写了几段。到了第七篇，我就讲述了有关迪士尼的电影《恐龙》的逸事，完全没提这款游戏。然后，在我不得不写下可怕的"哎呀，别提了！"的游戏取消公告之前，我已经六个月不更新了。让这个博客更加江河日下的是，我吸取了教训，直到《模拟高尔夫球场》发行前夕，我也不敢在博客上透露我们有个很值得关注的替代项目。

实际上，这只是一个小小的失误，我们继续在网站上添加来自公司内部各种人员的游戏相关内容，内容更加审慎严谨。但我再没有写过任何博客，也没有用过后来的类似媒体。我本人并非那种认为社交媒体代表人类堕落的人，它只是不适合我。我希望公众对我的关注短时、少量且可控。不过，博客在其他人手里发挥了不少效用，到 2011 年，我们认为，也许是时候将这一领域的技术应用于生产而非交流了。

即使是最好的多人游戏代码也存在一个问题，那就是互联网上的陌生人往往表现得很奇怪，反社会，或者举止极为冒犯。语音频道被迫调整为静音，已经成为在线游戏可悲的常态了。大多数服务都提供了"好友列表"功能，帮助你建立一个团结一致、有竞技精神的对手团队，但最近几年最火爆的游戏出现在脸书（Facebook）平台上，这些游戏强调社交元素，并不看重修正措施。脸书在移动设备上的普及使得异步运行游戏成为可能，这意味着用户只需在一天中的空闲时间上线玩自己的回合，每个人都能随时离线几个小时，过自己的生活。这种长时间协作玩游戏的想法对我来说是未知领域，所以也很有趣。因此，我着手设计一版新的《文明》，这个版本能适应我们现代生活中的大数量级多人在线模式，也能维系人与人之间全天候的连接。

不幸的是，有趣并不总是意味着成功。《文明世界》存在许多问题，其中最大的问题就是在接受游戏测试时，现实中的人们普遍不会合作。我们的一个主要运行机制得仰仗玩家彼此之间自愿施与黄金，但几乎没有这样做的人。另一个问题是，当你陷入困境寻求帮助时，我们认为这会培养积极的利他主义和群体认同感，但多数情况下，所有人都选择袖手旁观。最糟糕的是，这款游戏采用了中心化架构，这意味着游戏没法悄无声息地淡出人们的视线——我们不得不正式关闭这项服务，这次我们发布了一份完整的新闻稿，而不仅仅是一篇博客文章。单人游戏可以暂时搁置一边，也能依个人喜好再次访问，但是一旦在线游戏的参与度低于一定水平，经济上的现实考量注定会将游戏从所有人手中夺走。

不过，尽管《文明世界》在社交层面的表现一塌糊涂，但它在移动端的表现是合格的，而且截至目前，我们已经将《文明变革》移植到了苹果平板（iPad）上，市场反应良好。我认为移动端游戏中存在一些值得挖掘的内容，尤其潜藏着以小（投入）搏大（风险）的可能性。我已（几乎不可避免地）习惯于大制作、高预算的大型游戏，也仍然非常喜欢为火爆轴心制作高品质、高预算、高期望的 AAA 级游戏项目。但独立游戏开发的精简化流程永远是我最初的爱。我还记得从前只此一途，别无他法，如今已经没有多少人记得那段岁月了。虽然我不想放弃我们从那时起取得的进步，但移动端游戏似乎能在一间成熟的游戏开发工作室中，以稳健安全的技术重新实现那种体验。

我认定，如果要走老路，就应该走到底。走到《文明》之前，走到《海盗！》之前，甚至在那些潜艇作战和战争游戏之前，那里早已存在一个红白相间的街机柜，里面有一个卵石状的塑料座椅，名叫"红男爵"。

尽管比尔·斯蒂利明显是个更加狂热的飞机发烧友，但我对飞机确实也不是毫无兴趣。小时候坐飞机去瑞士途中，有一名空乘特意关照我，确保我在独自飞越海洋的过程中安心舒适、无所畏惧。起先，他安排一整排座位供我独自使用，我可以在飞行过夜时舒展筋骨，睡觉小憩。如今回想起来，这可能是他给予的诸多帮助当中最有用的一个，但我当时还是一个孩子，我印象更深刻的是每次他来看我的时候，都会捎给我一小块用锡箔包裹起来的巧克力，上面装饰着一张图片，图上是一架瑞士航空公司的喷气式飞机。我吃了第一块，在注意到每个包装上的飞机都不一样之后，我保留了后面的巧克力。空乘人员很乐意满足我的要求，旅行结束时，我集齐了所有的飞机包装，可能有十块乃至更多。我本可以吃掉巧克力，只留下包装纸，但还是拥有整件东西感觉更好。不知何故，我有种预感，会有用得上它们的地方——它们是实体的三维玩具，我可能拿它们做一些皱巴巴的铝箔碎片做不到的事情。我清楚地知道最终我肯定会吃掉它们，但我记得，在祖父母家，它们至少被保留了好几个月。

有一段时间，我甚至真的干了一份与飞机有关的工作。大学三年级毕业后的那个夏天，我在瑞士的叔叔阿姨告诉我，附近有一家军事承包商，名叫康特拉弗斯（Contraves），正需要找人做一份计算机编程的工作。他们解释说，老板的妻子是美国人，他显然对我们有好感，尤其是我们这些能用流利的英语阅读 IBM 计算机手册的人。如果我愿意，这份工作就是我的了。他们的办公室位于苏黎世，从比拉赫乘火车出发大约需要 30 分钟，火车行驶的线路是我从小就痴迷的那条。当然，只要我愿意，我想在家族宅院住多久就能住多久，他们很欢迎。康特拉弗斯不太关注飞机，这家公司更注重能击落飞机的防空系统，但这仍然让我感兴趣，更何况他们给出的薪水对一个还在上学的人来说高得惊人。我决定将此看作一次出国学习的机会，请求密歇根大学让我延后完成最后一年的学业。如此我便可以去康特拉弗斯工作一整个冬天。老实说，当时我大部分时间都在为薪资部门编写程序，但是，能够将一家大型国际军事承包商写进工作履历，我还是感觉很酷，而且我非常享受在那里的时光。

事实上，我那会儿甚至可能考虑留在瑞士，若是如此我的职业生涯会有很大不同。康特拉弗斯很快就会提拔我去更高级的编码项目，而比拉赫对于我这个成年人的吸引力也不小。但是，一只嘀嗒作响的时钟注定送我归家：以我瑞士公民的身份，我得服该国的义务兵役。每名 20岁以上的男性都必须忍受至少 8 个月的强制性兵役，在之后的许多年里都要留在预备役部队。居住在海外可获豁免，但在回到国内一年后，豁免权就失效了。尽管我喜欢模拟军事游戏，但我显然不适合参与真正的军事活动。我甚至听闻谣传：有一个专门为外国人（Ausländer，德语）设立的特殊营地，军官们认为，在瑞士服兵役的外国人低人一等，是可以牺牲的。因此，我就赶在一年期满之前郑重告别了那里，回到美国。在美国，有比尔这样的人可以勇敢地扛起军事任务，一旦他们安全返回地面，则可由我来坚持为他们提供娱乐。

我已经有 25 年没有在游戏里加入飞机元素了。我觉得这个题材已经准备好重起炉灶，再创辉煌了。不过，这一回，我要按自己的方式去做。《席德·梅尔的王牌巡逻队》是一款彻头彻尾的策略游戏，这意味着除了提到的特点之外，游戏中的战斗场景将采用回合制。玩家将有时间考虑每一步操作。既然飞机的高度与其坐标一样重要，那么他们必须从三个维度上全盘考虑，进行策略规划。

虽然回合制飞行是我一直很喜欢的一类非传统游戏选项，但促使我做出决定的还有一个强大的外因：艾尔弗雷德·伦纳迪★在 1980 年发布了一款名为《王牌中的王牌》（*Ace of Aces*）的游戏，该游戏完全是在两本相匹配的厚厚的书里进行的。这就像一本图画化的《惊险岔路口》[1]小说，每一页插图都展示了从你的驾驶舱看出去的景象，以及一串可以进

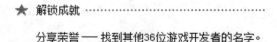

★ **解锁成就** ···

分享荣誉 —— 找到其他36位游戏开发者的名字。

····················

1.《惊险岔路口》（*Choose Your Own Adventure*），从 1979 年开始出版的一系列儿童图书，主角为第二人称视角，有很强的代入感，在每一章末尾会列出选项，如"决定等待，请翻至第 5 页""决定进入小屋，请翻至第 18 页"等。——编注

行的操作选项和相应的页码。在伦纳迪的游戏中，回合是逐步有序的，但也是同时进行的，每位玩家选择要进行的操作，一起宣布他们的对手应该翻到哪一页，直到最后，其中一名玩家将对手锁定在瞄准器里。这是相当聪明的做法，也证明了一款飞机游戏完全可以同时做到有条不紊和紧张刺激。

我对《王牌巡逻队》的成品很满意，但是这款游戏作为我们第一款纯移动端游戏，确实引发了定价问题。具体来说，我们必须做出抉择，是像传统游戏那样一次性预先收取游戏费用，还是尝试新潮的可下载内容模式。这种新模式会免费提供有限的游戏版本，后续的关卡级别则需要再单独购买。如果你问一群游戏玩家对这种所谓的"小额交易"的看法，大多数人可能会回以一连串粗鲁难听的话。不过，收入情况告诉我们事实并非如此。乐线（Nexon）公司发明了在免费游戏中小额消费的概念。这家公司最初是为了挽救一个因缺乏订阅者而濒临关闭的在线服务器，孤注一掷做出了这样的尝试。可以预见的是，一旦游戏免费，会员人数就会激增，但更重要的是，新的小额交易模式下的收益让以前的订阅销售额相形见绌。新模式不仅挽救了游戏，还在一年内使乐线公司总收入增加了16%。整整七成的《糖果传奇》（*Candy Crush Saga*）用户从未为这款游戏支付过一分钱，这个未付费用户比例比大多数免费应用程序都高，但是这款游戏每天仍能带来数百万美元的收入。虽然我们嘴上说着讨厌"小额交易"模式，但资产负债表却表明，事实并不是这样。

我确实认为免费试玩并提供购买完整游戏的选项是一种比较公平

合理的做法，在当下"小额交易"这股风潮很久之前，投币式街机就已经采用过这种小额交易模式了。但是，有一个事实是无法回避的——许多免费游戏具有掠夺性。当这些游戏将年幼的儿童作为受众群体时，以及当这些游戏混淆升级和必要内容之间的界限时，这种情况尤甚。在小额交易模式下，必须有一件有价值的产品，与玩家建立起彼此尊重、诚实相待的关系，让玩家清楚地知道花的钱能为他们带来什么。

我们尝试对《文明世界》和《王牌巡逻队》采用不同形式的商业模式，但发现很难找到"玩家体验"、"合理回报"，以及兼顾前两者的"游戏设定"这三个维度的最佳结合点。玩家直接购买游戏，你可以按部就班地逐渐增加难度，增加新的复杂元素。但如果你知道玩家在完成第二个任务后就被迫来到支付或者离开的十字路口，你可能就会受到诱导，在早些时候抛出难度更高的元素，以证明游戏有值得流连之处。然而，在这种情况下，其他一些玩家无法快速适应游戏的难度，认为接下来的关卡会更难，你也可能因此失去这部分玩家。当然，也有可能把握其中分寸做到恰到好处，但是《王牌巡逻队》的定价策略在市场上的反应不温不火，随后我们就当机立断，无意再摸索这种新的收费方式了。我们发行的续作《太平洋天空》采用了经典的预付费模式，皆大欢喜。

我学着接纳移动端游戏的特点之时，我的儿子瑞安正努力从我的母校密歇根大学获取计算机科学学位。他现在正打算开启自己的游戏设计职业生涯，也许这并不让人觉得意外。除了计算机在我们家对瑞安产生了深刻影响之外，他还很早就接触到了这个行业开发方面的事情。他经常跟着我到处参加媒体邀请会。我从来没有直接教过他任何游戏设计的规则，我只是向采访者解释了一下，他留心听了。当采访的问题重复时，他会毫不犹豫地指出来。他八岁的时候，我们已经不能把他留在镜头之外的地方了，因为他会自己跳进镜头，背诵出所有问题的答案。

瑞安在大学期间曾任某组织主席一职，该组织主办了一场激烈的"游戏即兴创作"[1] 比赛，参与者必须在短短 48 小时内创建一款可以运行的游戏原型。我最初同意担任他们这项活动的评委，但很快就决定亲自参加比赛，这样更加有趣。"游戏即兴创作"就像一段小假期：他们能让你拥有探索任何主题或类型的自由，这样的自由不分轩轾，只有一种醍畅淋漓的纯粹，没有花里胡哨的噱头，只是凭经验、本能即兴创作。我为大学生制作了一款相当标准的迷宫游戏，叫作《逃离僵尸酒店！》（*Escape from Zombie Hotel!*）。等我们在火爆轴心举办类似活动的时候，我就更加放飞自我了。例如，对于"眼见不一定为实"这个题目，我打造了一个色彩斑斓的块状平台游戏，最终，将画面拉远，会显示出你正在穿越的关卡是一幅名画。瑞安在幼儿园那会儿可能就会引用我的一条规则了：找到乐趣。这款游戏就是这条规则的完美例证。我可能不是特别擅长制作平台游戏，但是隐藏一件艺术品的想法，似乎很适合做成平台游戏。就像我捣鼓更大、更严肃的项目时，从不会试图将某样东西塞进特定的游戏模板。我会从一些本身就很有趣的东西着手，然后弄明白它应该是什么样的游戏。

....

1. 游戏即兴创作（Game Jam），游戏开发者将想法化为可玩的游戏原型的集体活动。通常在大学、会议室举办，也可以在线上举办，参与者需在限定的时间内（从几小时到几天不等）围绕特定主题完成游戏创作。——编注先确定游戏类型再逆向往回推导该如何设计制作，这种做法除了会产出一款杂乱无章且不尽如人意的游戏之外，还有另外一重风险，那就是游戏设计师最终做出的成品，会是他们最喜欢的游戏的一个显而易见的克隆品。幸运的是，在密歇根大学的"游戏即兴创作"比赛中我没有看到这种情况——一支团队使用录音室音频混合台作为他们的控制器，另一支团队把玩家塑造成吃动物园管理员的狮子。不过，如今大多数设计师从他们记事起就一直在玩电子游戏，很容易陷入一次次重塑相同想法的循环中。"找到乐趣"不仅仅意味着找到你的主题，找出它的乐趣所在；还意味着走出去，到外面的世界寻找到一个从未被制作成游戏的主题。一旦找到这个主题，就确保你不给这个主题过度设限，保持一个开放的心态，以便找到最能凸显其优点的游戏设定。总有一天，你会在凡·高的脸上蹦蹦跳跳，或者在另一架飞机移动时不可思议地悬停在空中，你会发现，这两种体验带来的乐趣远超他人想象。

24 搞笑事

FUNNY BUSINESS

《席德·梅尔的文明6》*Sid Meier's Civilization VI*　　　　2016

　　大学期间在瑞士生活的那段时间里，尽管我会瑞士语，但还是遭遇了一定程度的文化冲击。好吧，应该说我讲得来大部分瑞士语。我的姑姑伊迪丝和叔叔弗里茨有两个正在上小学的孩子。在最初的几个星期里，孩子们用我能应对的词汇水平帮我重新激活了大脑中的瑞士神经元。但至少过了一个月，我才意识到自己一直在用儿童用的非正式代词来称呼每个人，而不是成年人之间使用的敬语。由于英语中没有敬语，所以很难解释清楚我对新老板和新同事表现出了多么不适当的亲密行为。你可以想象一个不认识的醉汉搭上你的肩膀，唤你"老弟"时的那种尴尬不适。对他们来说，当面纠正我在社交礼仪上更为不妥，因此我在很长（本不该这么长）一段时间里都是一个粗鲁的外国人。

　　无论如何，我那时确实渴望能不时接触一下美国文化。一有机会就去苏黎世的电影院看英语电影，包括即将成为经典的喜剧片《神枪小子》（德语片名是 *Der Wilde Wilde Westen*）[1]。你能辨别出观众中谁会说英语，有三四个人会因为听见一个笑点爆发笑声，其余的人则是在阅读屏幕上的德语字幕后笑出声来。这是我看过的第一部梅尔·布鲁克斯的电影，当然绝不是最后一部。我的荒野西部游戏原型里就有一个以他的电影元素命名的边境家庭——施瓦茨一家[2]，《文明》的宣传口号是"当国王真好"[3]，这也绝非偶然。

我喜欢梅尔·布鲁克斯和其他喜剧演员的一点在于，他们非常善于分析。挖掘并找出某个特定短语或故事的有趣之处，这与剥离出使得游戏体验扣人心弦的元素并无多大区别，两者都试图用一个更加锐利的现实版本来吸引受众。想要知道在哪里下钩子才最有效，这两类工作都需要对人性的弱点有所洞察。幽默还具有一种违背直觉的能力，可以让严肃的时刻更加深刻有力，这就是为什么莎士比亚的大多数悲剧

----

1. 《神枪小子》片名 *Blazing Saddles*，直译为《灼热的马鞍》，德语片名直译为《狂野的狂野的西部》。1974 年推出的美国经典喜剧电影，戏仿当时的西部片，里面有一位被称为"韦科小子"（The Waco Kid）的酗酒神枪手吉姆。——编注

2. 施瓦茨一家（Schwartzes），来自 1987 年梅尔·布鲁克斯戏仿《星球大战》的喜剧电影《太空炮弹》（*Spaceballs*）。Schwartze 是电影中一种神秘原力的名字，《星球大战》中的常用祝福语"愿原力与你同在"，在《太空炮弹》中则是"愿施瓦茨与你同在"。——编注

3. "It's good to be King." 典出梅尔·布鲁克斯 1981 年的喜剧电影《帝国时代：第一部》（*History of the World, Part I*，本片并没有第二部；本书 11 章标题"History of Civilization, Part I"似乎是对这部电影名的戏仿，该章节同样没有第二部），这部电影戏仿了各种类型的史诗电影，"当国王真好"是电影中一句频频出现的台词。——编注

中都穿插着喜剧性情节。尤其是当你的资源和材料有限时——无论是手绘的舞台布景还是8比特图形——幽默可以引导受众进一步融入幻想世界，以此确认作品在真实感上的欠缺，并将其交由受众的想象力来补足。

我们不总能随心所欲地搞笑。《葛底斯堡战役！》的呈现方式是有据可查的肃穆，甚至模改爱好者通常也会抓住机会让游戏更加真实，而不是减少真实感。《越南冲突》同样非常严肃，《万智牌》打从一开始就不受我们掌控。但是我制作的其他游戏几乎都带有喜剧的自觉，从《秘密行动》里过分夸张的詹姆斯·邦德反派到《铁路大亨》中差点被抛弃的小个子桥梁工人。

我们认为这对《文明》尤为重要，因为管理世界的概念自然是有点令人生畏的。我们邀请玩家在六千年的历史中为数亿人做出生死攸关的决定，而这些轻松片段就好似朝玩家使了个眼色以示友好——我们承诺会站在你这边支持你，同时暗地里为你的成功添加筹码。报纸头条会定期更新你的国家状况，其他版面则会用诸如"狮子以7比0的战绩击败角斗士""玛丽·安托瓦内特的减肥秘诀：蛋糕！"之类的支线背景内容来填充。在某种程度上，我们需要一个代表公民幸福的实物，在与布鲁斯·谢利就快乐、生活质量和政治权力的传统象征进行了长时间的讨论后，我选择了"猫王"埃尔维斯的角色。他在整个游戏系列中一直是个贯穿始终的笑话，《文明3》设置了一个"复活节彩蛋"（这是玩家间的行话，也就是一段隐藏的代码）：在埃尔维斯的生日（1月8日）那天玩游戏的话，玩家的国王就会变成猫王本人。

当然，将我们自己也融入游戏总是很受欢迎的做法。我在《文明1》和《文明3》里扮演过科学顾问，在《半人马座阿尔法星系》里扮演过一名隐秘派别的领袖，在《文明4》里既是指引者又是野蛮人国王，在《文明5》里还是大理石雕像。杰夫·布里格斯在《文明3》里扮演过军事顾问，布赖恩·雷诺兹作为办公室里无可争议的冠军，我们赋予他一项光荣的使命——身着联邦军装出现在《葛底斯堡战役！》的封面上。《葛底斯堡战役！》也留藏着我的声音，但我很确定那是一个意外。我们录制了填充空白对话的声音占位符，这样我们就可以在请专业配音人士接手前确定采用哪些台词，但不知何故，我的那句台词"我们的侧翼得到了掩护！"没有被替换。而因为我们的移动端游戏预算有限，《王牌巡逻队》中几乎所有的声音和肖像也都属于火爆轴心公司的某个人，这比雇用演员要便宜。

《模拟高尔夫球场》没有公司人员出镜或献声，不过奇怪的是，其中一汪湖泊是以罗宾·威廉姆斯的儿子科迪（Cody）命名的。其实，本来一共有三个湖泊分别以他三个孩子的名字命名，因为宾·戈登告诉我，下次他和罗宾相聚时，会让罗宾玩玩这个游戏原型，我觉得这对他来说会很有趣。但由于另外两个孩子的名字——塞尔达和扎克（Zak）——看起来都像是侵犯了其他游戏的版权，所以在游戏正式发布之前，我们不得不替换了这两处湖泊的名字。（作为游戏主角的名字，如今"塞尔达"的知名度可能更高，"扎克"则出现在《模拟高尔夫球场》问世数年前卢卡斯影业游戏公司的游戏《异形大进击》[*Zak McKracken and the Alien Mindbenders*]中。）

如今，你在游戏中已经看不到那么多"复活节彩蛋"了。在很大程度上，这要归咎于 2005 年的"热咖啡"[1] 丑闻。有人在《侠盗猎车手：圣安地列斯》（*Grand Theft Auto: San Andreas*）的代码中发现了一个停用但未彻底删除的迷你游戏，模组社群将这个迷你游戏恢复后，很快就搞清楚了游戏工作室为何决定删除它，该系列游戏本就以成人内容闻名。但该迷你游戏是否被故意隐藏以逃避评级委员会审查，此问题引发了强烈的法律争议，该案件的和解金额最终超过了 2 000 万美元。此后，可想而知，游戏发行商对任何形式的秘密内容都很紧张，"复活节彩蛋"灰头土脸，饱受打击。

取代"复活节彩蛋"喜剧功能的是"成就"，即达到某些游戏标准就能获得的虚拟奖励。标准的认定包含特定难度级别下的获胜，以及其他一些比较傻的内容，比如在随机地图游戏中发现夏威夷后会获得"逮捕他，达诺！"[2] 徽章。通关《文明5》的蒙古场景可以获得被誉为"可汗"（Khan）的成就，但输掉就会解锁"可憾！"（Khaaan！）成就。有些徽章既稀有又奇怪，比如以忍者神龟为主题的"比萨派对"。如果玩家在纽约市激活莱奥纳多·达·芬奇，同时拥有米开朗琪罗和多那太罗的伟大

....

1."热咖啡"（Hot Coffee）是下文提及的成人迷你游戏的非官方名字，来自迷你游戏开始前的一句对话："你想进去喝点咖啡吗？""热咖啡"丑闻对电子游戏行业产生了重大影响，它恶化了游戏公司与模组社群之间的关系，增加了对视频游戏的法律限制，也促使娱乐软件评级委员会调整了游戏评级的方式和流程。——编注
2."Book'em, Danno"，美国电视剧《夏威夷特勤组》（*Hawaii Five-O*）中的一句经典台词。——译注

　　　　　　　　　　　　　　　　　　席德·梅尔的回忆录！

作品，再加上至少一个下水道，就可以获得这个徽章[1]。

不过，这么多年来《文明》引发的所有内部笑话和一再出现的伏笔梗里，对我来说最有趣的永远是"核武器甘地"。然而，原因很复杂。

每个文明默认的领导者角色，通常是这个文明里最知名的历史人物——美国人由亚伯拉罕·林肯领导，英国人由伊丽莎白一世领导，等等。虽然这是塑造人物形象的一大捷径，但也造成了一些问题。例如，莫汉达斯·甘地是印度最知名的人物，但他并不是那种征服世界的类型，我觉得这一点无伤大雅，因为游戏取胜的方式不止一种，甘地仍然可以大体上保持和平主义，同时在科学进步的竞赛中成为一个强有力的对手。一个行事周全的人工智能能驾驭所有类型的角色。

从这里开始，故事变得有趣了（更别提那些在网上有详细记录的部分）：游戏赋予了所有的领导者一系列不同的属性，数值从 1 到 12 不等，意料之中，甘地的军事攻击性被设置为 1；然而，根据另一段代码的设定，当一个国家实行民主政体时，军事攻击性会自动下降两个分值，理论上会使得甘地的这一属性值变成"−1"；但是由于在这种类型的计算中不能出现负数，就导致了向上溢出错误，数值绕回到数字列表的顶部，实际赋予他一个 255 的值；因此，一旦印度变得民主，甘地就会变成一个邪恶的战争贩子，开始用核武器攻击射程范围内的所有人。我们很快推出了一款修订版，但两种极端属性的搞笑并置吸引了玩家，它成

1. 忍者神龟是四只基因变异后呈现拟人形态的青少年乌龟，名字分别是莱奥纳多、拉斐尔、多那太罗、米开朗琪罗，与文艺复兴时期四位著名的意大利艺术家同名，他们居住在纽约市曼哈顿的下水道里，喜欢吃比萨。——编注

为经常被提起的笑话，从那时起就受到粉丝的广泛喜爱，以此为基础，粉丝们创作出了更多段子。甘地的图片配有这样的说明文字："他们先是无视你，然后嘲笑你，然后攻击你，然后你用原子火焰净化他们"，以及"以核武器回应核武器攻击会让整个世界向我俯首称臣"。这些图片广为流传。还有一些根本不需要言语表达的模因，比如电影《奇爱博士》结尾处那张合成照片，甘地骑着坠落中的炸弹。

但我之所以觉得"核武器甘地"的故事这么有趣，不是因为声声回响和无数次地被提起，而是因为这一切都不是真的。游戏根本就没有发生过溢出错误。

如果印度处于战争状态，甘地最终的确会使用核武器，不过，游戏中的任何文明都会这么做。在当时这确实让很多玩家感到困惑。真正的亚伯拉罕·林肯可能也不会用核武器攻击任何人，然而每位领导者都有自己的底线，他们在某些情况下必须做出决断采取行动。甘地经常威胁玩家也是事实，因为他的一大品质就是反战，而以"相互保证毁灭"的威慑制衡彼此，是实现这一目标的有效方法。由于所有领导者都使用相同的基本外交辞令，所以甘地会与拿破仑或其他角色给出相同的提醒："核武器就是我们发言的底气！"也许不太像是这位卑微的苦行者会说出口的话。此外，印度是一个科技进步迅猛的文明，更有可能在游戏开局不久就获得这项技术，这意味着玩家在尚未掌握好火药技术之时，可能就要面临甘地原子弹的毁灭性威胁了。因此，说实话，即使甘地只是嘴上说些核威慑的言论，有时也确实会显得有点狂热过头了。

但在任何时候，民主属性的分值都没有变化，也不可能出现任何接近 255 的数值。那类错误由"无符号字符"（unsigned character）导致，它不是 C 编程语言中的默认值，我也不用它来描述领导者特质。布赖恩·雷诺兹用 C++ 语言编写了《文明 2》，他同样没有用到这种字符。当这两款游戏问世时，我们都没有收到任何关于甘地漏洞的投诉，也没有对它们进行任何修改。甘地的军事攻击性数值在整个游戏里一直是 1。

忠实粉丝很快就会指出，《文明 5》中，比起其他战争形式，甘地对核武器更为偏好，《文明 5》首席游戏设计师乔恩·谢弗透露，该偏好值被设置为 12。但那已是在原版游戏发行了 19 年之后，而且，乔恩纯粹是觉得"甘地使用核武器"这种设定自带喜感。他的这版游戏是"文明"系列首度将甘地对核武器的偏好作为彩蛋设计呈现给粉丝。而在 2010 年《文明 5》发行时，他甚至从未听说过所谓"255 数值溢出"事件。

那么，这个故事究竟缘起何时何处？

它首次被提及是在 2012 年 7 月，也就是乔恩的游戏发行两年后，原版游戏发行二十多年后。当时一位名叫"金枪鱼"的用户在 TVTropes.org 网站上添加了这则逸闻，任何人均可在该网站编辑内容。除了一些表面修饰之外，这个故事的基本架构没有变化，直到同年 11 月，一个匿名用户在类似维基百科的流行文化网站 Wikia 上也添加了这个故事，但情节措辞有所弱化。该 IP 地址从未在 Wikia 网站上进行过其他编辑，而 TVTropes 也不太愿意透露他们的用户数据，似乎"金枪鱼"的账户也没有再被使用过。

六周后，这个故事开始流传起来。起初，某游戏论坛的两个知名用户复述了这个故事，其中一人在被问及来源时引用了 Wikia 的页面。在接下来的几天里，陆续有帖子在其他小型论坛上发布，再度只遭遇了一次怀疑，这次用来回应的是 TVTropes 的链接。

随后一年半，谣言慢慢传开了。每隔几个月，这个故事就会出现在网站红迪（Reddit）的留言板上，还有一次出现在一位名为查兹的男士的"汤不热"（Tumblr）页面上。2014 年 10 月，一幅题为《现实生活中的甘地与〈文明〉中的甘地》的漫画被转帖到了红迪网上，一下子引爆了传播。这幅漫画本身已经是几年前的作品了，而且只是毫无新意地将甘地的手指放在核武器的发射按钮上来突显幽默感，但有六名用户发表了评论，分享了他们听到的那个关于溢出错误的故事。

所谓三人成虎，众口铄金，便是如此。

十天后，游戏新闻网站"小宅"写了一篇关于这个错误的报道，几小时后，极客网（Geek.com）上也有了类似帖子。两者都引用了红迪网帖子作为信源。其他几个新闻博客也报道了这个故事，引用小宅网文章作为消息来源。2015 年 2 月，一位匿名用户（此前此后此用户都没有为该网站做出过任何贡献）在 Wikia 的讨论页面上留下了一个愤怒的帖子，整件事就此形成闭环："难道我们都不打算提一下关于甘地攻击性水平与民主制度之间的代码错误吗？自《文明 1》起，这个问题就一直存在了。"

一个半星期后，一条"核武器甘地"相关描述被添加到了大型网站"了解你的模因"[1] 上，其原始出处被标记为"文明"系列"已确认"的事

---

1. "了解你的模因"（Know Your Meme），2007 年 11 月推出，至今仍在运营的网站，致力于记录各种互联网现象，解释各种网络模因，如爆红短片、梗图、流行语、网络名人等。——编注

实。尽管出于某种原因，他们将这个代码错误安在了《文明 2》而非《文明》首作头上。六个月后，在哈佛大学的计算机科学课程中，它被当作溢出错误的真实案例进行了讲解。今天，这个故事仍在各大新闻网站和留言板上定期重现，并且几乎总是会引来至少几条回复说"啊，我以为大家都已经知道这事了"。近至 2019 年，埃隆·马斯克也发推特（Twitter）谈到了这个故事。

显然，这件事是一个警示，让我们知晓对事实真相追根溯源的重要性。我猜不透"金枪鱼"是出于何种目的编造出这个故事的，难道他故意来这一出就是为了证明互联网的不可靠？最了解互联网的人最不信任互联网，而此人显然有足够的编程知识，使故事看起来可信度很高。也许有人播下种子只为寻找乐趣，他们在这个文化环境里打造像模像样但子虚乌有的故事，想看看有多少会被当作公认的常识。或者，也许"金枪鱼"只是个在印度发展民主体制后碰巧被核弹打击的随机玩家，他愿意以任何必要的逻辑跳跃来谴责人工智能，却不愿意承认错在自己失败的外交政策。

对我来说，更有趣的问题是：是什么让这个特定的故事如此吸引人，每次提到它都能持续带来关注的流量？当然，其中有一部分原因是"文明"系列本身的流行，以及它所服务的特定人群。我们的玩家绝对是懂计算机的人，而且更有可能从网上获取新闻并满足社交需求，屏幕上的文字比起口口相传的言语能留存更长的时间。这个故事还涉及一点技术，人们在分享它时会觉得自己很聪明，其中的技术知识解释起来又很简单，任何人都理解得了。还有就是幽默感，它会为其所触及的任何事物增加额外的持久性，"甘地发射核弹"，无论它实际上有多不可能发生，这一模因自有其持久的内在乐趣。

一些人认为，甘地热爱核武器的表述反而更加符合事实，因为甘地的政治信仰随着时间推移有所演变，他始终对压迫自己国家的其他国家表达着深深的怨恨。但这是题外话。最后，我有责任创造出一群平衡的人工智能角色，想方设法让玩家与这些角色之间快速、便捷地产生情感羁绊。印度政治领袖贾瓦哈拉尔·尼赫鲁可能会是个更加靠谱的选择，但如果这款游戏没有甘地，就不会那么令人难忘，也不会那么有趣了。

我认为，这就是这个虚构的故事会引起粉丝共鸣，也始终没有记者去证实或证伪这个故事的最大原因。比起从不关心的游戏中发现错误，从深受喜爱的游戏中发现错误更有满足感。这是一个可爱的缺陷——这在游戏界相当于一张偷拍的照片，标题是："游戏设计师：他们就像我们一样！"因此，从这个角度来说，我很理解这个生命力超强的模因背后，玩家怀着怎样的情感，而我不介意它是否会削减人们对我的信任。我当然也编写过一些错误的代码，虽然"核武器甘地"不是其中之一。玩家参与到游戏中来，并且相互交流——无论玩家以何种方式找到快乐，都是我所乐见的。

25 超越

▼

《席德·梅尔的文明：地球之外》

Sid Meier's Civilization: Beyond Earth   2014

《席德·梅尔的星际飞船》*Sid Meier's Starships*   2015

我想说自己是柯克船长，但事实上我是苏鲁[1]。我看重闷声不响通过实际行动和表现来证明自己的能力。20 世纪 60 年代的男孩应该都会梦想成为敢于探索的顶尖宇航员，但我一直都明白，我不适合那种冒险。我属于幕后，埋头于复杂的计算工作，通常可靠又值得信赖，那些柯克船长类型的人则负责处理危险的接触和公开露面。

我还记得 1969 年夏天，从电视上看到"阿波罗 11 号"登月任务，沃

---

1. 苏鲁和柯克船长都是《星际迷航》中的主要角色。与柯克船长相比，苏鲁更加稳重、沉着，性格更为内向和谨慎，行事更加注重策略和技巧。——译注

尔特·克朗凯特 [1] 用平稳、令人安心的语调说出"人类梦寐以求的航行"。那四天关于此事的新闻报道几乎没有间断过，从火箭升空到尼尔·阿姆斯特朗的靴子落下，踩在月球的尘土之上。这是一个国家第一次全民统一的实时同步体验，也是第一个预兆，暗示着我们在每天生活的世界里可以随时随地保持连接。在那之前，新闻只是人们晚间花半个小时看的东西，沃尔特·克朗凯特只是一个信使。而现在，他听起来像个先知。

"我们现在几乎可以轻描淡写地说出'登上月球'这句话，"克朗凯特说道，"但是请想一想，这是多么了不起的事情。"

我就这么想过。初版《星际迷航》系列的大结局在"阿波罗 11 号"发射前六周播出，我满怀虔诚地看完了。我和朋友克里斯、弗兰克每周五晚上常会去基督教青年会（YMCA）★游泳，然后回到我的住所一起

★ 解锁成就 ……………………………………………………………

除摩托车手之外的人—— 和一名士兵、一名铁路工人、一名警察队长、波卡特罗首长以及"神枪小子"一起造访基督教青年会。[2]

…………………………

1. 沃尔特·克朗凯特（Walter Cronkite），美国享有盛誉的广播记者。第二次世界大战期间美国的顶尖记者之一，后来在哥伦比亚广播公司工作，从 1962 年到 1981 年，担任哥伦比亚广播公司《晚间新闻》主持人长达 19 年，主持报道过肯尼迪遇刺、"阿波罗 11 号"登月、水门事件等重大历史事件。在 20 世纪 60 年代和 70 年代，他在民意调查中被评为"美国最值得信赖的人"。——编注
2. 美国迪斯科乐队"村民"（Village People）1978 年 10 月发行了热门舞曲《基督教青年会》（"YMCA"），村民乐队以其六名成员分别装扮成警察队长、印第安首长、铁路工人、士兵、牛仔及摩托车手为显著特色。这一成就列出了除摩托车手之外的每个对应的人，波卡特罗首长，参见本书第 270 页，"神枪小子"参见本书第 303 页脚注 1。——编注

席德·梅尔的回忆录！

看最新一集的剧集。我最喜欢的一集是《永恒边缘的城市》。这一集里，柯克和史波克通过一个传送门前往 20 世纪 30 年代，试图在不改变历史的情况下营救他们的船员。当然，柯克爱上了一个女人，为了维护时间线，这名女子必须去死。对一个 13 岁的男孩来说，这真是发人深省。在我的职业生涯中，"一点微小的改动可能改变历史"，这样的问题大概发生过一两次。

我想这有点奇怪，自从不碰 ASCII 艺术画之后，我就再没能制作过飞船游戏，但我硬盘上一直存有太空游戏原型，直到《王牌巡逻队》证明了回合制飞行的概念可行，太空游戏才有机会重见天日。《星际飞船》与其前身一样，主要是一款战略游戏，故事结构简单，让玩家在从一场战斗转场到另一场战斗的过程中不会太过投入，避免违反《秘密行动》规则"。但是，有一处新的变化，我们能够在游戏之外的情节上进行扩展，将这款游戏与我们"文明"系列的最新作《地球之外》设置在同一个宇宙世界观下。玩家可以独立运行这两个游戏，也可以共享两者的数据，同步发展他们的故事。也许有一天我们会像游戏界的漫威宇宙一样，以某种方式将每一款新发布的游戏联系在一起。（不，我们不会那样做。这么说似乎有些愚蠢，但安全起见，还是澄清一下为好。）

我发现自己总是会去想"也许有一天"会发生什么，因为我活得越久，就看到越多的想法成了现实。1997 年，我为《游戏开发者杂志》撰写了一篇嘉宾专栏文章，内容关于独立工作室和大型发行商之间与日俱增的分歧，预言游戏行业正在"回归 80 年代中期那个辉煌时代，那时，几个拥有车库和愿景的人，真的可以彻底改变计算机游戏行业"。在一定程度上，至少这是一种愿望，一种抱负，我希望行业会朝这个方向发展，这可能也是我那时退出微散文公司的间接理由，我在文章中提到了官僚主义"令人窒息"的本质，指出 1996 年排名前五位的游戏产品——《魔兽争霸 2》（Warcraft II）、《神秘岛》（Myst）、《毁灭公爵 3D》（Duke Nukem 3D）、《文明 2》和《命令与征服》（Command & Conquer）——除了我们公司出品的《文明 2》以外，剩下四部都是由小公司开发的。我从没想到未来会出现苹果商店（iTunes Store）和蒸汽游戏平台之类的事物，情况不再是每年发布 20 到 30 款独立游戏，我们现在在每天（有时甚至是每小时）都能在这些地方看到这么多的独立作品发布。当时，我对"虚拟现实头戴式设备"和"交互式电影"不屑一顾，认为这些流行语转移了人们对精彩游戏本质的注意力。不过，我曾经对只读存储光盘和多用途数字光盘（DVD）这些技术也持同样看法，所以谁知道呢？也许有一天，我发现自己正将《丛林里的弗洛伊德》转换到最新的虚拟现实设备里，虽然我觉得这不太可能，但我们许多最疯狂的梦想最终都被证明保守得可笑，所以很难说有什么事是不可能发生的。

然而，我在现实世界里并不是什么未来主义者。《星际迷航》宇宙真正吸引我的，是它对人性主题的处理方式，柯克的船员和我们面临着很多相同的问题，那些也是巴赫的教友们遇到的问题，发生在不同时空、不同的人群身上。我总是很想知道接下来会发生什么，但我大多会从这些创新将如何改善我们已有之物的角度来思考。地球上不乏需要解决的问题——无论如何，我确实认为我们这个行业为其中一些问题的解决做出了贡献。已经有数百万人受到了电子游戏的教育、启发，电子游戏拓宽了他们的视野，启迪了他们的心智。与大多数图书相比，游戏被翻译的频率更高，也被翻译成了更多的语言，我们的一些最好的作品，将不同文化背景的人联系起来，帮助他们找到共同点。每一种艺术形式都有好有坏，游戏也是，但我认为好游戏总比坏游戏要多。现在有一整个专门展示优秀电子游戏的博物馆，比如纽约的斯特朗国家游戏博物馆和得克萨斯州的国家电子游戏博物馆，此外还有史密森尼学会和其他博物馆举办的无数巡回展出和临时展览。

　　我经常受邀参加类似的博物馆宣传活动，但如果可以，我更愿意以观众身份去参观，因为我担心自己会永远受过去羁绊。我不介意作为那个时代的见证人发言，但我总会留心把发言导向我们现在做的事情，以及我们下一步的征程。一旦你开始谈论自己的传世名作，你就完了，而我绝对还没完。我的大多数游戏，从上市那天起，我就再没玩过，因为我已经着眼于下一件勾人心弦的事物了。丹妮尔·邦滕·贝里曾经说过，她回头审视自己的旧游戏，会觉得它们"既精彩又糟糕"，因为她总是能看到一些本可以做得不一样的地方。我回避作品的习惯，在一定程度上避免了我陷入这样的遗憾情绪，但即使我真的在游戏里发现了缺陷，通常也不会为之纠结。我会将之视为新游戏的灵感来源，新游戏会采取不一样的做法。

　　当然，我过去的作品必然会为我冠以某些头衔，但这是在这个行业工作不可避免的。毕竟是我伸出手与粉丝建立了这种联结，我觉得，我亏欠粉丝的是"席德·梅尔！"（*Sid Meier!*）[1]，而不是席德·梅尔（Sid Meier）。斜体加上感叹号版本的我，与每日端坐办公桌前的原版的我有很大不同，不仅如此，每个粉丝还拥有各自不同的"席德·梅尔！"，与他们最鲜明的游戏体验一起，凝结在时光中。对有些人来说，我是睿智的老教师，指引他们度过青少年时期；对另一些人来说，我是无人知晓的傻瓜朋友，和他们一起假装自己是海盗，哪怕别人都说他们年纪大了，已经不适合做这些事了。大多数人对我的看法根本就无关乎我本身，而是关乎他们感受到的快乐，我想为他们留住这种快乐的记忆。

这并不是说"席德·梅尔！"是虚假的。他只是静态的，完全由经过美化的席德·梅尔定格在最好时光里的快照构成，他不必担心快照之外那些不太确定的时刻：居于幕后的平凡人席德·梅尔卡在一个无法解决的问题上困扰不已，或者心情不好，或者鼾声震天。我不介意两个我都必须存在，也不介意被区别对待。我也曾站在交流互动的另一边，观看一名演员或音乐家的表演，感受那种联结，就像我通过他们的工作认识了他们。所以，我懂。摇滚明星想持续创作新音乐，但是他的歌迷想听热门歌曲，我认为双方都有义务互相妥协，达成一个折中方案。我可以去玩那些热门游戏，在有人问起我的时候谈论《文明》，但希望粉丝们也考虑玩一下我的新游戏，让我们之间的联结有机会变得更加复杂。粉丝互动是我目前工作的一部分，对我而言这绝对不是什么负担，但这也

---

1. 指出现在游戏包装盒上，在游戏前冠名的那些"席德·梅尔"。席德·梅尔制作的游戏名常带有叹号，斜体则表示游戏名称。——编注

无法成为我每天早上起床的动力。

我对奖项也有一样的感受。我曾经在旧金山的"游戏星光大道"上获得过一颗星，有媒体照片和演讲等等。六年后，整个路面被拆除了，原址建成了一家塔吉特百货。我敏锐地意识到，名噪一时也只是一时，我把那次获奖看作冷静反思的一个机会，让我感恩所拥有的生活。制作游戏简直是世界上最好的工作，我永远不会在回首往事时说："当然，生活很精彩，但我总觉得大家对我的感谢还不够。"

我相信只要我愿意，我可以用一种饱经沧桑和苦难的叙述方式来描述我的生活。我可以讲述父亲是如何在一个冬季每天带着冻疮回到家里，又接着步行去上夜班，直到几年之后我们买得起车。我可以谈谈我和朋友在公园里运动锻炼时，只能共用半套设施。或者我家里的第一台电视是邻居送的，那位邻居买了一台更好型号的电视。我可以告诉你，为了维持火炉运转，我们真的会在自家的地下室铲煤。我可以把思维只局限在那些没成的买卖和失败的项目上，让家庭悲剧定义我自己。

但我以积极的眼光看待世界。我说不好这是一路走来有意识的选择，还是我生性如此，但这就是我的处世之道。小时候，我在后院建了一个溜冰场，把雪堆成一圈，然后往里面灌水，直到冰层变厚。我穿上溜冰鞋后不久就滑了一跤，摔断了腿。但我真的不记得那种疼痛，不记得去医院的过程，也不记得那几个月里不得不拖着打石膏的腿生活的种种不便。我只记得那段经历（这部分相当清晰），就是因为不能走路，高年级学生背着我从一个班级到另一个班级，这感觉非常特别。他们会把我放在肩膀上，让我像国王一样在学校里巡游。我清楚地记得自己当时在想："我肯定很幸运，这种事才会发生在我身上。"

我还有另一段记忆，是在幼儿园参加全校范围的野外游玩，在抽奖活动中我赢得了马蹄铁游戏套装[1]。"在这几百个孩子里，"我由衷惊叹，"他们抽到了我的号码。"我保留这个游戏好多年，不是因为我特别喜欢玩它，而是因为这是温馨美好的回忆，让我可以回想起自己曾经多么幸运。我还清楚地记得，在第一届超级碗比赛[2]几周前的艺术课上，我画的一幅画正确预测了比赛分数（包装工队以 35 比 10 战胜酋长队）。我几乎可以肯定，每个人一生中发生这些小小巧合的次数，并不会比在我身上发生的次数少，但似乎我的大脑只想保留这种类型的记忆。

我认为，人生就如游戏设计，必须找到乐趣。欢乐就在那里等待着你去发现，但它可能不在你所期待的地方。你无法在动手之前左右一件事物最终会成为什么样子，你也不应该仅仅因为自己的喜好，就抓着一个坏点子不放，一条道走到黑。尽可能快速、反复地采取行动，利用你已经知道的东西，用开放的心态对待传统。但最重要的是，花时间欣赏各种可能性，并确保你做出的每个决定都是有趣的。

....

1. 一种类似套圈的传统户外游戏。一个马蹄铁游戏套装，通常包括四个马蹄铁，两根桩子。玩法是将桩子钉入软质地面（沙滩、草地等），两到四名玩家分成两组，往桩上投掷马蹄铁。——编注

2. 第一届超级碗比赛 1967 年 1 月举办，当时席德·梅尔还不到 13 周岁。——编注

特别鸣谢！

SPECIAL THANKS!

纵观我的职业道路和个人生活，毫无疑问，我极其有幸得到了相当多的帮助。首先，我非常感谢妻子苏珊，儿子瑞安，以及父母奥古斯特和阿尔贝迪娜，感谢他们的爱和支持。我还要深深感谢比尔·斯蒂利、布鲁斯·谢利、布赖恩·雷诺兹、杰夫·布里格斯、索伦·约翰逊、乔恩·谢弗、埃德·比奇以及在微散文和火爆轴心工作过的所有人。没有你们，也不会有这些公司和游戏。

同样，如果没有我的经纪人迈尔西尼·斯特凡尼季斯和我的编辑汤姆·迈耶的倾力相助与专业才能，这本书本身不可能存在。在出版行业找到游戏玩家并不新奇，但是能和那些与你有相同热情的人合作总是很愉快。还要感谢 Archive.org、Mobygames.com、CGWmuseum.org 和 GDCvault.com 的网站管理员和内容贡献者，他们让历史研究变得比以往容易得多；感谢丹尼尔·西勒维奇、大卫·穆里奇、克努特·埃吉尔·布伦内、杰夫·约翰尼曼和艾伦·恩瓦伊乌，他们在搜寻细节和材料方面提供了帮助。当然，还要感谢珍妮弗·李·努南，她耐心听完我长达数小时的胡言乱语和自以为是的发言，然后将它们与大量有趣的研究结合起来，形成了一份手稿，我确信这份手稿经得起时间的考验。

最重要的是，我要感谢整个行业：为我们的游戏提供工具的硬件工程师和软件设计师们，为人们提供资讯信息的作家和记者，组织活动的营销和公关人员，尤其是玩家本身，没有他们，我们的工作甚至不会存在。谢谢你们。★

★ 解锁成就 ···

完美主义玩家！ —— 读完"特别鸣谢！"部分。

席德·梅尔的回忆录！

席德·梅尔的完整游戏列表！
SID MEIER'S COMPLETE GAMEOGRAPHY!

《井字棋》*Tic-Tac-Toe* (1975)

《星际迷航》*The Star Trek Game* (1979)

《人质营救》*Hostage Rescue* (1980)

《银行游戏 I》*Bank Game I* (1981)

《银行游戏 II：复仇》*Bank Game II: The Revenge* (1981)

《仿造太空侵略者》*Faux Space Invaders* (1981)

《仿造吃豆人》*Faux Pac-Man* (1981)

《一级方程式赛车比赛》*Formula 1 Racing* (1982)

《王牌地狱猫》*Hellcat Ace* (1982)

《直升机营救》*Chopper Rescue* (1982)

《丛林里的弗洛伊德》*Floyd of the Jungle* (1982)

《王牌喷火战机》*Spitfire Ace* (1982)

《僚机》*Wingman* (1983)

《丛林里的弗洛伊德 2》*Floyd of the Jungle II* (1983)

《北约司令》*NATO Commander* (1983)

《单人飞行》*Solo Flight* (1983)

《空中救援1》*Air Rescue I* (1984)

《F-15 战鹰》*F-15 Strike Eagle* (1984)

《海军潜艇部队》*Silent Service* (1985)

《远征欧陆》*Crusade in Europe* (1985)

《沙漠决断》*Decision in the Desert* (1985)

《越南冲突》*Conflict in Vietnam* (1986)

《武装直升机》*Gunship* (1986)

《席德·梅尔的海盗!》*Sid Meier's Pirates!* (1987)

《红色风暴》*Red Storm Rising* (1988)

《F-19 隐形战斗机》*F-19 Stealth Fighter* (1988)

《F-15 战鹰2》*F-15 Strike Eagle II* (1989)

《席德·梅尔的铁路大亨》*Sid Meier's Railroad Tycoon* (1990)

《席德·梅尔的秘密行动》*Sid Meier's Covert Action* (1990)

《席德·梅尔的文明》*Sid Meier's Civilization* (1991)

《海盗! 黄金版》*Pirates! Gold* (1993)

《席德·梅尔的铁路大亨 豪华版》

　　Sid Meier's Railroad Tycoon Deluxe (1993)

《席德·梅尔的C.P.U. 巴赫》*Sid Meier's C.P.U. Bach* (1994)

《席德·梅尔的殖民帝国》*Sid Meier's Colonization* (1994)

《席德·梅尔的文明网游》*Sid Meier's CivNet* (1995)

《席德·梅尔的文明2》*Sid Meier's Civilization II* (1996)

《万智牌》*Magic: The Gathering* (1997)

《席德·梅尔的葛底斯堡战役！》*Sid Meier's Gettysburg!* （1997）

《席德·梅尔的半人马座阿尔法星系》*Sid Meier's Alpha Centauri* （1999）

《席德·梅尔的安提塔姆战役！》*Sid Meier's Antietam!* （1999）

《席德·梅尔的文明3》*Sid Meier's Civilization III* （2001）

《恐龙游戏》*The Dinosaur Game* （unreleased）

《席德·梅尔的模拟高尔夫球场》*Sid Meier's SimGolf* （2002）

《席德·梅尔的海盗！活在当下》*Sid Meier's Pirates! Live the Life* （2004）

《席德·梅尔的文明4》*Sid Meier's Civilization IV* （2005）

《席德·梅尔的铁路！》*Sid Meier's Railroads!* （2006）

《席德·梅尔的文明变革》

　Sid Meier's Civilization Revolution （2008）

《席德·梅尔的文明4：殖民》

　Sid Meier's Civilization IV: Colonization （2008）

《席德·梅尔的文明5》*Sid Meier's Civilization V* （2010）

《席德·梅尔的文明世界》*Sid Meier's CivWorld* （2011）

《席德·梅尔的王牌巡逻队》*Sid Meier's Ace Patrol* （2013）

《席德·梅尔的王牌巡逻队：太平洋天空》

　Sid Meier's Ace Patrol: Pacific Skies （2013）

《席德·梅尔的文明变革2》*Sid Meier's Civilization Revolution 2* （2014）

《席德·梅尔的文明：地球之外》

　Sid Meier's Civilization: Beyond Earth （2014）

《席德·梅尔的星际飞船》*Sid Meier's Starships* （2015）

《席德·梅尔的文明6》*Sid Meier's Civilization VI* （2016）

索引！

INDEX！

B

索引！

席德·梅尔的回忆录！

席德·梅尔的回忆录！

席德·梅尔的回忆录！

索引！

席德·梅尔的回忆录！

Z

席德·梅尔的回忆录！

Sid Meier's Memoir!: A Life in Computer Games

by Sid Meier

written with Jennifer Lee Noonan

Copyright © 2020 by Sid Meier and Jennifer Lee Noonan

Originally printed in the United States of America

First Published as a Norton paperback 2021

Simplified Chinese translation copyright © 2024

by Zhejiang University Press Co., Ltd.

ALL RIGHTS RESERVED

浙江省版权局著作权合同登记图字：11—2024—058